VINDOBONA
VERLAG SEIT 1946

JELENA SENGER

Glücklich durch die Jahreszeiten

MIT VIELEN REZEPTEN UND UNZÄHLIGEN TIPPS

VINDOBONA
VERLAG SEIT 1946

Bibliografische Information
der Deutschen Nationalbibliothek:

Die Deutsche Nationalbibliothek
verzeichnet diese Publikation in
der Deutschen Nationalbibliografie.
Detaillierte bibliografische Daten
sind im Internet über
http://www.d-nb.de abrufbar.

www.vindobonaverlag.com

ISBN 978-3-903574-58-8
Lektorat: Leon Haußmann
Umschlagfoto:
Pmartike | Dreamstime.com
Umschlaggestaltung, Layout & Satz:
Vindobona Verlag
Innenabbildungen: Jelena Senger

Die von der Autorin zur Verfügung
gestellten Abbildungen wurden in der
bestmöglichen Qualität gedruckt.

Gedruckt in der Europäischen Union
auf umweltfreundlichem, chlor- und
säurefrei gebleichtem Papier.

Dieses Buch widme ich meinen Kindern
und allen gesunden und kranken Menschen,
die das Vertrauen in die Allmacht des Schöpfers
noch nicht verloren haben.

„Weisheit steht dem Verständigen vor dem Angesicht, aber die Augen des Unvernünftigen sind am äußersten Ende der Erde.“

Bibel, Buch der Sprichwörter 17,24

„Warum in die Ferne schweifen, wenn das Gute liegt so nah?“

frei nach Johann Wolfgang von Goethe

„Der Schlüssel zu jeder positiven Veränderung in Ihrem Leben sind Sie selbst.“

Priester und Naturheilkundler Sebastian Kneipp

Inhaltsverzeichnis

Vorwort

Der goldene Käfig des Materialismus hat nicht alle unbedingt glücklicher gemacht. Zahlreiche Studien bewiesen: Das Streben, immer mehr besitzen zu wollen, verschlechtert unser psychisches und physisches Wohlbefinden deutlich.
Stark materialistische Haltungen beeinflussen unsere täglichen Erfahrungen negativ, sodass im Laufe des Lebens viele Menschen das Gefühl für Sicherheit und Gelassenheit verlieren oder unter depressiven Episoden mit allmöglichen Folgen leiden.
Wir stopfen unseren Alltag voll mit Terminen und Aufgaben. Unser Leben ist voller Stress, Hektik und Tempo. Ausruhen oder mal Pause zu nehmen, ohne ein schlechtes Gewissen zu bekommen, können wir gar nicht mehr. Sobald eine Aufgabe erledigt ist, kommt schon die andere. Es gibt kein „geschafft" mehr.
Immer mehr Menschen mit kritischem Menschenverstand haben das Gefühl, dass moderner Lebensstil seelisch und körperlich krank macht. So muss heute wieder entdeckt werden, dass Intuition und Inspiration, Hoffnung und Glaube, allgemeines Wohlbefinden, Herz und Liebe die wichtigsten tragende Säulen sind, die Gesundheit und Wohlbefinden zusammenhalten.
Wir leben in einer Multitaskingwelt. Wir wollen alles auf einmal und werden ständig überlastet. Wir sind ständig überfordert und schaffen nicht mehr, Wichtiges von Unwichtigem zu trennen. Wer sich inzwischen auf das Wesentliche konzentrieren kann, lebt entspannter, glücklicher und zufriedener.
Tragische Erlebnisse, Unruhen und körperliche Leiden werden uns gesendet, damit wir uns besinnen und auf das Wesentliche konzentrieren sollen, damit wir zu unserem wahren Selbst (schöpferische Freiheit) finden, um daraus Kraft zu schöpfen.
Vielleicht möchten Sie Ihre Lebensqualität verändern, aber erkennen keinen neuen, richtigen Weg und wissen nicht, wo Sie anfangen sollen? Manchmal verharren wir in unseren Irrtümern. Machen Sie sich bewusst, welche Faktoren und Aspekte Ihre Lebensqualität beeinflussen, um sie aktiv zu verbessern. Es

ist aussichtslos, in Hilflosigkeit und Passivität zu verweilen und sich seiner unverständlichen „Bestimmung“ hinzugeben. Wir haben keine Hoffnung auf bessere Vergangenheit. Wir können aber „hier“ und „jetzt“ handeln, damit es morgen besser geht. Zum Thema Gesundheit und Wohlbefinden sind bereits viele Bücher geschrieben, manche widersprechen sich. Aber so ist das Leben, die Welt ist voller Widersprüche. Widersprüche zeigen uns Grenzen der Logik. Wir können sie nur lösen, indem wir in die neuen Widersprüche eintauchen. Ist das schlimm? Auf keinen Fall! Wir können Gegensätze doch nutzen, um neue Wege zu gehen und andere Dimensionen zu entdecken.
Mit diesem Buch möchte ich mein Beitrag dazu leisten, Ihr Wissen vielleicht zu ergänzen und noch mehr zu erweitern.

Darm

„Im Darm liegt der Ursprung von Gesundheit oder Krankheit."
alte chinesische Weisheit

Die Aussage: „Am Anfang war der Darm" fasst eine faszinierende Beobachtung aus der Evolution zusammen. Der Darm spielt eine zentrale Rolle in der Entwicklungsgeschichte der Lebewesen und zeigt, wie grundlegend die Verdauung für das Leben auf die Erde ist. Interessanteweise spielte der Darm in der frühen Entwicklung vieler Organismen eine so zentrale Rolle, dass man sagen könnte, der Körper „baute sich um den Darm herum". Die Entwicklungsgeschichte zeigt, dass der Darm nicht nur ein grundlegendes Organ ist, sondern eines der ersten spezialisierten Systeme, das im Laufe der Evolution entstanden ist. Ohne ein effektives Verdauungssystem wäre das komplexe Leben, wie wir es heute kennen, nicht möglich. Der Satz „Am Anfang war der Darm" betont somit die fundamentale Bedeutung des Darms in der Geschichte des Lebens.
Auch heute noch ist der Darm ein zentrales Organ, nicht nur für die Verdauung, sondern auch für das Immunsystem und das allgemeine Wohlbefinden. Die Mikroorganismen, die den Darm besiedeln, spielen eine wesentliche Rolle für die Gesundheit und beeinflussen viele Aspekte des Lebens, von der Verdauung bis hin zur mentalen Gesundheit.
Die enge Verbindung zwischen Darm und Gehirn ist ein faszinierendes Thema in der modernen Wissenschaft. Forscher haben herausgefunden, dass diese beiden Organe in vielerlei Hinsicht wie ein einziges Organ agieren. Diese Erkenntnisse haben zu einem neuen Verständnis der Wechselwirkung zwischen dem Verdauungssystem und das Gehirn geführt und werfen ein Licht auf die Bedeutung des Darms für unsere geistige und körperliche Gesundheit. Der Darm ist weit mehr als nur ein

Verdauungsorgan – er ist ein zentraler Akteur in der Regulation von Stimmung, Verhalten und allgemeinem Wohlbefinden. Tragen wir also eine Form von Intelligenz in unserem Unterleib? Das legendäre Bauchgefühl jedenfalls besitzt eine anatomische Basis. Deswegen sagen wir ja auch, dass wir etwas „aus dem Bauch heraus" tun. Die Neurogastroenterologie hat zweifelsfrei geklärt, dass wir ein Bauchhirn besitzen. Dabei handelt es sich um einen gigantischen Verbund von Nerven in der Darmwand, der sich entlang des gesamten Magen-Darm-Traktes vom Ösophagus bis zum Anus zieht. Schon vor Langem wurde erkannt, dass das enterische Nervensystem (ENS) ein eigenständiger Teil des vegetativen Nervensystems ist. Britischer Physiologe John Newport Landley führte 1900 diesen Begriff ein, um zu verdeutlichen, dass die intrinsischen Nerven des Darms unabhängig von anderen vegetativen Nerven arbeiten. Das enterische Nervensystem besitzt vier- bis fünfmal so viele Neuronen wie das gesamte Rückenmark. Aus funktionaler Sicht ähnelt es stark unserem Gehirn: Zelltypen, Wirkstoffe und Rezeptoren haben dieselbe Identität wie das zentrale Nervensystem (ZNS). Zweifellos hat die Psyche Einfluss auf unser Verdauungssystem, aber das enterische Nervensystem beeinflusst unsere Psyche vielleicht noch mehr. Kopfhirn und Bauchhirn stehen im ständigen Kontakt; 90 Prozent der Informationen werden zum Kopfgehirn geschickt, zehn in die andere Richtung. Der Vagusnerv spielt hierbei eine wichtige Rolle als eine Art Datenautobahn zwischen oben und unten. Hier finden sich auch die psychoaktiven Substanzen Serotonin und Dopamin, die Einfluss auf die Gemütslage haben. Es ist nachgewiesen, dass 95 Prozent des Serotonins im Bauchhirn und nur fünf im ZNS gebildet werden.

Wahrscheinlich wissen Sie bereits, dass Serotonin Hormon und Neurotransmitter gleichzeitig ist, also auch ein Botenstoff. Das heißt, es leitet in unserem Nervensystem Informationen von Nervenzelle zu Nervenzelle und reguliert auf diese Weise viele verschiedenen Körperorgane. Serotonin hat beispielsweise Einfluss auf den Augeninnendruck, das Herz-Kreislauf-System und das Schlafhormon Melatonin. Aufgrund seiner Wirkungen

auf Emotionen wird es im Volksmund als das Glückshormon bezeichnet. Dieses Glückshormon Serotonin, das motivationssteigernde Dopamin und die beruhigend wirkende Gamma-Aminobuttersäure (GABA) sind wichtige Botenstoffe, die als Informationsträger eingesetzt werden.
Das „zweite Gehirn" speichert bei psychischen Prozessen auf unbewusste Weise Körperreaktionen; diese Botschaften des Bauches werden bei Bedarf abgerufen und beeinflussen rationale Entscheidungen eines Menschen. Wie gesagt arbeitet das enterische Nervensystem autonom und sendet viel mehr Signale hinauf zum Kopfhirn als es umgekehrt von diesem empfängt. Das Bauchhirn kann durchaus auch Neurosen entwickeln. Forscher sehen in der Fehlfunktion dieses Nervensystems einen Zusammenhang mit Angstpsychosen und Depressionen.
Der Darm ist das Zentrum unserer Gesundheit. Der Schlüssel zum Körper und zur Seele liegt in unserer Darmflora. Die Darmflora wird oft als unser „innerer Garten" bezeichnet. Genau wie ein Garten, der gepflegt und gehegt werden muss, um zu gedeihen, benötigt auch die Darmflora die richtige Pflege, um ein gesundes Gleichgewicht zu erhalten. Der Darm ist ein faszinierendes Organ, das eine unglaubliche Komplexität aufweist. Die Darmbakterien spielen eine wichtige Rolle im gesamten Verdauungsprozess. Sie sind Lebensbeschützer und Lebensträger, vor allem bilden sie einen wichtigen Teil des körpereigenen Abwehrsystems. Wussten Sie, dass die Oberfläche des Darmes rund 400 Quadratmeter groß ist und dass sich auf dieser gigantischen Fläche 100 Billionen Bakterien aus Tausenden verschiedener Arten tummeln. Das heißt: Im menschlichen Darm existieren so viele Lebensformen auf engstem Raum wie an fast keinem anderen Ort der Erde.
Nur wenige wissen, dass sich im Darm ein Großteil der Immunzellen befindet und dass hier viele Abwehrreaktionen stattfinden. 80 Prozent der Abwehrzellen sind in der Darmwand beheimatet. Darmflora, Darmschleimhaut und Bakterienstämme bilden zusammen einen wirkungsvollen Schutz gegen eindringende Krankheitserreger. Um zu funktionieren, brauchen sie zwingend eine intakte Darmflora.

Nach Ansicht von Wissenschaftlern und Ernährungsmedizinern verändern vor allem drei Dinge die Darmflora in negativer Weise:

- **Alkohol und falsche, unausgewogene Ernährung:** Alkohol schadet und belastet das gesamte Verdauungssystem. Er lockert zwar die Magenmuskulatur – der Grund, weshalb ein Schnaps nach üppigem Essen das unangenehme Völlegefühl ein wenig reduziert –, doch er verzögert gleichzeitig die Verdauung der Nahrung. Übermäßigen Fleischkonsum, insbesondere Gepökeltes, Geräuchertes und stark verarbeitete Wurstwaren, sollte man auf jeden Fall meiden. Industriezucker, Fertiggerichte und Fast Food zerstören auf Dauer das Darmmilieu.
- **Stress und Ärger:** Die seelische Verfassung beeinflusst den Darm. Viele wissen: Bei Stress und Ärger bekommen sie Krämpfe, Bauchschmerzen, Durchfall oder Verstopfung.
- **Medikamente:** vor allem Antibiotika beeinträchtigen die Darmflora negativ. Aber nicht nur sie schaden dem Darmmilieu, sondern fast 250 Arzneien, die das Mikrobiom verändern. Dazu gehören Antipsychotika, Metformin (ein Diabetesmedikament), Blutzuckersenker, Antihistaminika, Chemotherapeutika und viele weitere Krebsmedikamente, Protonenpumpenhemmer (hemmt die Sekretion von Magensäure) und Schmerzmittel. Hormonpräparate, darunter auch die Antibabypille, haben ebenfalls einen massiven Einfluss auf die Darmgesundheit.

Eine gute Verdauung ist für die Versorgung des Körpers genauso wichtig wie gesunde Nährstoffe. Letztlich hängen davon Stabilität und Funktion aller Gewebe und Strukturen ab. „Der Tod sitzt im Darm“, sagte Hippokrates zirka 400 Jahre vor Christus. Und tatsächlich: Eine gestörte Darmflora kann zu zahlreichen Beschwerden führen. Leiden Sie unter Verstopfung, Durchfall, Blähungen, Bauchschmerzen, Völlegefühl, dem Reizdarmsyndrom, Nahrungsmittelunverträglichkeiten oder Mundgeruch? Ebenso sind auffällig unangenehme Gerüche in Urin und Kot Hinweise darauf, dass die Darmflora im Ungleichgewicht ist. Haben Sie vielleicht Akne, Neurodermitis, Pilzinfektionen, eine hohe Infektionsanfälligkeit, rheumatische Erkrankungen, chronische Blasenentzündungen, erhöhten Blutdruck, einen zu hohen Cholesterinspiegel, Kopfschmerzen? Fühlen Sie sich schlapp und dauermüde, leiden Sie unter Schlafproblemen, Nervosität, Reizbarkeit, Depressionen oder Panikattacken? Selbst wenn Sie nur einige dieser Symptome haben, wäre eine Darmsanierung sinnvoll. Dabei wird der Darm in mehreren Schritten von schädlichen Mikroorganismen und anderen Giftstoffen befreit und schließlich der Aufbau eines gesunden Milieus unterstützt. Hochwertige mikrobiologische Präparate können nur nach einer solchen Darmentlastung unterstützend wirken.

Ernährungswissenschaftler bestätigen, dass (Heil-)Fastenkuren eine Zunahme von antientzündlichen und gesundheitsfördernden Bakteriengruppen bewirken. Eine zusätzliche probiotische Intervention nach Ende der Fastenkur steigert diesen Effekt. In der Regel führt eine Heilfastenkur zur Entschlackung und Regeneration des Magen-Darm-Systems. Es gibt viele unterschiedliche Fastenkuren (siehe Kapitel „Milde Fastenkuren").

Bärlauch saniert die Darmflora. Er ist ein wirksames Kraut, um die Darmflora zu regenerieren. Der bekannte „Kräuterpfarrer" Johann Künzle brachte es auf den Punkt: „Wohl kein Kraut der Erde ist so wirksam zur Reinigung von Magen, Gedärmen und Blut wie der Bärlauch." Er vermutete: „Den Namen Bärlauch gaben ihm die Alten, weil sie sahen, dass die Bären, nach langem Winterschlaf noch schwach und abgemagert, massenhaft dieses Kraut verzehrten und bald wieder die alte Stärke gewannen." Bärlauch ist die schwefelreichste Pflanze Europas. Die Schwefelverbindungen wirken gegen Bakterien, Viren, Pilze und Würmer gleichermaßen. Für die Ausleitung von Schwermetallen ist Bärlauch eine gute Wahl. Die stärkste Wirkung haben die Blätter vor der Blüte. Empfohlen wird, täglich eine Handvoll der frischen Blätter zu verzehren. In der Regel ist Bärlauch gut verträglich. Er blüht nur kurz, etwa von März bis Mai. Als guter Ersatz für frischen Bärlauch ist „Bärlauch Frischblatt Granulat von Dr. Pandalis“ geeignet. Eine Bärlauch-Kur darf sechs bis zwölf Wochen dauern. Bei Bedarf kann sie nach einer kleinen Pause von ein bis zwei Wochen wiederholt werden. Nehmen Sie vier Gramm (1 gestrichener Teelöffel) morgens oder abends vor dem Essen mit einem Glas lauwarmem Wasser. Vermeiden Sie, gleichzeitig Selen zu nehmen, da es die Verwertung des aktivierten Schwefels aus dem Bärlauch erschwert.

Senfkörner sind die traditionelle „Darmbürste“. Schon in der Antike nutzte man Senf zu Heilzwecken. Eine Senfkörner-Kur erweist sich somit als effizientes Mittel für die Reinigung des Magen-Darm-Traktes. Seit langer Zeit wird zudem sein günstiger Einfluss auf Galle und Leber geschätzt. Forschungen der Universität Freiburg legen nahe, dass Senf neben der keimtötenden Wirkung auch einen krebsvorbeugenden Effekt hat. Am besten einmal täglich vor dem Essen einen Teelöffel mit einem Glas lauwarmem Wasser unzerkaut schlucken. Eine solche Senfkörnerkur darf zweimal jährlich jeweils drei bis sechs Wochen dauern. Die Kraft, die Senfkörnern innewohnt, entfaltet sich im Kontakt mit Flüssigkeit. Das ätherische Senföl tritt im Magen aus und wirkt entgiftend. Zugleich entsteht in den unverdaulichen Senfschalen ein Unterdruck, sodass poröse Senfschalen bei ihrer Passage durch den Darm schädliche Keime und Schlacken aufnehmen und sodann auf natürliche Weise ausscheiden. Während der Passage wird der gesamte Darm massiert und gereinigt. Die Senföle hemmen das Wachstum verschiedener schädlicher Bakterien, Viren und Pilze.

Insbesondere in der Fastenzeit ist der Einsatz von Heilerde sinnvoll. Heilerde ist ein natürliches, mineralisches Pulver mit sehr positiver Wirkung auf das gesamte Verdauungssystem. Während einer Heilerde-Kur werden krankheitsauslösende Stoffwechsel- und Darmgifte, überschüssige Magen- und Gallensäure, schädliche Bakterien, Viren, Pilze und Speisefette gebunden und auf natürliche Weise ausgeschieden. Außerdem unterstürzt Heilerde natürlich und effektiv die Behandlung des Reizmagen- und Reizdarm-Syndroms (siehe Kapitel „Kostbare Natur, Heilerde“). Nehmen Sie täglich ein bis zwei

Teelöffel trocken, umgeben Sie sie langsam mit Speichel oder schlämmen sie in lauwarmem Wasser auf. Wenn Sie die Einnahme der puren Heilerde nicht schaffen, können Sie sie auch als Kapsel einnehmen.
Flohsamenschalen sind ebenfalls ein traditionelles Heilmittel gegen Darmbeschwerden. Sie gehören zu den natürlichen Quellmitteln. Flohsamenschalen wirken im Darm wie ein Schwamm, da sie Flüssigkeit aufsaugen. Dadurch wird der Darminhalt weicher und voluminöser, was die Darmtätigkeit anregt. Deshalb werden sie gern als natürliches Abführmittel eingesetzt. Ihre abführende Wirkung verkürzt die Kontaktzeit des Darminhalts mit der Darmwand und Schadstoffe werden schneller abtransportiert. Das ist bei chronisch-entzündlichen Darmerkrankungen von großem Vorteil. Ist der Stuhlgang schmerzhaft oder erschwert, beispielsweise aufgrund einer Analfissur, durch Hämorrhoiden oder wegen Reizdarmbeschwerden, erleichtern Flohsamenschalen die Darmentleerung. Auf diese Weise unterstützen sie den Erhalt der gesunden Darmflora. Aber Achtung: Flohsamenschalen und Flohsamen sind nicht dasselbe! Bitte verwechseln Sie sie nicht. Und: Nehmen Sie Flohsamenschalen nicht in Kombination mit Milch, da Milch den Quellprozess verhindert. Auch mit Fruchtsaft ist eine Einnahme möglich, am besten aber mit Wasser. Die Einzeldosis liegt bei vier Gramm (1 Teelöffel), gemischt und rasch getrunken mit einem Glas (300 ml) lauwarmem Wasser. Trinken Sie danach am besten noch ein weiteres Glas Wasser, um zu verhindern, dass die Flohsamenschalen an der Darmwand haften bleiben. Studien zufolge führen Flohsamenschalen zu einer verzögerten und reduzierten Zuckeraufnahme ins Blut. Nehmen Sie pro Tag vor dem Essen ein bis drei Teelöffel des Hausmittels ein. Eine Kur darf drei Tage bis vier Wochen dauern. Bei der Behandlung von Durchfall kann die Wirkung schneller eintreten, bei Verstopfung manchmal nach ein bis zwei Tagen.
Auch überwiegend pflanzliche Kost wirkt sich positiv aus: Sie fördert das Wachstum und die Vermehrung nützlicher Bakterien. Zu viel vom tierischen Fett, also Fleisch und Fast Food, leistet indes entzündungsfördernden Mikroorganismen Vorschub.

Mit der richtigen Ernährung können Sie also Ihre Darmflora, Ihren inneren Garten, unterstützen und Ihr Immunsystem stärken. Wahrscheinlich fragen Sie sich jetzt: Was heißt *richtige* Ernährung? Hören Sie zunächst einmal auf Ihren Bauch! Haben Sie nach dem Essen ein unangenehmes Völlegefühl, Oberbauchbeschwerden, Krämpfe? Macht Ihr Essen Sie müde, nervös oder unruhig? Dann ist Ihre derzeitige Nahrung nicht optimal und passt nicht zu Ihrer Konstitution. Außerdem muss Ihre Ernährung zu Ihrem Alter und Gesundheitszustand passen. Was Sie essen, wann, wie viel und in welcher Stimmungslage – all das hat direkten Einfluss auf Ihren Darm.

Die Zusammensetzung der Darmflora kann (sogar wie!) ihre Psyche und ihren Gemütszustand beeinflussen. Unterstützung die Darmflora durch bewusste, ausgewogene, vor allem pflanzliche Ernährung, hat direkte positive Einfluss auf unser seelisches Wohlbefinden. Je gesünder die Darmflora, desto höher die Stressresistenz!

Vergessen Sie niemals: Der Schlüssel zu jeder positiven Veränderung in Ihrem Leben sind Sie selbst! Ein Glas Wasser in der Früh oder ein Butterbrot mit Schinken, Sonnengruß oder Morgenzigarette – Sie haben die Wahl! Ihre (neue) tägliche Routine kann der Garant werden für mehr Freude, Stabilität und Gesundheit.

„Du wirst dein Leben niemals verändern, solange du nicht etwas veränderst, was du täglich tust. Der Schlüssel zum Erfolg liegt in deiner täglichen Routine."

John C. Maxwell, US-amerikanischer Buchautor

„Herzanatomie“

„Die Geisterwelt ist offen, eure Herzen sind zu.“
Johann Wolfgang von Goethe

Warum sind Herzerkrankungen heutzutage so verbreitet? Die Antwort ist einfach: weil wir Gefühlzustände schlecht behandeln! Wir pflegen so gerne unsere negativen Gedanken und verdrängen die positiven. Das verringert nicht nur die Lebensfreude, sondern nimmt dem Körper zudem seine Energie. Dieser Energiemangel stört dann den Ablauf der Körperprozesse und führt letztlich zu Krankheiten.

Liebe und Hass regieren der Welt. Dazwischen liegen Glaube, Fröhlichkeit, Vertrauen, Gelassenheit, Mut, Leichtigkeit, Trauer, Wut, Misstrauen, Neid und Schuld. Diese bunte Gefühlspalette prägt unser Schicksal und unsere Gesundheit. Doch ob schön oder unangenehm – all diese Emotionen stehen in direktem Zusammenhang zu Körper und Geist. Wer die Macht der Gedanken unterschätzt, hat keine Kontrolle mehr über sein Leben!

Unser Hirn fokussiert sich gerne auf Probleme und Gefahren des Lebens. Nicht selten macht es sie noch größer, als sie wirklich sind. Das hat direkten Einfluss auf unser Verhalten, führt zu Stress und Depressionen. Negative Glaubenssätze schneiden uns vom Energiestrom ab und beschränken unsere Perspektive. Jeder von uns trägt bewusst oder unbewusst Glaubenssätze in sich. Es sind unsere persönlichen, unsere vermeintlichen Wahrheiten, geprägt von unseren Erfahrungen, Erlebnissen oder anderen Menschen.

Die Tätigkeit des Herzens ist mit unserem Willen kaum zu beeinflussen. Das Herz steuert seine Pumpaktion – zwischen Systole und Diastole, zwischen Ruhe und Bewegung – selbst. Die

Emotionen aber treffen immer das Herz. „Das Herz hüpft vor Freude “, „Das Herz sackt in die Hose“, „Das Herz steht still“, „Ich habe etwas auf dem Herzen“, „Man sieht nur mit dem Herzen gut“ – all diese Redewendungen verdeutlichen das. Sie haben ein Vorstellungsgespräch und warten gespannt? Ihr Herz schlägt schneller! Sie stehen kurz vor einer Prüfung? Ihr Herz klopft Ihnen bis zum Hals. Kurz: Das Herz registriert alles!

Manche Menschen sind der Meinung, Gefühle offen zu zeigen, sei etwas scheinbar Mädchenhaftes, sei also unangemessen, sodass man es vermeiden sollte. Mitgefühl gegenüber fremden Menschen, Pflanzen und Tieren scheint für viele unmöglich zu sein, wenn nicht gar absurd. Doch Wissenschaftler sehen das ganz anders. Denn Mitgefühl ist eine natürliche im Menschen angelegte Fähigkeit, ein Grundbedürfnis. Ein gefühlvoller Mensch hat ein weiches Herz. Ein weiches Herz besitzt Elastizität. Das ist genau das, was unser Herz für seine lebenslange Tätigkeit braucht.

Wissenschaftliche Experimente bestätigen, dass eine übertriebene Beschäftigung mit sich selbst krank macht. Zu viele Gedanken über die eigene Gesundheit und zum persönlichen Wohlbefinden sind schädlich und führen eher zum Gegenteil dessen, was bezweckt ist.
Der Mediziner und Aphoristiker Gerhard Uhlenbruck brachte es einst auf den Punkt: „Es gibt Menschen, die arbeiten krankhaft an ihrer Gesundheit.“
Negative Emotionen wie Ärger, Zorn, Neid und Trauer, ein zu starkes Geltungsbedürfnis, Geiz, Unzufriedenheit, Sorgen und Angst führen zu einem Stau unseres Energieflusses. Die auf Dauer abgezogene Energie schwächt letztlich das Herz. Doch ein geschwächtes Herz kann sich nicht mehr so kräftig wie nötig zusammenziehen, die Pumpkraft nimmt ab. Als Folge können die Organe nicht genügend mit Blut und Energie versorgt werden. Je nach genetischer Veranlagung und persönlicher Konstitution können sich daraus organische Störungen entwickeln:

- Der Magen wird schwächer (empfindlicher).
- Die Entgiftungskraft der Leber nimmt ab.
- Die Nieren scheiden zu wenig Harn aus mit der Folge, dass sich Wasser im Gewebe sammelt; die überschüssige Harnsäure belastet das Bindegewebe, was zu rheumatischen Erkrankungen führen kann.
- Die Bauchspeicheldrüse bildet zu wenig Verdauungsenzyme. Die Milz erfüllt ihre wesentliche Funktion bei der körpereigenen Immunabwehr nur noch unzureichend.

Auch Eile und chronischer Stress führen, genau wie negative Emotionen, zu Spannungen und Energiestau.
Vergessen Sie dabei allerdings nicht: Negative Emotionen haben nicht nur einen Grund, sondern sogar einen Sinn. Wenn wir versuchen, negative Gefühle zu unterdrücken oder wegzuschieben, setzen sie sich im Körper fest und sorgen für festgefahrene Energie. Statt sie zu verdrängen, müssen wir daher lernen, sie anzunehmen, genau hinzusehen und intensiv nachzudenken, vielleicht auch Schmerzen auszuhalten.

Zu verzeihen tut unserer Gesundheit definitiv gut. Eine besonders positive Wirkung hat es auf die Gesundheit des Herzens. Ja, es ist nicht immer leicht und doch so erlösend! Anderen zu verzeihen, hilft Ihnen zu verstehen, dass auch Sie Fehler machen. Einen Groll mit sich herumzutragen, kann das eigene Glück blockieren und der persönlichen Gesundheit schaden. Über die Jahre habe ich begriffen, dass praktisch alle seelischen Konflikte ziemlich unnötig sind. Wenn wir uns in tiefe Wut, Neid oder Selbstmitleid begeben, sind unsere Handlungen in erster Linie gegen uns selbst gerichtet und in gewissem Maße gegen unsere Umwelt. Zum Glück haben wir die Fähigkeit, uns über unsere Gedanken Gedanken zu machen, und die Möglichkeit, uns merklich zu verändern.

Wir Menschen lieben es, uns selbst zu belügen. Nicht selten neigen wir zu Selbstüberschätzung und Überheblichkeit. Dieser Selbstbetrug ist der Vorwand, um nichts im eigenen Le-

ben ändern zu müssen. Innere Barrieren und Ängste halten uns davon ab.
Der österreichische Schriftsteller erklärte dazu einmal: „Die meisten Menschen haben vor einer Wahrheit mehr Angst als vor einer Lüge."

Wer Mitmenschen Gutes tut, ohne eine Gegenleistung zu erwarten, handelt großzügig. Mitgefühl und Güte sind Begleiter der Großzügigkeit. Großzügigkeit bedeutet gleichzeitig, eigene Bedürfnisse zurückzustellen sowie über mögliche Fehler und Versäumnisse anderer hinwegzusehen. Und was haben wir davon, wenn wir hilfsbereit und großzügig sind? „Wer nimmt, macht die Hände voll, wer gibt, füllt das Herz auf." Diese Dieses Zitat beschreibt perfekt das Wesen der Großzügigkeit.

Eine universelle, extrem starke Kraft ist die Liebe. In einem Brief Albert Einsteins an seine Tochter heißt es: „Liebe ist Licht, da sie denjenigen erleuchtet, der sie aussendet und empfängt. Liebe ist Schwerkraft, weil sie einige Leute dazu bringt, sich zu anderen hingezogen zu fühlen. Liebe ist Macht, weil sie das Beste, das wir haben, vermehrt und nicht zulässt, dass die Menschheit durch ihren blinden Egoismus ausgelöscht wird. Liebe zeigt und offenbart. Durch die Liebe lebt und stirbt man. Liebe ist Gott und Gott ist die Liebe." Und das meinte er nicht rein poetisch.

„Die Größte Kraft des Lebens ist der Dank."

Hermann von Bezzel, Theologe

Psychologen und Mediziner wissen: Dankbarkeit trägt zu psychischer Gesundheit bei. Internationale Forscherteams fanden heraus: Wer dankbar ist, leidet weniger unter Angst, Ärger, Stress, Schlafstörungen, Depressionen, Wut und Neid. Denn es ist fast unmöglich, zugleich frustriert und dankbar zu sein. Auf dem Weg zum inneren Frieden ist Dankbarkeit somit unentbehrlich. Es gibt zahlreiche Übungen, um Dankbarkeit zu trainieren. Ich bin überzeugt: Ein Weg zur Dankbarkeit ist es, nichts für selbstverständlich zu halten. Genau: Nichts ist selbstverständlich! Ich schätze deshalb alle, einfach alle positiven und schönen Momente in meinem Alltag. Schließlich ist ein dankbares Herz ein gesundes Herz. Außerdem stärken Ruhe und Mut das Herz.

„Für dich, o Herr, hast du das Menschenherz erschaffen. Und es findet keine Ruhe als in dir."

Augustinus Aurelius

Das Roemheld-Syndrom

Als Roemheld-Syndrom bezeichnet man Herzbeschwerden wie Herzstolpern, Herzrhythmusstörungen oder Engegefühle in der Brust, die durch Gasansammlungen im Magen und Darm hervorrufen werden. Das kann sich noch verschlimmern durch Aktivierung des autonomen Nervensystems, sodass sich die Betroffenen in einer Stresssituation befinden und vermehrt Adrenalin ausgeschüttet wird. Das kann Angstzustände auslösen und bis hin zu Panikattacken gehen.

Doch nicht nur das Herz kann beim Roemheld-Syndrom betroffen sein, durch den Druck im Bauch kann auch die Funktion der Lunge eingeschränkt sein. Es kann zu Kurzatmigkeit und sogar Atemnot kommen.

Gasansammlungen haben viele verschiedene Ursachen, zum Beispiel Nahrungsmittelunverträglichkeiten, Stress, Störungen der Gallenblasenfunktion, Entzündungen des Magen-Darm-Trakts, hastiges Essen oder üppige Mahlzeiten. Oft ist eine geschädigte Darmflora schuld.

Das Roemheld-Syndrom kennen nur wenige Ärzte, sie können deshalb keine Behandlung empfehlen. Doch eine beachtliche Anzahl von Menschen ist davon betroffen, wenn sie es auch nicht wissen. Jahrelang plagen sie die unspezifischen Herz-Kreislauf-Beschwerden, aber sie finden nirgends Hilfe.

Hier ist es wichtig, die Essgewohnheiten genau zu betrachten. Der Königsweg ist natürlich eine langfristige bewusste, ausgewogene Ernährung. Essen Sie daher nie zu hastig, zu spät, zu viel oder im Stress! Meiden Sie Lebensmittel, die bei Ihnen Blähungen verursachen. Bei einem chronischen Roemheld-Syndrom sollten Sie nur leicht verdauliche Lebensmittel zu sich nehmen, am besten sogenannte Schonkost. Herzrhythmusstörungen weichen schlichtweg schneller, wenn der Blähbauch kuriert ist.

Zusätzlich können noch folgende Mittel helfen:

- Ein sehr bewährtes Mittel gegen einen Blähbauch ist eine Bauchmassage mit etwas Schwarzkümmelöl und ein bis zwei Tropfen Kamillenöl römisch, und zwar regelmäßig, also täglich. Bei manchen hilft es prompt.
- Heilerde: täglich einen Teelöffel im Mund langsam einspeicheln.
- Bärlauch-Granulat: als Kur drei Monate lang einnehmen (siehe auch Kapitel „Darm").
- Digesto-Hevert-Verdauungstropfen bei Verdauungsproblemen: über einen längeren Zeitraum einnehmen. Die Tropfen sind in der Regel gut verträglich. Bitte nicht bei Problemen mit Alkohol verwenden!

Jede Krankheit hat meistens mehrere Ursachen. Erkennen wir sie rechtzeitig, können wir gesund und glücklich leben.
Eine Universalmethode, eine Panazee, gibt es nicht, vielmehr führen Tausende Wege zum Ziel. Dass ein Kranker oder eine Krankheit nur auf einem Wege, nur mit einer Behandlungsmethode geheilt werden kann, ist immer die falsche Sicht!

Leider sehen viele Ärzte nur das, was sie direkt vor Augen haben: Laborwerte, Röntgenbilder etc. Alles andere bleibt außen vor. Für sie ist es genug, dass wir ihnen unseren Körper präsentieren, damit sie ihn behandeln können. Doch hat jede Krankheit viel mit unseren Gefühlen, Gedanken, Emotionen und Erfahrungen zu tun. Krankheiten entstehen durch das Leben, das wir führen.

Der Mensch ist viel mehr als ein physikalisch messbares und chemisch analysierbares Laboratorium. Das Messbare ist nur ein winziger Abschnitt, nur eine Realitätsebene. Der Naturwissenschaftler, Atomphysiker und Nobelpreisträger Werner Karl Heisenberg meinte dazu, dass „das Objektivierbare nur ein kleiner Teil unserer Wirklichkeit ist". Und weiter: „Aber die existierenden wissenschaftlichen Begriffe passen jeweils nur zu einem sehr begrenzten Teil der Wirklichkeit und der andere Teil, der noch nicht verstanden ist, bleibt unendlich."

Den meisten Krankheiten und Beschwerden ist eine einzige Ursache gemeinsam: Übersäuerung. Eine Übersäuerung kann das Wohlbefinden unseres wichtigsten Organs, das Herz, beeinträchtigen. Denn der menschliche Körper war noch nie so vielen Giften und Belastungen ausgesetzt wie heute. Säure und Basen stehen im Körper in einem Verhältnis wie Tag und Nacht zueinander und haben einen großen Einfluss auf Kreislauf, Abwehrkräfte und Verdauung. Grundsätzlich liegen Lebenskraft und Gesundheit in den Basenbildern, den Mineralstoffen und Spurenelementen. Krankheit steht in Zusammenhang mit den Säuren. Eine bewusste, ausgewogene Ernährung sorgt für einen guten Säure-Basen-Haushalt.

Erstes Ziel der Herztherapie ist es, die krankhafte Übersäuerung zu beseitigen. Vitalstoffreiche, basische Ernährung gleicht die Übersäuerung aus. Wissenschaftlich belegt ist, dass ausgewogene Ernährung die Gefäße durchlässig halten und das Herz stärken kann. Gesunde Ernährung geht schnell und unkompliziert. Sie müssen nur beginnen umzudenken. Folgendes ist essenziell:

- Wasser trinken ist lebenswichtig. Denn ohne Wasser läuft nichts in unserem Organismus. Da der Körper Wasser nicht selbst herstellen kann, müssen wir unbedingt regelmäßig trinken. Warmes Zitronenwasser ist sehr gesund und entsäuert den Organismus.

- Hochwertige Pflanzenöle wie Leinöl, Hanföl, Walnussöl und Schwarzkümmelöl sind lebensnotwendig (nicht erhitzen). Sie enthalten gesunde Fettsäuren und vieles mehr.
- Für eine gesunde, ausgewogene Ernährung ist grünes Blattgemüse unverzichtbar.
- ballaststoffreiche Vollkornprodukte
- frisches Gemüse und zuckerarmes Obst
- Samen und Nüsse
- Kräuter und Gewürze wie Bärlauch, Petersilie, Dill, Basilikum, Kreuzkümmel, Kurkuma, Brennnesseln und Löwenzahn
- ab und zu Hülsenfrüchte: Sie werden zu den sauren Lebensmitteln gezählt; grüne Bohnen sind hingegen basenbildend.
- Senken Sie Ihren täglichen Salzkonsum! Dr. August Heisler schreibt in seinem Buch „Dennoch Landarzt“ dazu: „Die einzige Behandlung, die ich bei Hypertonie ... anerkenne, ist die salzloser Kost, eventuell auch Rohkost. Bei dieser Diätbehandlung handelt es sich aber um einen Angriff auf den gesamten Menschen, und daher sind die Erfolge bei dieser diätetischen Behandlung oft ganz wunderbar und nachhaltig und ohne jede Gefahr.“
- Essen Sie keine unreifen Früchte. Denn die unreife Fruchtsäure darin ist schädlich. Auch unreife Tomaten sind ungesund, da sie Alkaloide wie Solanin enthalten. Solanin ist übrigens hitzestabil, bleibt also auch nach dem Kochen erhalten. Mit der Einfärbung der Tomaten (wenn sie von grün zu rot werden) sinkt der Solanin-Gehalt indes stark.
- Meiden Sie Weißmehlprodukte und zuckerhaltige Nahrungsmittel! Denn eine zuckerreiche Ernährung kann nicht nur dick, sondern auch krank machen.
- Genießen Sie Kaffee und Wein nur in Maßen, wenn überhaupt.

Arzt Dr. Ruediger Dahlke schreibt in seinem hoch kompetenten Buch „Peace Food“: „Fleisch, Fisch, Milch, Eier ... lassen das Cholesterin steigen, womit auch die Gefahr nahezu aller Zivilisationskrankheiten wächst ... Pflanzliche Ernährung ist der gesündeste Weg zu natürlich niedrigen Cholesterinwerten,

und diese stehen für ein längeres, besseres Leben." Und: „Die wissenschaftlichen Beweislast gegen Tierprodukte im Hinblick auf Herz-Kreislauf-Erkrankungen ist erdrückend. Mit veganer Ernährung lassen sich Bluthochdruck und Herzprobleme selbst dann noch bessern und oft sogar heilen, wenn sie bereits fortgeschritten sind. So weit bräuchten wir es aber gar nicht kommen zu lassen, denn sie ließen sich mit der entsprechenden Ernährung schon im Vorfeld verhindern – die obendrein ein genussvolleres Leben ermöglicht. Auf der seelischen Ebene gilt es, Herzensangelegenheiten Raum zu geben und ihnen zu folgen."
Heilpraktiker Christopher Vasey erklärt in seinem hochinteressanten Buch „Das Blut-Geheimnis": „Dazu ist es bekannt, dass eine Diät ohne tierisches Fleisch die Verbindung zwischen dem Geist und dem Körper lockert. Im Ganzen ist das Interesse an materiellen Dingen schwächer, die physischen Leidenschaften nehmen ab. Jemand, der eine fleischlose Diät einhält, wird weniger ehrgeizig und weniger kämpferisch. Die Selbstkontrolle und die Beherrschung der Wünsche und Antriebe werden erleichtert. Ein gewisses Offensein für höhere Dinge wird begünstigt."

Die berühmte Framingham-Herz-Studie startete im Jahre 1948 mit rund 5 200 Männern und Frauen, heute wird bereits die dritte Generation untersucht. Festgestellt wurde, dass Risikofaktoren wie Bewegungsmangel, Fehlernährung, Diabetes, Basen-Säure-Ungleichgewicht, Tabakkonsum und erhöhte Cholesterinwerte Herzerkrankungen und Schlaganfälle begünstigen. Die Studie ist bis heute Jahr für Jahr Grundlage für Hunderte wissenschaftliche Publikationen und liefert fortwährend wichtige Erkenntnisse für die Medizin.
Die EPIC-Studie indes läuft seit 1990. Bisher wurden darauf basierend mehr als 500 interessante wissenschaftliche Publikationen veröffentlicht. Die Ergebnisse bestätigen, dass Fehlernährung, Bewegungsmangel, Rauchen und übermäßiges Körperfett im Bauchraum wichtige Risikofaktoren für verschiedene chronische Krankheiten sind.

Es gibt natürlich noch viele weitere große Ernährungsstudien. Einige davon sind die Sieben-Länder-Studie, die Health Professionals Follow-up Study der Harvard School of Public Health, China Study 1 und 2“, die Adventist Health Study 2 und die Nationale Verzehrstudie II.
Ein sehr wirksames und wahrscheinlich das älteste Mittel gegen Übersäuerung ist Natron (Natriumbikarbonat, $NaHCO_3$). Es kann zum einen geschluckt werden. Zum anderen haben sich Wickel, Waschungen, Fußbäder und Bäder als sehr hilfreich erwiesen. Für ein Vollbad brauchen Sie 100 bis 300 Gramm Natron, je nach Größe der Badewanne. Für ein wohltuendes Natron-Fußbad benötigen Sie zwei bis drei Esslöffel Natron auf fünf bis sieben Liter Wasser. Baden Sie Ihre Füße 20 bis 30 Minuten darin. Machen Sie zwei- bis dreimal wöchentlich ein warmes Basenbad zur Entsäuerung oder als Kur täglich ein Natron-Fußbad.
Die Inhaltstoffe der Grassäfte sind hochbasisch und können damit den Säure-Basen-Haushalt gut regulieren. Grassäfte gehören zu den wohl besten Lebensmitteln. Dazu werden junge Getreidehalme entsaftet. Von Weizengras sollten Sie höchstens einmal pro Tag 20 bis 40 Milliliter trinken. Alternativ können Sie Weizengraspulver nehmen: ein Teelöffel vor dem Essen mit einem Glas warmem Wasser (siehe Kapitel „Milde Fastenkuren, Rohsaft“).
Die bittersten basischsten Kräuter sind Tausendgüldenkraut, Schafgarbe und Wermut. Sie helfen beim Entsäuern und sind für gesundheitliches Wohlbefinden von großer Wichtigkeit. Sie können sie als Tee zubereiten. Aber, Aufgrund des unangenehmen Geschmacks reagieren manche Menschen empfindlich.

Mein Tipp: Mahlen Sie die getrockneten Kräuter mit einer Kaffee- oder Gewürzmühle und nehmen Sie ein- bis zweimal am Tag einen halben bis einen Teelöffel mit einem Glas warmem Wasser vor dem Essen. Mahlen Sie aber nicht zu große Mengen auf einmal. Bewahren Sie das Pulver in einem kleinen dunklen Glas luftdicht und trocken auf. Es sollte unbedingt vor Licht geschützt werden, sonst verliert es die Farbe und damit auch die wertvollen Stoffe. Kleben Sie am besten ein Etikett auf das Glas. Ich mache gerne Pulver aus nur einem Kraut, aber auch Mischungen sind möglich. Mischen Sie aber nicht mehr als drei Kräuter zusammen. Bittertee hat eine lange Tradition und ist heute noch als beliebtes Heilmittel in viele Kulturen verbreitet. Doch Vorsicht: Personen, die an Magengeschwüren, Zwölffingerdarmentzündungen oder einen sehr empfindlichen Magen leiden, sollten die Bitterstoffe sehr vorsichtig einnehmen, denn diese regen die Verdauungssäfte an, wodurch sich die Symptome verschlimmern können. Auch Frauen, die schwanger sind oder stillen, sollten bitterer Tee nicht trinken, da die Gerbstoffe unerwünschte Nebenwirkungen verursachen können.

Kaliummangel kann zu Herzmuskelschwäche führen. Häufiger Grund dafür ist die Unsitte, den Darm mit Abführmitteln zu traktieren. Auch Entwässerungsmittel (Diuretika) können den Kaliumspiegel absinken lassen. Krankhafte Durchfälle und langanhaltendes Erbrechen können ebenfalls zu Kaliummangel führen. Durch bestimmte Medikamente, insbesondere Cortison, entsteht gleichsam Kaliummangel. Und da Natrium der Gegenspieler (Antagonist) von Kalium ist, kann exzessiver Natriumkonsum ebenso zu Kaliummangel führen.

Seit Jahrtausenden gilt die Petersilie in der traditionellen Heilkunde weltweit als Heilpflanze und wird bei Herz- und Nierenerkrankungen, Bluthochdruck und Diabetes eingesetzt. Zahlreiche Studien haben sich bereits mit den heilsamen Wirkungen der Petersilie befasst. Die Liste der therapeutischen Wirkungen ist lang.

Nehmen Sie am besten ein- bis zweimal am Tag auf nüchternen Magen (oder vor dem Essen) einen Teelöffel Petersilienextrakt (trockene, pulverisierte Petersilienblätter) mit einem Glas warmem Wasser (siehe Kapitel „Kostbare Natur, Petersilie“).

Sanddorn kann die Herzfunktion Herz-Kreislauf-Erkrankungen verbessern und das Risiko, an Angina pectoris zu erkranken, verringern (siehe Kapitel „Kostbare Natur, Sanddorn“).
Ausleitende Verfahren sind die wohl ältesten Therapiemethoden der Menschheit. Sie unterstützen den Körper dabei, abgelagerte Stoffwechselendprodukte loszuwerden. Unsere Haut steht in enger Verbindung zu den inneren Organen, daher können Ausleitungsverfahren über die Haut große Erfolge erzielen. Die bekanntesten Ausleitungsverfahren sind der Aderlass, Schröpfen und Blutegel.

Das Cantharidenpflaster (Spanische Fliege) indes ist leider etwas in Vergessenheit geraten. Ganz zu Unrecht! Der bekannte Mittelalter-Arzt Paracelsus war sicher, dass Schmerzen genau dort auftreten, wo der Körper schädliche Stoffe ausscheiden möchte. Hier kann man ein Cantharidenpflaster anbringen. Es darf aber nicht über die Nieren, auf Schleimhäute oder in Augennähe aufgelegt werden. Die Reizung durch das Pflaster stimuliert den Lymphfluss. Auch blockierte Energien können wieder in den natürlichen Fluss kommen. Bei größeren Stellen können Sie das Pflaster natürlich in mehrere kleinen Stücke schneiden. Sobald es auf der Haut klebt, verstärkt sich in dem entsprechenden Bereich die Durchblutung. Es bildet sich eine große Blase, die mit gelblicher oder grünlicher Flüssigkeit gefüllt ist. Je dunkler die Farbe ist, desto mehr Gifte wurden entzogen. Nach 12 bis 24 Stunden wird das Cantharidenpflaster dann sehr vorsichtig entfernt. Die Blase wird mit einer sterilen Nadel geöffnet und entleert. Danach muss der Bereich mit Heilsalbe und einem Verband versehen werden. Das Brennen verschwindet nach Auftragen der Heilsalbe nach wenigen Minuten. Die Maßnahme kann alle drei Monate wiederholt werden.
Genau wie der Aderlass sollte auch eine Behandlung mit Cantharidenpflaster möglichst bei Vollmond durchgeführt werden, und zwar nur durch einen naturheilkundlich versierten Arzt oder Heilpraktiker. Ich habe die Erfahrung gemacht, dass auch manche Hausärzte dem Wunsch des Patienten nachkommen. Fragen Sie einfach!

Weißdorn ist schon lange als herzstärkendes Mittel bekannt. Seit 2016 sind auch in Deutschland Extrakte davon als traditionelle Arzneimittel anerkannt.
Weißdorn wirkt nicht direkt auf den Herzmuskel, sondern auf die Durchblutung. Experimentelle Untersuchungen zeigen, dass Weißdorn die Durchblutung des Herzens maßgeblich verbessern kann und auf diese Weise den Herzmuskel vor Sauerstoffmangel schützt. Weißdorn kann somit nervositätsbedingte Herzbeschwerden lindern.
Nach schweren Infektionskrankheiten kann Weißdorn bei der Regeneration der Herzleistung helfen. Er kann vorbeugend auch gegen Herz-Kreislauf-Beschwerden eingenommen werden. Zum Einsatz kommen Fertigpräparate aus Blüte, Blättern und Früchten. In der Traditionellen Chinesischen Medizin ist die Weißdornbeere nicht umsonst eines der am häufigsten empfohlene Lebensmittel. Die Früchte schmecken leicht mehlig. Getrocknete Beeren werden in der Regel zur Herstellung von Extrakten und Tinkturen verwendet, aber auch als Teezusatz. Allerdings enthalten die Blüten und Blätter mehr Wirkstoff als die Früchte. Weißdorn ist in der Regel gut verträglich. Er kann das Heilkraut über einen längeren Zeitraum regelmäßig eingenommen werden.

Eine einfache Möglichkeit, Weißdorn für die Gesundheit zu nutzen, ist es, Weißdorntee zu trinken. Geben Sie dazu einen Teelöffel getrocknete Blüten und Blätter in eine Tasse, übergießen Sie sie mit 300 Millilitern kochendem Wasser (90 °C) und lassen Sie alles zehn Minuten abgedeckt ziehen, dann abseihen und langsam trinken.

Oder etwas komplizierter:

Geben Sie einen Esslöffel getrocknete Weißdornbeeren und einen Teelöffel Rosinen, ungeschwefelt, in einen kleinen Topf, übergießen es mit 350 Milliliter heißem Wasser (80 °C) und lassen es über Nacht (mindestens 12 Stunden) abgedeckt ziehen. Anschließend kochen Sie das Gebräu zusammen mit den Beeren auf, geben einen Teelöffel Weißdornblüten und -Blätter dazu und lassen es noch einmal zehn Minuten abgedeckt ziehen, dann abseihen und warm trinken.

***

Baldrian ist die ideale Pflanze in Belastungssituationen auch in akuten Stresssituationen, da sie eine entspannende Wirkung auf das Nervensystem hat. Traditionell wird Baldrian bei geistiger Überanstrengung, gegen Stress, Reizbarkeit, Angst, Hysterie und Schlafstörungen eingesetzt. Baldrianextrakte besitzen praktisch keine Nebenwirkungen und gehören nicht zu den abhängig machenden Beruhigungsmitteln. Statt sofort zu schweren chemischen Medikamenten zu greifen, versuchen Sie es doch zuerst einmal mit pflanzlichen Arzneimitteln wie Baldrian.

Die Knoblauchknolle ist ein wahres Wunderwerk der Natur. Ja, es stimmt: Knoblauch hinterlässt einen sehr strengen Geschmack im Mund, aber das ist der einzige Nachteil. Dass Knoblauch gesund ist und Heilkräfte besitzt, wussten schon die Menschen in der Steinzeit. Knoblauch soll die Blutfettwerte und damit den Cholesterinspiegel senken. Auch schädliche Ablagerungen in den Blutgefäßen werden verhindert, wodurch Gefahren wie Arteriosklerose, Herz-Kreislauf-Erkrankungen, Thrombosen bis hin zu Herzinfarkten und Schlaganfällen entgegengewirkt wird. Außerdem unterstützt Knoblauch die Leber beim Entgiften. Mit Knoblauch kann man viel Positives für seine Gesundheit bewirken. Die Knolle enthält zahlreiche Vitamine und Mineralien, entzündungshemmende und antibakterielle Pflanzenstoffe. Zudem enthält Knoblauch wichtige Antioxidantien, die freie Radikale einfangen und neutralisieren. Knoblauch schützt, stärkt und heilt somit den ganzen Organismus. Regelmäßiger Verzehr stärkt auf natürliche Weise das Immunsystem. Zudem ist Knoblauch eine gute Selen-Quelle. Selen ist ein essenzielles Spurenelement, das für Stoffwechsel, Immunsystem und Schilddrüse wichtig ist.

Zitronen sind sauer. Doch sie helfen unserem Körper dabei, nicht zu übersäuern. Was viele nicht wissen: Zitronen schmecken zwar sauer, wirken aber basisch. Ihr Vitamin C wirkt entzündungshemmend und schützt die Gefäßwände vor Kalkablagerungen.

Versuchen Sie doch mal folgendes Rezept: das Knoblauch-Zitronen-Honig Lebenselixier.
Sofern man im Besitz eines Stab- oder Standmixers ist, ist die Zubereitung sehr einfach. Für eine zwei- bis dreiwöchige Kur benötigen Sie pro Person:

- 3 Knoblauch Knollen,
- 3 Bio-Zitronen und
- 3 Esslöffel qualitativ hochwertiger Honig

Waschen Sie die Zitronen, schneiden Sie sie in Scheiben und entfernen Sie die Kerne. Schälen Sie die Knoblauchzehen, nicht aber die Zitronen. Geben Sie beides in eine Schüssel und pürieren Sie alles mit dem Mixer, dann Honig dazugeben und alles gut vermischen. Fertig, nicht kochen! Es entsteht eine marmeladenähnliche Masse, die Sie in ein Glas geben und kühl aufbewahren sollten.
Nehmen Sie zweimal am Tag einen Esslöffel davon vor dem Essen.

Und hier ist noch ein altes, sehr wirksames Heilmittel, das ich sehr schätze und jeden Morgen zweimal im Jahr drei bis vier Wochen lang frisch zubereite:
Vermischen Sie je einen Teelöffel Hanf-, Lein-, Walnuss- oder kaltgepresstes Olivenöl mit einer kleingehackten Knoblauchzehe und nehmen Sie es auf nüchternen Magen ein. Bitte nicht kauen, sondern mit ein paar Schlückchen lauwarmem Wasser herunterschlucken! Dieses Rezept ist ein Multitalent. Es erweitert die Arterien, senkt den Cholesterinspiegel, beugt Arterienverkalkung vor, fördert Gedächtnisleistung und Lernfähig-

keit, hilft den Nervenzellen zu „entschlacken“ und verbessert die Übertragung an den Synapsen.

***

Bärlauch ist eine überaus beliebte Naturarznei. Er bietet Schutz vor Herz-Kreislauf-Erkrankungen wie Herzinfarkt und Schlaganfall. Genau wie Knoblauch wirkt er blutverdünnend, riecht jedoch nicht so streng. Dabei enthält Bärlauch weit mehr Eisen, Magnesium, Mangan und Schwefelverbindungen als Knoblauch. Noch eine Besonderheit von Bärlauch ist sein Adenosingehalt, der 20-mal so hoch ist wie beim Knoblauch. Adenosin wirkt gefäßerweiternd und gilt darum als sehr günstig bei Durchblutungsstörungen. Beim Zerkleinern von Bärlauch wandelt sich das enthaltene Alliin in Allicin um, das nachweislich vor Gefäßablagerungen und damit vor Herz-Kreislauf-Erkrankungen schützt.
Machen Sie zweimal im Jahr eine Kur mit Bärlauch-Frischblatt-Granulat für acht bis zwölf Wochen mit täglich einem Teelöffel auf nüchternen Magen, eingenommen mit einem Glas warmem Wasser. Nutzen Sie im Frühjahr die Bärlauch-Zeit.

„Schlaf ist die beste Medizin.“ In dem alten Sprichwort steckt viel Wahrheit. Ohne guten Schlaf können wir nie die volle Leistung erbringen, weder körperlich noch mental. Zur Genesung ist gesunder Schlaf genauso wichtig wie eine gesunde Ernährung!
Schlafmangel über einen längeren Zeitraum hat sogar das Potenzial, schwere körperliche und psychische Probleme zu verursachen, darunter Depressionen, Angststörung, trübes Denken, Herz-Kreislauf-Erkrankungen, Gewichtszunahme. Gerade bei gesundheitlichen Beschwerden ist es besonders wichtig, sich bewusst um eine gute Schlafqualität zu kümmern.

„Bewegung ist die Seele aller Dinge“, sagte der berühmte Maler Paul Klee. Bewegung + Sport = besser schlafen – dies belegen Forschungen, Studien und praktische Erfahrungen.

Es gibt viele hochwertige natürliche Schlafmittel aus Kräuterextrakten als Fertigpräparate in der Apotheke, die effektiv und zuverlässig sind und keine Tagesmüdigkeit verursachen. Durch gesunden Schlaf werden die Körperakkus wieder aufgeladen. Wenn wir jedoch zu viel schlafen, stagniert die Energie wieder und betäubt sozusagen den Körper.

Das Leben von Pflanzen, Tieren und Menschen ist ohne Sonnenlicht nicht möglich. Studien zeigen, dass Sonnenanbeter viel seltener an Herz-Kreislauf-Erkrankungen sterben als jene, die der Sonne möglichst aus dem Weg gehen. Denn Sonnenstrahlen wecken unsere Lebensgeister und unsere Stimmung hellt sich auf – auch weil sich unter der Sonne Vitamin D im Körper bildet. Sonnenlicht stärkt unser Immunsystem und schützt uns vor Infektionen. Ein Sonnenbrand sollte natürlich unbedingt vermeiden werden.
Vitamin D aus dem Blister kann die Sonne nicht ersetzen. Heutzutage greifen viele leider allzu schnell zu Hormon-, Vitamin- und Enzympräparaten und bringen damit die natürliche Ordnung gewaltig durcheinander. Wenn Sie Vitamin D einnehmen müssen, dann bitte lieber in kleinen Mengen. Ja, Vitamin D ist sehr wichtig für unseren Körper, aber das heißt eben nicht: je mehr, desto besser. Unnötige künstliche Zufuhr kann sogar schädlich sein. Einerseits wird die eigene Vitamin-D-Bildung gestört, anderseits kann es zu einer starken Organschädigung kommen. Zu viel Kalk kann nicht nur in den Knochen, sondern auch in den Nieren, im Gefäßsystem und sogar bis in die Nerven hinein abgelagert werden. Sicher ist, dass eine Überdosierung von Vitaminen keineswegs so ungefährlich ist, wie ihre Anhänger immer behaupten.
Der Handel mit Vitaminen und Spurenelementen ist ein lukratives Geschäft ohne wissenschaftliche Beweise. Dabei wird in erster Linie mit den Ängsten der Menschen gespielt. Lassen Sie sich nicht verrückt machen! Der beste Schutz vor Krankheiten war, ist und bleibt eine natürliche Vollwerternährung und regelmäßige Bewegung!

Das Sonnenbad ist wichtig, nicht nur für unser Herz-Kreislauf-System. Es stabilisiert unser Immunsystem, ist ein wirksames Heilmittel bei Krebs und das beste Antistressmittel. Es regt unseren Organismus besonders stark zur Entgiftung an. Und das Lebenselixier kostet nichts! Die einzige Gefahr heißt Übertreibung. Der Sommer ist die Zeit des Elements Feuer. Zum Sommer gehört die Sonne und unser Sonnenorgan ist das Herz. Nach der chinesischen Lehre der Fünf Elemente gilt der Sommer als besonders passender Zeitpunkt im Jahr, um das Herz in all seinen Funktionen zu stärken.

Krisen sind eigentlich ein produktiver Zustand. Im Chinesischen besteht das Schriftzeichensymbol für Krise aus den Zeichen für Gefahr und Chance: Krise = Gefahr + Chance. Ja, jede Krise bringt zugleich eine Chance!

Aus Indien stammt diese Schöpfungsgeschichte: Nachdem Gott die Welt erschaffen hatte, erschuf er eine Muschel und legte sie auf den Meeresboden. Da musste sie nichts anderes machen als ihre Klappe zu öffnen, Meerwasser hindurchfließen zu lassen und dann die Klappe wieder zu schließen. Sodann schuf Gott einen Adler und gab ihm die Freiheit, sodass der ganze Himmel nun ihm gehörte. Aber für diese Freiheit sollte er einen Preis bezahlen: täglich um seine Beute zu kämpfen. Dabei hatte er es nicht leicht, nichts fiel ihm in den Schoß. Für seine Jungen musste er tagelang jagen, um genügend Futter zu besorgen. Aber er bezahlte diesen Preis gern. Schließlich schuf Gott den Menschen und führte ihn zuerst zur Muschel und dann zum Adler. Dann bot Gott den Menschen an, sich zu entscheiden, wie ein Adler zu leben oder wie eine Muschel.
Der Mensch ist ein ganz besonderes Wesen: Wir haben die Wahl zwischen beiden Lebensformen. Routine ist nett. Sie gibt uns ein Gefühl der Sicherheit und entstresst unseren Alltag. Aber wie bei allem ist es eine Frage des Maßes. Wer immer nur in seiner Komfortzone bleibt, verpasst viel und wird nicht glücklich.

Leber

Wie eine Hochleistungsfabrik arbeitet die Leber Tag und Nacht für unsere Gesundheit. Sie reinigt und entgiftet alle Körpersäfte. Lebererkrankungen haben seit den „Wohlstand“-Jahren drastisch zugenommen. Denn Speisen mit Fleisch und Alkohol sind für viele Menschen wichtige Zutaten für ein Mahl im Alltag. Das unermüdliche Stoffwechselorgan soll unsere Ernährungssünden dann ausgleichen. Die ständige Belastung mit Abbauprodukten infolge von Überernährung, Zuckerkonsum, Alkohol, Nikotingiften, Arzneimitteltoxinen, unbemerkt verlaufenden Entzündungsprozessen im Körper und Viren überlastet das Organ mit der Zeit. Regelmäßiger Missbrauch von Abführmitteln führt ebenfalls zu Leberschädigungen.

Bei vielen Betroffenen wird ein Leberschaden erst spät entdeckt. Denn die Leber schmerzt nicht, weil sie keine Schmerzrezeptoren hat. Das Organ leidet daher im Verborgenen. Selbst die Blutwerte (Leberwerte wie GOT, GPT usw.) geben im ersten Stadium keine Hinweise. Erst wenn sich die Fettleber entzündet, steigen die Leberwerte an – mit schwerwiegenden Folgen.

Wenn also Befunde vorliegen, befindet sich das Leiden meist bereits in einem fortgeschrittenen Zustand. Wenn Sie die ersten Symptome spüren, leidet Ihre Leber also schon seit mehreren Jahren. Anhaltende Erschöpfung, Konzentrationsstörungen und Abgeschlagenheit sind oft erste Symptome eines Leberschadens. Leider schieben dies viele auf Vitaminmangel oder Stress im Beruf. Spannungen im Schulter- und Nackenbereich, Kopfschmerzen (meist auf der rechten Stirnhälfte und an der Schläfe), gestörter Schlaf (insbesondere zwischen ein und drei Uhr nachts), gynäkologische Probleme und Augenbeschwerden weisen ebenfalls auf Leberprobleme hin. Bei Völlegefühl, Übelkeit, verdorbenem Magen, Hochkommen von bitterem Mageninhalt oder ständigem Aufstoßen muss an eine Lebererkrankung gedacht werden. Dunkler Urin, heller Stuhl und eine Gelbfärbung der

Haut deuten konkret auf eine Leberschädigung hin. Xanthelasmen (gelbliche Ablagerungen in unmittelbarer Nähe der Augen über und unter den Augenlidern) sind gleichsam ein sicheres Zeichen für Leberbeschwerden. Auch die Zungenbetrachtung gibt wichtige Hinweise. Infolge einer Zungenvergrößerung sind Zahnabdrücke am Zungenrand häufig. Rechtsseitig sind sie in der Regel ein Hinweis auf ein Leberleiden.

Leber und Darm bilden eine enge Allianz, da die Leber in einem direkt funktionellen Zusammenhang mit dem Darm steht. Über ein großes Blutgefäß, die Pfortader, reinigt die Leber das ganze Blut aus dem Darmkanal. Dazu sammelt die Pfortader das Blut aus Magen, Dünndarm, Dickdarm, Teilen des Mastdarms, Bauchspeicheldrüse und Milz und führt es dann der Leber zu. Ein ungünstiger Mix von Bakterien aufgrund einer gestörten Darmflora im Darm führt zu einem stark vermehrten Einstrom bakterieller Bestandteile und von Schadstoffen in die Leber, was auf Dauer entzündliche Veränderungen verursacht. So steuert die Leber über die Gallensäure die Darmfunktion, der Darm seinerseits nimmt unzählige Nährstoffe aus der Nahrung auf und schickt sie über die Venen zur Leber. Die Leber erkennt, wie viel Gallensäure sie noch produzieren muss. Gleichzeitig messen die Darmzellen, wie viel Gallensäure im Darm ist, und schicken Botenstoffe an die Leber.

Bei einer Fettleber beziehungsweise Lebererkrankung ist eine Darmsanierung von großer Bedeutung (siehe Kapitel „Darm“).

Nehmen Sie bei allen Lebererkrankungen Bärlauch-Frischblatt-Granulat!

Viele Studien haben sich in den letzten Jahrzenten mit den gefährlichen Auswirkungen einer Fettleber beschäftigt. Ergebnis: Leberkrankheiten können ernste Folgen haben. Eine Fettleber kann sich zu einer Leberentzündung, Fettleberhepatitis, Leberzirrhose und Leberkrebs entwickeln. Durch eine Fettleber steigt die Gefahr, Typ-2-Diabetes zu entwickeln. Auch Herzkrankheiten entwickeln sich häufiger.

Der menschliche Organismus ist eine Einheit. Erkrankt ein Glied, leidet das gesamte System. Die anderen Organe müssen die Funktion des geschwächten übernehmen. Hält ein solcher Zustand lange an, breitet sich der Krankheitsprozess aus. Medikamente gegen Leberverfettung gibt es nicht. Bei einer Lebererkrankung braucht es daher eine besonders bewusste schonende Ernährung. Eine Umstellung der Ernährung ist somit der Weg zu mehr Wohlbefinden. Eine Ernährungsumstellung ist übrigens keine Diät. Es geht vielmehr darum, die krankmachenden Gewohnheiten im Einklang mit persönlichen Vorlieben durch gesündere zu ersetzen:

- Wir können durch die Wahl unserer täglichen Nahrungsmittel den Stoffwechsel positiv beeinflussen. Wasser zu trinken, ist enorm wichtig bei einer Lebererkrankung. Geben Sie morgens gleich nach dem Aufstehen eine frisch gepresste Zitrone in 500 bis 700 Milliliter warmes Wasser und trinken es langsam aus.
- Ideales Wasser ist Quellwasser, das von selbst an die Erdoberfläche kommt und Hunderte Meter Filtration in Böden hinter sich hat. Leitungswasser in Deutschland hat ebenfalls eine ziemlich gute Qualität.

> *„Wer immer die Wirkung des Wassers versteht und in seiner überaus mannigfaltigen Art anzuwenden weiß, besitzt ein Heilmittel, welches von keinem anderen Mittel übertroffen werden kann. Keines ist mannigfaltiger in der Wirkung."*
> Sebastian Kneipp

- Bei einer Fettleber sind Essenspausen sehr wichtig. Die populäre, aber absolut unkluge Regel „viele kleine Mahlzeiten über den Tag verteilen" kann die Leberzellen überfordern. Warum auch sollte sich ein Mensch den ganzen Tag mit dem Essen beschäftigen? Essen Sie besser zwei- bis dreimal am Tag mittelgroße Portionen.
- Essen Sie täglich reichlich frische Blattsalate, am besten in Bio-Qualität. Rucola und andere bittere grüne Salate

stärken Leber und Herz. Junge Rote-Bete-Blätter, Spinat, Feld-, Kopf-, Batavia-, Eichblatt-, Frisée-, Lollo-Rosso-, Chicorée- und Eisbergsalat dürfen nicht fehlen. Mischen Sie die Blätter von verschiedenen Salatsorten nach Belieben.

- Wurzelgemüse wie Karotten und Rote Bete sollten öfter auf dem Speiseplan stehen. Am besten nehmen Sie es täglich zu sich – roh, als Saft oder als Salat.
- Kreuzblütengemüse wie Brokkoli, Blumen- und Rosenkohl sind sehr gesund.
- Essen Sie Äpfel, Birnen, Aprikosen, Pfirsiche und Weintrauben im Wechsel.
- Empfehlenswert sind naturbelassene Mandeln, Walnüsse, Pinienkerne, Kürbiskerne, Sesamkerne, Sonnenblumenkerne und Leinsamen.
- Hochwertige Pflanzenöle, etwa wie Lein-, Hanf-, Weizenkeim-, Walnuss-, Schwarzkümmel-, Sesam-, Traubenkern- und Olivenöl, sind sehr wichtig für die Gesundheit.
- Bevorzugen Sie Hafer, Hirse, Buchweizen, Dinkel, Grünkern und Gerstengraupe.
- Meiden Sie Getreideprodukte aus Weißmehl und weißen (polierten) Reis. Wenn überhaupt Kohlenhydrate, dann komplexe, ballaststoffreiche Vollkornprodukte: Vollkornbrot, -reis und -nudeln, aber nur in Maßen genießen.
- Wildkräuter wie Brennnesseln, Löwenzahn und Scharfgarbe, auch frisches, junges Weizengras sind empfehlenswert.
- Kräuter wie Petersilie und Dill dürfen nicht fehlen.
- Naturjoghurt und Quark müssen nicht jeden Tag auf dem Speiseplan stehen. Andere Milchprodukte sind nicht empfehlenswert.
- Verzichten Sie eine Zeit lang oder grundsätzlich auf Alkohol und Nikotin. Alkohol wirkt sich negativ auf die Leber aus und verstärkt psychische Symptome. Dann macht sich durch erhöhte Erregbarkeit und launisches Verhalten die sogenannte Leber-Depression bemerkbar.
- Kochsalz meiden!
- Studien zeigen, dass der Verzehr von tierischem Protein in einem engen Zusammenhang mit der Entwicklung einer Fettleber steht.

- Setzen Sie auf Sport, am besten draußen: Walken, Fahrradfahren, Yoga, Schwimmen oder zügig spazieren gehen. Bewegung hilft, den Stoffwechsel anzuregen und so die Leber zu entlasten. Ein Spaziergang durch den Wald oder über die Wiese ist von großem gesundheitlichem Nutzen. Es ist eine gute Gelegenheit, um Gedanken zu sortieren, neue Impulse zu sammeln und die Natur mit allen Sinnen zu genießen. Die Farbe Grün wirkt entspannend und heilungsfördernd. Und Grün ist die Farbe des Holzelements, zu dem die Leber gehört.

Die Mariendistel ist eine der wichtigsten Leberheilpflanzen. Die heilsame Hauptwir kstoff fördert die Regeneration des Organs. Dabei handelt es sich um ein Wirkstoffgemisch aus Silibinin, Isosilibinin, Silychristin und Silydianin. Auch fettreiches Öl steckt in den Früchten, nämlich Linol- und Ölsäure sowie reichlich Eiweiß. Lassen Sie sich zu Dosierung und Anwendung in der Apotheke beraten oder sprechen Sie mit Ihrem Arzt beziehungsweise Heilpraktiker(in).
Eher traditionell ist ein Leberwickel, der von vielen Menschen im Frühjahr zur Reinigung von Körper, Geist und Seele angewendet wird. Wickel sind einfache Naturmittel mit großer Wirkung. Ein Leberwickel lindert Krankheitssymptome, fördert die Entgiftung und regt die Selbstheilungskräfte des Körpers an. Am besten wirkt er nach der Mittagszeit zwischen 13 und 15 Uhr oder am Abend unmittelbar vor dem Schlafengehen. Wer generell nicht gut schlafen kann, dem kann ein Leberwickel durchaus helfen. Denn er wirkt entspannend und lindert Stress und Nervosität.
Ätherische Öle, die die Kraft und Heilwirkung der Pflanzen in konzentrierter Form speichern, können bei der Leberentgiftung ebenfalls hilfreich sein. Rosenöl wirkt analgetisch, spasmolytisch und regeneriert die Leberzellen. Rosmarin-Verbene-Öl wird unter Fachleuten sogar als „Gutes für die Leber“ bezeichnet. Rosmarinöl hat cholagoge Wirkung (galletreibende) und kann die Leberzellen regenerieren. Alternative: Salbeiöl.

***

Feucht-heiße Leberwickel

So kompliziert, wie es vielleicht auf den ersten Blick scheint, ist die Technik des Wickelanlegens gar nicht. Bereiten Sie alles in Ruhe vor, sodass Sie den Wickel entspannt anlegen können. Beginnen Sie (je nach Größe des Tuchs) mit dem Kochen von 300 bis 400 Millilitern Wasser. Lassen Sie dann zwei Teelöffel Tausendgüldenkraut oder Schafgarbe in darin 20 Minuten zugedeckt ziehen, dann absieden. Füllen Sie eine Wärmflasche mit heißem Wasser, etwa 70 °C. Bereiten Sie ein kleines Innentuch aus Baumwolle, ein Zwischentuch (aus Molton oder Mullwindel) und eine warme Decke vor. Tauchen sie ein Innentuch in noch heißen Tee und drücken Sie ihn gut aus. Falten Sie dann das Innentuch auf eine Größe von 15 mal 10 Zentimeter. Geben Sie jetzt drei Tropfen der genannten ätherischen Öle dazu. Legen Sie nun das noch warme Tuch auf die rechte Seite des Bauches unterhalb des Rippenbogens – genau da, wo sich die Leber befindet. Achten Sie darauf, dass das Tuch eng am Körper gut aufliegt, also ohne Falten und Luftblasen. Jetzt folgt ein größeres Zwischentuch, darüber eine Wärmflasche. Da der Wickel eine Stunde braucht, um seine Wirkung zu entfalten, machen Sie es sich jetzt bequem. Nachdem Sie den Wickel nach einer Stunde wieder entfernt haben, gönnen Sie sich eine Ruhepause; das ist wichtig!

***

Öl-Leberwickel

Geben sie auf ein Maxi-Baumwollwattepad (Reinigungs-Wattepads Gr. 11 zu 9) einige Tropfen Wasser (um etwas Öl zu sparen), dann zwei Esslöffel Sesam-, Hanf-, Schwarzkümmel- oder Olivenöl, sodass das Wattepad richtig nass wird, aber nicht

tropft. Verteilen Sie darauf drei Tropfen der genannten ätherischen Öle. Legen Sie es nun auf die rechte Seite des Bauches unterhalb des Rippenbogens – genau da, wo sich die Leber befindet. Achten Sie darauf, dass das Wattepad gut aufliegt, ohne Luftblasen und eng am Körper. Darüber legen Sie ein größeres Tuch aus Molton oder Mullwindel, darüber eine Wärmflasche. Da der Wickel eine Weile braucht (1 bis 2 Stunden), um seine Wirkung zu entfalten, machen Sie es sich gut zugedeckt bequem. Sie können gleichzeitig einen Lebertee trinken. Nach der Anwendung werfen Sie das Wattepad weg und putzen die Ölreste mit einem Papierküchentuch ab. Danach gönnen Sie sich eine Ruhepause.
Sie können Leberwickel zwei- bis dreimal in der Woche nutzen. Obwohl sie immer lokal angewendet werden, haben sie eine äußerst positive Wirkung auf den gesamten Organismus. Ein Öl-Leberwickel kann kurz vor oder während einer Erkältung gut helfen, auch generell bei Schlafstörungen.
Besorgen Sie sich ruhig ein professionelles Wickel-Set besorgen, mit dem das Wickeln einfacher von der Hand geht. Sollten Sie sich diesbezüglich unsicher sein, besprechen Sie sich mit Ihrem Arzt oder Heilpraktiker.

***

Negatives Denken belastet sämtliche Organe und das Immunsystem. Umgekehrt haben positive Gedanken wiederum erstaunliche Heilkraft. Forscher gehen davon aus: Wer positiv denkt, lebt gesünder und länger. Das, was im Gehirn passiert, beeinflusst viele Reaktionen im Körper. Gestörte Verhaltensweisen (extreme Ängstlichkeit, Aggressivität, starke Unruhe, Depression, Essstörung, usw.) produzieren viele Krankheiten. Eine positive Lebenseinstellung, Großzügigkeit, Zufriedenheit, Dankbarkeit, Offenheit und Mut können indes selbst bei schweren Krankheiten die Lebensqualität erheblich verbessern.

„Ein gütiges Herz ist des Leibes Leben;
aber Neid ist Fäulnis für das Gebeinen.“
Bibel, Buch der Sprichwörter (14,30)

Ja, alle Krankheiten haben ihren Anfang im Bereich des Geistes – Gesundheit aber auch.
Denn der Anfang aller Dinge ist der Geist!

Was wir denken, das erschaffen wir.
Was wir erschaffen, das werden wir.
Was wir werden, bringen wir zum Ausdruck.
Was wir zum Ausdruck bringen, erfahren wir.
Was wir erfahren, das sind wir.
Was wir sind, das denken wir.

Nieren und Blase

Die Nieren sind unser wichtigstes Klärwerk und Kraftpaket. Sie müssen unaufhörlich Höchstleistungen bringen: Rund 1 800 Liter Blut werden täglich gefiltert. Das ist rund 300 mal die gesamte Blutmenge eines Menschen. Wertvolle Stoffe werden dabei in den Körper zurückgeführt, die sogenannten harnpflichtigen Substanzen entfernt.

Unser Harnsystem ist komplex. Die Nieren haben eine Vielzahl von Funktionen:

- Entgiftung zur Reinhaltung des Zelle-Milieu-System
- Ausscheidung von stickstoffhaltigen Abfallprodukten aus dem Eiweißstoffwechsel
- Hormonbildung (Renin, Erythropoetin)
- Regulierung des Wasser- und Elektrolythhaushalts und des Blutdrucks
- Regulierung des Knochenstoffwechsels
- Regulierung der Blutbildung und von Vitamin D

Wissenschaftler befürchten eine dramatische Zunahme von Nieren-Blase-Erkrankungen. Neben primären Nierenerkrankungen können auch viele andere Grunderkrankungen dafür die Ursache sein. Da viele Nierenerkrankungen im frühen Stadium selten zu Beschwerden führen, werden sie oft erst spät bemerkt oder mit anderen Erkrankungen verwechselt. Nierenschmerzen sind meist keine eigenständige Krankheit.

Die Ursachen sind vielfältig:

- Bluthochdruck und Nierenerkrankungen bedingen sich wechselseitig. Langanhaltender Bluthochdruck kann eine Niereninsuffizienz auslösen, umgekehrt lassen Nierenerkrankungen den Blutdruck ansteigen.

- Zu hohe Zuckerwerte schädigen auf Dauer die feinen Blutgefäße im Körper, insbesondere an den Nieren und in der Netzhaut der Augen.
- Bei chronischen oder rezidivierenden Nieren-Blase-System-Problemen ist oft eine chronische Darmstörung beziehungsweise eine Dysbiose (Ungleichgewicht der Darmflora) die Ursache.
- Trennungen und seelischer Kummer, Existenzängste, Stress und Überforderung schwächen Ihre Nieren. Sorgen Sie daher regelmäßig für Entspannung.
- Schmerzmittel belasten die Nieren enorm. Wenn Sie Medikamente einnehmen müssen, tun Sie dies bewusst und nicht leichtfertig. Auch rezeptfreie Schmerzmittel wie Ibuprofen und Diclofenac können sehr problematisch werden.
- Man kann seine Nieren durchaus überlasten und ihnen zu viel von etwas geben. In den Nieren sind unsere Reserven (Lebensenergie) gespeichert. Gehen wir dauerhaft über unsere Grenzen (zu emotional, zu viel essen, zu viel Sport treiben), erschöpft das unsere Nierenessenz und unsere Lebenskraft.
- Auch ein Mangel an regelmäßiger Bewegung schadet auf Dauer den Nieren.

Da die Nieren eng mit der Blase verbunden sind, kann sich eine Blasenentzündung auf die Nieren ausweiten und umgekehrt.

Zu den typischen Symptomen einer Blasenentzündung gehören:

- häufiger Harndrang mit oder auch ohne Schmerzen,
- krampfartige oder stechende Schmerzen im Unterbauch (mittig oder seitlich) sowie
- trüber und unangenehm riechender Urin.

Zu den Symptomen einer Nierenschwäche gehören:

- von hinten nach vorne strahlender oder stechender Kopfschmerz
- Schwächegefühle, Kreislaufprobleme
- Übelkeit
- Wasseransammlungen in den Beinen

Schaumiger Urin deutet meist auf erhöhte Eiweißwerte hin, beziehungsweise darauf, dass sich zu viel klebrige Rückstände im Harn befinden. Es ist nicht ungewöhnlich, dass der Urin aufgrund seines Strahls etwas schäumt. Normal ist es aber nur, wenn der Schaum schnell wieder verschwindet.

Wir sind stark vom Rhythmus der Natur anhängig, ob es uns nun bewusst ist oder nicht. Im Winter regiert das Wasserelement. In den Wintermonaten haben Nieren und Blase ihre meiste Energie. Sie sind besonders in der Dunkelheit aktiv. Aus diesem Grund ist der Urin am Morgen direkt nach dem Aufstehen dunkler und schlackenreicher als sonst. Ist unser Nieren-Qi geschwächt, fühlen wir uns ängstlich. Ein starkes Nieren-Qi, sagen die Chinesen, zeige sich im Vertrauen ins Leben und starke Willenskraft. Eine bewusste Vollwerternährung bei eingeschränkter Nierenfunktion und Harnblasenentzündungen ist besonders wichtig. Morgens warmes Wasser zu trinken, hat zwar viele gesunde Effekte. Aber die grundsätzliche Empfehlung, viel zu trinken, ist nicht immer richtig. Bei einer Nierenentzündung mit hohem Blutdruck und Kreislaufschwäche ist es beispielsweise nicht sinnvoll, viel zu trinken. Spülen Sie dann besser mehrmals am Tag den Mund mit Wasser oder gurgeln Sie damit. Sobald Kreislauf und Blutdruck wieder stabil sind, können Sie wieder so viel trinken, wie Sie möchten.
Die Nieren sind nicht besonders regenerationsfreundlich. Deswegen ist eine bewusste, ausgewogene Diättherapie wichtig. Viele Lebensmittel sind gut für die Nieren und unterstützen sie.

Allgemeine Empfehlungen bei Nieren- und Blasenschwäche:

- Trinken Sie gleich nach dem Aufstehen auf nüchternen Magen zwei bis drei Gläser warmes Wasser mit Zitrone. Der Saft entsäuert den Körper und leistet große Hilfe bei der Nierenentgiftung. Es ist bekannt, dass Zitronenwasser der Bildung von Nierensteinen vorbeugen kann. Trinken Sie täglich mindestens den Saft von einer Zitrone und von bis zu sieben Zitronen mit warmem Wasser.

- Nutzen Sie die Kraft von Nierentees. Echtes Goldrutenkraut, Grüner Hafer, getrocknete Petersilie, Brennnessel, Queckenwurzel, Weidenrinde, Birkenblätter, Kamille und Hagebutten werden gern zur Behandlung von Harnwegserkrankungen eingesetzt. Von diesen Kräutern können Sie bis zu zwei Teelöffel für eine große Tasse (300 ml) nehmen. Trinken Sie aber nicht mehr als zwei solcher Tassen pro Tag.
- Beeren enthalten viele Vitamine, Mineralien, Spurenelemente, reichlich Ballaststoffe und sekundäre Pflanzenstoffe, die geschädigte Körperzellen regenerieren können. Sie eignen sich daher ideal zum Entgiften. Bevorzugen Sie schwarze Johannisbeeren, Sanddornbeeren, Preiselbeeren, Cranberrys, Heidelbeeren, Brombeeren und Himbeeren.
- In der Naturheilkunde spielt Borretsch eine wichtige Rolle. Er wirkt entzündungshemmend und schmerzlindernd. Das Gewürz wird zur Unterstützung einer Entwässerungstherapie und zur Erhöhung der Harnmenge verwendet. Borretsch hat einen gurkenähnlichen, erfrischenden und würzigen Geschmack. Die jungen Blätter schmecken am besten. Er eignet sich sehr gut als Würzkraut in Salaten, zu jeder Rohkost oder als Brotaufstrich. Mit den fast wie aus einer anderen Welt wirkenden Blüten können Sie auch prima Ihre Speisen und Getränke dekorieren. Es wird empfohlen, nicht mehr als drei Gramm der Blätter pro Tag zu essen. Bei Blüten sind größere Mengen unproblematisch.

Borretschöl wird zur Therapie verschiedener Haut- und Nervenerkrankungen eingesetzt. In der Homöopathie setzt man ihn bei nervöser Herzschwäche an.
Haben Sie einen Garten oder einen Balkon, lohnt es sich, die pflegeleichte Pflanze selbst anzubauen. Die Saison des Borretschs dauert von Mai bis Oktober. Übrigens gilt Borretsch als eine der bienenfreundlichsten Pflanzen überhaupt.
Borretsch eignet sich allerdings nicht so gut zum Trocknen, da dabei die typischen Aromen des Krauts verloren gehen.

- Auch der Kürbis gehört zu den Lebensmitteln der Wahl bei Nieren-Blase-Krankheiten und Prostatabeschwerden. Kürbisse können nämlich viel mehr, als nur als Dekoration in Treppenhäusern zu Halloween Gäste begrüßen. Die wertvollen Stoffe im Kürbisfleisch und in den Kernen sowie das daraus gewonnene Öl wirken entzündungshemmend, harntreibend und entwässernd. Im Jahr 2005 wurde der Kürbis vom „Studienkreis Arzneipflanzenkunde“ der Universität Würzburg wohl auch deshalb zur „Heilpflanze des Jahres“ gewählt. Er ist für eine Kur als Ofengemüse oder Brei sehr empfehlenswert.

Übrigens: In botanischem Sinne ist der Kürbis eine Beere – und äußerst kalorienarm!

- Die Zeiten, in denen pflanzliche Öle als Dickmacher verschrien waren, sind zum Glück vorbei. Hören Sie also nicht mehr auf die vielen Diätmythen und verzichten Sie keinesfalls auf pflanzliche Fette! Essenzielle Fettsäuren sind nach wie vor lebenswichtig.
- Hanfsamenöl (nicht zu verwechseln mit CBD-Öl) ist ein exquisites Öl mit nussigem Geschmack und einer besonderen Zusammensetzung aus Omega-3- und Omega-6-Fettsäuren sowie vielen Vitaminen und Mineralstoffen. Hanföl enthält zudem die seltene entzündungshemmende Gamma-Linolensäure, bekannt aus Borretschsamen- und Nachtkerzenöl, die bei Neurodermitis eingesetzt werden. Hanfsamenöl wirkt über unterschiedliche Mechanismen chronischen Entzündungen entgegen. Täglich können Sie pur oder zusammen mit Rohkost zwei bis vier Teelöffel einnehmen.
- Schwarzkümmelöl ist ein seit Jahrtausenden bewährtes Naturheilmittel, das bei Entzündungen zum Einsatz kommt. Möglichst ungefiltert wirkt es stark antioxidativ, antibakteriell, entzündungshemmend, krampflösend und harntreibend. Eine Tagesdosis besteht aus zwei Teelöffeln, gegebenenfalls in Kapselform.

- Die Karriere der scharfen Pflanzenstoffe reicht weit zurück und ist noch lange nicht zu Ende. Senföl etwa ist antibakteriell und entzündungshemmend, fördert die Durchblutung, löst Schleim, wirkt krampflösend und gilt als natürliches Antibiotikum. Seine wertvollen Inhaltsstoffe machen es zu einem kraftvollen Heilöl. Senföl selbst ist nicht scharf, erst in Wasser entfaltet es seine Schärfe. Es kann vielfältig eingesetzt werden: als Speiseöl für die kalte Küche oder für Massagen und Kompressen.

Grundsätzlich gilt: Es sind nur fette kaltgepresste Öle gemeint.

- Sehr gesunde Speiseöle sind auch Walnussöl, Olivenöl und Rapsöl.
- Sie können Ihre Nieren ebenso unterstützen, indem Sie nährstoffreichliche Lebensmittel essen. Blattsalat beispielsweise besteht zu 90 bis 95 Prozent aus strukturiertem, lebendigem Wasser, das Giftstoffe aus dem Körper ausspült. Er enthält viele Vitamine, Mineralstoffe und Chlorophyll. Vor allem dunkelgrüne und rote Salatsorten sind sehr gesund.
- Integrieren Sie Weizengrassaft oder alternativ Weizengraspulver in Ihren Speiseplan.
- Bei Getreideprodukten ist stets die Vollkornvariante die beste Wahl für Ihre Gesundheit, Hirse etwa, aber auch Buchweizen, Hafer, Dinkel und Gerstengraupe.
- Empfehlenswert sind zudem Kürbiskerne, Sesamkerne, Pinienkerne, Leinsamen, Sonnenblumenkerne sowie in Maßen Mandeln und Walnüsse.
- Kräuter und Gewürze wie Petersilie, Bärlauch, Dill, Schnittlauch, Kümmel, Thymian und Oregano dürfen nicht fehlen.
- Um die Nierenfunktion zu unterstützen, sollten Sie ferner regelmäßig Äpfel, Karotten, Rote Bete, Sellerie, Fenchel, Rettich, Meerrettich, Radieschen, Kresse, Blumenkohl, Brokkoli, Zwiebeln, Knoblauch und Ingwer essen.
- Vermeiden Sie ein Übermaß an Eiweiß, Kalium, Natrium und Phosphat. Verzichten Sie daher auf alle Fertigprodukte,

da sie häufig phosphathaltigen Zusätze enthalten, außerdem zu viel Salz und Zucker. Die regelmäßige Ernährung mit industriell hergestellten Nahrungsmitteln führt zu einem gravierenden Ungleichgewicht im Körper. Ernähren Sie sich deshalb so natürlich wie möglich.

- Rauchen Sie nicht! Schon wenige Zigaretten am Tag verhärten und verengen die Blutgefäßwände. Denn Tabakrauch enthält neben Nikotin noch rund 4 000 weitere Chemikalien. Durch den Verbrennungsprozess entstehen karzinogene Stoffe, die schwere Krankheiten verursachen können.
- Alkohol und Kaffee sind für die Nieren sehr problematisch.
- Lernen Sie, mit nur wenig Salz zu kochen (siehe Kapitel „Salz"). Genießen Sie die Aromen der Natur. Zitronensaft und Kräuter verleihen Ihren Speisen ebenfalls die richtige Würze und intensives Aroma. Salzersatzstoffe sind keine gesunde Alternative!
- Reduzieren Sie den Verzehr von Butter und Butterschmalz.
- Während einer Nierenerkrankung sind Milchprodukte nicht empfehlenswert.

Zur Therapie der Blasenentzündung gibt es mehrere Optionen. Eine akute Blasenentzündung sollten Sie natürlich immer vom Arzt abklären lassen. Unkomplizierte Blasenentzündungen lassen sich dann aber gut mit Hausmitteln behandeln.

Verspüren Sie ein Brennen beim Wasserlassen oder haben Schmerzen im Unterleib, kann ein Sitzbad sehr gut helfen:

- 2 Esslöffel Meersalz
- 2 Esslöffel Natron
- 1 Tropfen Sandelholz (100 % naturreines ätherisches Öl)
- 2 Tropfen Lavendel (100 % naturreines ätherisches Öl)
- 1 Tropfen Eukalyptus oder Kiefernöl (100 % naturreines ätherisches Öl)

Zubereitung:

Mischen Sie die ätherischen Öle gut mit Salz und Natron und geben Sie es in eine Schüssel mit etwa fünf Litern angenehm warmem Wasser. Setzen Sie sich für einige Minuten lang hinein und trinken Sie dabei einen warmen Blasen-Nieren-Tee. Lassen Sie bei Bedarf den Urin einfach in das Sitzbad laufen; das verstärkt die Wirkung. Bei Blasenproblemen besonders bewährt hat sich die Anwendung von Auflagen mit entzündungshemmenden, entkrampfenden und schmerzlindernden Ölen.

Öl-Blasen-Auflage

Tränken Sie ein Maxi-Baumwollwattepad (11 × 9 cm) mit 2-3 Esslöffeln Senf- oder Schwarzkümmelöl, sodass es zwar nass wird, aber nicht tropft. Darauf geben Sie zwei Tropfen eines 100 Prozent naturreinen ätherischen Öls Ihrer Wahl: Sandelholz, Eukalyptus, Kiefer, Edeltanne, Teebaum, Wacholder oder Schafgarbe. Legen Sie dies auf den Unterbauch beziehungsweise Blasenbereich, ohne es zu falten, also direkt auf den Körper. Darüber legen Sie ein etwas größeres Zwischentuch aus Molton oder eine Mullwindel. Darauf kommt ein Außentuch aus Wolle oder eine Tagesdecke. Belassen Sie die Auflage für zwei bis drei Stunden. Wiederholen Sie das über mehrere Tage. Die Erleichterung kommt nicht selten prompt.

Retterspitz-Lösung-Auflage

Sie brauchen:

- Retterspitz äußerlich, flüssig (Apotheke),
- ein Innentuch aus Leinen, Baumwolle oder ein Maxi-Baumwollwattepad,
- ein etwas größeres Zwischentuch aus Molton oder eine Mullwindel und
- ein Außentuch aus Wolle oder einen Schal.

Tränken Sie das Innentuch mit Retterspitz pur oder bei empfindlicher Haut eins zu eins verdünnt. Legen Sie das Tuch mit der Retterspitz-Lösung auf den Unterbauch, ohne es zu falten, also direkt auf den Körper. Darüber legen Sie das etwas größere Zwischentuch und darauf ein warmes Außentuch. Halten Sie es mit einer Wärmflasche warm und lassen es ein bis zwei Stunden wirken. Wiederholen Sie das über mehrere Tage ein- bis zweimal am Tag.

Blasenauflage mit ätherischen Ölen

Sie brauchen:

- 2 Tropfen Eukalyptus,
- 2 Tropfen Edeltannen- oder Kiefernöl und
- 1 Tropfen Lavendel.

Geben Sie die naturreinen ätherischen Öle auf ein feuchtwarmes Leinen- oder Baumwolltuch und damit auf die Blasengegend. Halten sie es mit einer Wärmflasche warm. Wenden Sie die Auflage so lange an, wie Sie es als angenehm empfinden, am besten ein bis drei Stunden.
Wenn Sie, aus welchen Gründen auch immer, keine Auflagen machen können, können Sie etwas Senf- oder Schwarzkümmelöl am Unterbauch einreiben und mit einem Baumwoll-, Leinen- oder einfach mit einem Papierküchentuch abdecken sowie mit einem warmen Schal fixieren. Wiederholen Sie dies mehrmals am Tag.

Folgende Tipps können Blasenentzündungen vorbeugen:

- beim Säubern nach dem Wasserlassen und Stuhlgang immer von vorne nach hinten wischen
- nach dem Reinigen des Intimbereichs Intimpflegeöl benutzen
- nach dem Geschlechtsverkehr innerhalb weniger Minuten wasserlassen
- Unterwäsche aus Baumwolle tragen

Nieren- und Rückenschmerzen auseinanderzuhalten, ist nicht immer leicht. Ein einfacher Test zur Bestimmung der Schmerzen ist ein Schlag mit der Kante der Hand gegen den Beckenkamm. Dadurch werden die Nieren verstärkt schmerzen oder aber der Schmerz in die Flanken ausstrahlen.
Eine wichtige Maßnahme bei Nierenleiden sind Öleinreibungen. Nehmen Sie etwas Senföl, Schwarzkümmelöl oder alternativ Sesamöl in eine Hand, verteilen es kreisförmig mit der anderen Hand und reiben den Nierenbereich ein. Die Wirkung verstärken können Sie mit ein, zwei Tropfen ätherischer Öle Ihrer Wahl: Edeltanne, Kiefer, Thymian, Salbei, Eukalyptus oder Schafgarbe. Legen Sie ein Baumwolltuch darauf und fixieren Sie es mit einem Nierengurt aus Lammfell. Wiederholen Sie das mehrmals am Tag. Für die innere Anwendung ist es sinnvoll, Petersilie zu essen: Nehmen Sie dazu einen Teelöffel Petersilienpulver (in einer Kaffeemühle getrocknete Petersilie mahlen) mit warmem Wasser vor dem Frühstück ein.

Halten Sie Füße und Nierenregion schön warm. Hausschuhe aus Lammfell und ein sogenannter Nierengurt aus Lammfell können gut dabei helfen. Die Wärme wirkt entspannend und setzt Abwehrmechanismen von Nieren und Blase in Gang. Lamm- beziehungsweise Schaffell hat eine besondere Eigenschaft: die Fähigkeit, bei Kälte warm und bei Hitze kühl zu halten. Lammfell sorgt für eine gesunde und gleichmäßige Temperatur, hält Ihren Körper trocken und warm, wirkt ausgleichend und entspannend auf den gesamten Organismus. Ausreichend zu schlafen, ist dabei ebenfalls wichtig. Sorgen Sie schon vor dem Schlafengehen für ausreichend Kleidung und Decken sowie eventuell für eine Wärmeflasche, damit Sie nicht frieren.

Ein Ingwer-Fußbad kann gleichfalls die Nieren stärken. Es regt die Durchblutung an, kurbelt die Entgiftungsprozesse im Organismus an und stärkt das Immunsystem. Ingwer besitzt zahlreiche gesundheitsfördernde Eigenschaften und sorgt dabei nachhaltig für die körpereigene Wärmebildung. Ein Ingwer-Fußbad können Sie als Kur täglich anwenden.

Für ein Ingwer-Fußbad brauchen Sie einen Esslöffel Ingwerpulver oder eine Tasse frischen, fein geriebenen Ingwer, ein Esslöffel Natron und etwa fünf Liter sehr heißes Wasser.
Wenn das Wasser abgekühlt ist, tauchen Sie langsam die Füße hinein. Hüllen Sie sich dabei in einen Bademantel, weil der Körper beginnen kann zu schwitzen. Ein Ingwer-Fußbad dauert zwischen 15 und 30 Minuten. Hören Sie auf die Signale Ihres Körpers. Nach dem Bad sollten Sie ausreichend trinken.

Trotz allen medizinischen Fortschritts gibt es kaum noch gesunde Menschen. Doch viele chronische Krankheiten kann man verhindern beziehungsweise heilen. Meiden wir das, was dem Körper schadet, und geben ihm, was bisher fehlte und was er benötigt, findet er sein Gleichgewicht wieder. Die Optimierung der Ernährung ist dabei einer der wichtigsten Schritte. Ja, für viele ist es nicht so einfach, hier braucht man Wissen und Disziplin!
Unser Körper ist nicht fürs Sitzen geschaffen, er braucht Bewegung. Leben ist Bewegung, Stillstand bedeutet Tod.
Hektik, Stress und emotionale Unruhe mindern unsere Lebensqualität. Entspannungstechniken kennenzulernen, ist daher wichtig zur Stärkung Ihrer mentalen Ressourcen.
Niemand soll glauben, dass ein Arzt alles und jeden heilen kann. Ein Arzt kann nur behandeln, nur die Natur heilt. Also, raus aus der Patientenhaltung!
Naturheilkunde ist im Grunde genommen ganz einfach – für unsere komplizierte Denkweise vielleicht *zu* einfach. Sie ist ganzheitlich und natürlich, bestimmt gerade deswegen so effizient und hat praktisch immer dasselbe Ziel: die Selbstheilkräfte zu aktivieren und zu stärken.

„Das Einfache lernen nur die Begabten."

August Bier, deutscher Chirurg

Ernährung

Dann wird Krankheit zu Gesundheit,
das Unglück zur Chance,
Wissen zu Weisheit,
Dunkelheit zu Licht.

In den letzten Jahrzehnten hat sich unsere Lebensweise radikal verändert. Industriell verarbeitete Nahrung enthält große Mengen an tierischen Fetten, Zucker oder Süßstoffe, Farb- und Aromastoffe, Konservierungsmittel und Emulgatoren. Ein Salamibrot oder Leberkäse für zwischendurch, die Currywurst oder Hackfleischlasagne in der Mittagspause und der Braten am Wochenende – für viele ist das eine Selbstverständlichkeit. Die steigende Zahl der Unverträglichkeiten und Allergien, Herz-Kreislauf-Erkrankungen, Diabetes, Burn-out, Ängste und Depressionen sind die Folge.
Ja, in der heutigen Zeit muss gesundes Essverhalten neu erlernt werden. Dabei sind gesunde Lebensmittel viel einfacher in die Ernährung zu integrieren, als man denkt. Eine gesunde, vollwertige Ernährung bietet eine Fülle von Möglichkeiten: Alles, was uns Mutter Erde gegeben hat, kann man zu leckeren, gesunden Gerichten verarbeiten. Und eine solche Ernährung ist vielseitiger und abwechslungsreicher als die sogenannte gutbürgerliche Küche. Gesunde Ernährung ist ein Verhalten, eine Gewohnheit, eine Fähigkeit, die jeder erlernen kann. Damit erhöhen Sie die Wahrscheinlichkeit, länger gesund, beweglich und geistig fit zu bleiben.
Es erscheint fast widersprüchlich, dass sich die massigsten, stärksten, größten Tiere der Erde – Elefanten, Gorillas, Büffel – ausschließlich pflanzlich ernähren. Auch der Allesesser Mensch kann sich mit der entsprechenden inneren Einstellung nur von Pflanzen ernähren. Wer ein Herz für die Tiere und die Umwelt hat, liegt mit einer vegetarischen Ernährung genau richtig.

Getreide, Gemüse, Samen, Nüsse, Obst und Beeren sollten die Grundlage unserer Ernährung sein. Mit diesen Urnahrungsgruppen kann sich der Mensch gesund und vollwertig ernähren, vorausgesetzt, er hat die entsprechende Einstellung und kein Verlangen mehr nach Milchprodukten und Fleisch.
Was kann man denn überhaupt noch essen? Ist das nicht zu einseitig? Das sind die typischen Fragen. Dabei ist Einseitigkeit weitaus mehr das Problem gutbürgerlicher Küche, insbesondere was die Nährstoffe angeht.
Ernährung ist viel mehr als die Summe aller Nährstoffe. In erster Linie ist es die Information. Schon der berühmte Physiker Max Planck sagte: „Der Urgrund aller Materie ist Geist." Leben wir vom Stoff, den wir zu uns nehmen, oder von der Energie, die ihm innewohnt? Betrachten wir unser Verdauungssystem, so werden wir sehen, wie nach der mechanischen Zerkleinerung spezialisierte Enzyme Zellen aufschließen, um die darin eingeschlossenen winzigen, ja unsichtbaren Substanzen wie Eiweißbausteine, Spurenelemente, Vitamine, Mineralien und Kohlenhydrate über Blut und Lymphbahnen ins Körperinnere zu transportieren. Die grobe Materie, von der die meisten noch glauben zu leben, gelangt überhaupt nicht in das Innere des Organismus.
Streng genommen gehört der Darm zur Außenwelt. Verfolgen wir weiter diese meist unsichtbaren Teilchen auf ihrem Weg in unserem Organismus, erleben wir, dass wir ausschließlich von der diesen Kleinteilchen innewohnenden Energie leben, die durch den Verbrennungsprozess freigesetzt wird. Dies, finde ich, ist wichtig zu verstehen, insbesondere für Menschen mit psychischen und neurologischen Erkrankungen.
Die Forschungen des Biophysikers Prof. Dr. Fritz-Albert Popp und seiner Nachfolger liefern unter anderem den Beweis, wie die verschiedenen Instanzen unseres Gesamtkörpersystems miteinander in Wechselwirkung stehen. Die Erkenntnisse sind nicht weniger interessant als das Leben selbst.
Der Mensch ist, was er isst; das wusste schon der deutsche Philosoph Ludwig Feuerbach. Eine ausgewogene, vernünftige Ernäh-

rung ist wichtig nicht nur für körperliches Wohlbefinden, sondern auch für die psychische Gesundheit. Die Studien des Gießener Mikrobiologen Prof. Dr. Claus Leitzmann und die „China Study" von Prof. Dr. Colin Campbell zeigen eindeutig, dass Vegetarier deutlich weniger häufig krank sind und gute Chancen haben, länger zu leben. Leider vergessen wir gerne, wie Tiere in Schlachthäusern behandelt werden. Die Situation in der Fleischbranche ist erschreckend. Mindestens jedes vierte Tierprodukt stammt von einem kranken Nutztier. Das ist das Ergebnis einer Auswertung wissenschaftlicher Studien durch die Verbraucherorganisation „Foodwatch". Demnach stammt etwa jeder zehnte Liter Milch von Kühen mit entzündeten Eutern. Laut Schlachthofbefunden leidet etwa jedes zweite Schwein an haltungsbedingten Krankheiten. Und nach den Statistiken, die „Foodwatch" herangezogen hat, werden vier von zehn Eier von Hennen mit Knochenbrüchen gelegt. Da Tiere heute in der Regel nach einem elenden, kurzen Leben in Tierzuchthäusern in Großschlachthöfen enden und vor ihrem Tod ansehen und mit allen Sinnen erleben müssen, wie es ihren Artgenossen vor ihnen ergeht, schütten sie vor der Schlachtung alles an Angst- und Stresshormonen aus, was möglich ist. Diese Angst- und Panikhormone nehmen Allesfresser natürlich mit dem Fleisch auf. In Zeiten, als der Mensch noch deutlich weniger Fleisch aß, das vor allem aus Hofschlachtung und von kleinen Metzgereien stammte, die immer nur ein Tier nach Bedarf schlachteten, kannten wir noch gar keine solchen Panikattacken. Und das ist noch gar nicht so lange her: Vor gut 30 Jahren waren Panikattacken noch gar kein Thema. Die armen Tiere aus Massenhaltung haben heute nur die Wahl zwischen Wahnsinn auf der einen oder Lethargie und Apathie auf der anderen Seite.

„Ein jedes Wesen scheuet Qual und jedem ist sein Leben lieb: Erkenn dich selbst in jedem Sein und quäle nicht und töte nicht."

Erstes Gebot von Gautama Buddha

Viele haben Angst, mit vegetarischer Ernährung zu wenig Eiweiß zu bekommen. Diese Angst ist ein typisches Symptom unserer Zeit: die Angst, nicht genug bekommen zu können. Zur Beruhigung: Die Deutsche Gesellschaft für Ernährung (DGE) empfiehlt 0,8 Gramm Eiweiß pro Kilogramm Körpergewicht, mit zunehmendem Alter immer weniger.

Zur Orientierung eine Übersicht zu Proteingehalten
(in g pro 100 g):

- Reis: 7,4
- Mais: 9,2
- Buchweizen: 9,8
- Gerste: 10,6
- Grünkern: 10,8
- Hirse: 10,6
- Roggen: 11,6
- Weizen: 11,7
- Hafer: 12,6
- Dinkel: 12,0
- Hülsenfrüchte (durchschnittlich): 25,0
- Sojabohnen: 35,0
- Nüsse (durchschnittlich): 25,0
- Erdnüsse: 27,0
- Pilze: 5,0
- Kartoffeln: 5,0
- Gemüse (durchschnittlich): 5,0

Über die Eiweißkonzentration braucht sich also niemand zu sorgen. Denn im Allgemeinen essen wir alle eher zu viel, auch Vegetarier.
Der Körper benötigt für viele Aufgaben Eisen. Eisen ist ein Bestandteil des Hämoglobins. Es transportiert Sauerstoff aus der Lunge zu den Zellen. Eisen ist ein wichtiger Teil der Enzyme, die am Stoffwechsel und an der Energieproduktion in den Zellen mitwirken. Außerdem ist Eisen bei der Bildung der DNA beteiligt. Eisen hat eine positive Auswirkung auf das Immunsystem

und die Speicherung von Sauerstoff in den Muskeln. Wie hoch der Eisenbedarf des Menschen ist, hängt von vielen Faktoren ab. Zahlreiche Studien bestätigen, dass Eisenmangel bei Vegetariern in westlichen Industrieländern nicht häufiger vorkommt als bei Nichtvegetariern.
Wer eisenhaltige Lebensmittel sucht, findet dennoch zuallererst den Hinweis auf tierische Produkte, sodass man automatisch zu glauben beginnt, man müsse mit einer vegetarischen Ernährung zwangsläufig einen Eisenmangel entwickeln. Dahinter steckt jedoch viel Unwissenheit über den tatsächlichen Nährstoffgehalt in unserer Nahrung. Sich mit Eisen zu versorgen, ist ebenfalls als Vegetarier möglich.

Zu guten Eisenlieferanten zählen:

- Samen wie Kürbiskerne, Sesam, Hanf- und Leinsamen;
- Getreide und Pseudogetreide wie Hafer, Hirse, Amaranth und Quinoa;
- Nüsse wie Pistazien, Mandeln und Haselnüsse;
- Hülsenfrüchte wie Linsen, Kichererbsen und weiße Bohnen;
- dunkelgrünes Blattgemüse wie Bärlauch, Spinat, Rucola, Mangold und Grünkohl;
- Weizen- und Gerstengras;
- Kräuter und Gewürze sowie
- getrocknete Früchte wie Aprikosen.

Zur Orientierung hier eine kleine Übersicht über den Eisengehalt pflanzlicher Lebensmittel. Nährwerte eines Lebensmittels können naturgemäß schwanken (Eisen in mg pro 100 g):

- Weizenkleie: 16
- Kürbiskerne: 12,5
- Amaranth: 9
- Leinsamen: 8,2
- Sesam: 10
- Sonnenblumenkerne: 5,7
- Mohn: 9

- Linsen: 8,0
- Grüne Erbsen: 5
- Pistazien: 7,3
- Sojabohnen: 11
- Hirse: 7-8
- Haferflocken: 5,4
- Buchweizen: 3,8
- Pinienkerne: 5,2
- Pfefferlinge: 5,8
- Spinat: 3,8-4,1
- Rosinen: 3
- Getrocknete Aprikosen: 2,7
- Datteln: 2,5
- Feldsalat: 2
- Grünkohl: 1,9

Es ist wichtig zu wissen, dass Lebensmittel, die reich an Vitamin C sind, die Eisenaufnahme begünstigen. Sanddorn beispielsweise ist ein hervorragender Vitamin-C-Lieferant. Übrigens hemmen Kaffee, Schwarztee, Milch- und Eierprodukte die Eisenaufnahme. Integrieren Sie daher unbedingt grünes Gemüse, insbesondere Blattgemüse, in Ihren täglichen Speiseplan.

Eine gesunde Vollwerternährung mit viel Rohkost liefert uns in der Regel alle Mineralstoffe, die wir brauchen. Die Frage ist, ob unser Organismus in der Lage ist, diese aufzunehmen. Seit einigen Jahren wird eine große Auswahl eisenhaltiger Nahrungsmittel angeboten:

Curryblätter verfügen über einen hohen Eisengehalt, weshalb sich hervorragend als natürliche Quelle eignen. Curryblätter gelten als besonders gut bekömmlich. Eisenpräparate aus dem Curryblatt enthalten neben viel Eisen auch Antioxidantien und hochwertiges ätherisches Öl, meist in Verbindung mit Hagebutten- oder Acerolaextrakt.

Viel Eisen, erhältlich in Form von Pulver oder Kapseln, ist in Gerstengras, Chlorella, Spirulina, Hanfprotein, Bärlauch und Petersilie enthalten.

Eisenbisglycinat ist eine Verbindung von Eisen und Glycin mit sehr hoher Bioverfügbarkeit und guter Verträglichkeit.
Bei Eisenmangel verschreiben Ärzte meist hochdosiertes Eisensulfat, leider mit vielen ungünstigen Nebenwirkungen, wie Magendruck, Übelkeit, Blähungen und Verstopfung, manche reagieren mit Durchfall. Daher ist die Einnahme dieser Mittel oft alles anderes als ein Vergnügen. Wenn Sie größere Mengen Eisen schlucken, füllen Sie Ihre Eisenspeicher auch nicht schneller auf, aber das Risiko für unerwünschte Wirkungen steigt.

Jeder Mensch benötigt Vitamin B12 für einen gesunden Stoffwechsel. Der Körper braucht es für die Energiegewinnung, starke Nerven und gute Blutbildung.
Obwohl Vitamin-B12-Mangel gern mit einer veganen Ernährung in Zusammenhang gebracht wird, betrifft diese Problematik durchaus auch Fleischesser. Mindestens 30 Prozent der Omnivoren haben einen gravierenden B12-Mangel. Da eine gestörte Darmflora von einer Ernährung begünstigt wird, die reich an tierischen Eiweißen ist, ist eine B12-Unterversorgung eher dort anzutreffen.
Die auf dem Etikett angegebenen Vitamin-B12-Werte von Lebensmitteln beziehen sich oft auf das rohe Lebensmittel. Beim Kochen und Braten kommt es aber zu Verlusten bis hin zu 62 Prozent, da B12 zu den hitzeempfindlichen Vitaminen gehört. Zudem ist davon auszugehen, dass aus Lebensmitteln stets nur ein kleiner Teil des enthaltenen Vitamins B12 auch tatsächlich aufgenommen und verwertet werden kann. Es wird vor allem von Mikroorganismen hergestellt, die im Verdauungstrakt vorkommen. Die DGE empfiehlt Erwachsenen drei bis vier Milligramm pro Tag. Der Körper verfügt in der Leber über große Vitamin-B12-Depots. Bei Erwachsenen reicht ein einmal gefüllter Speicher für mehrere Jahre. Trotzdem ist es sinnvoll, einmal im Jahr einen B12-Bluttest machen zu lassen.
In der Regel tritt Vitamin-B12-Mangel bei Menschen mit Stoffwechselstörungen oder chronischen Magen-Darm-Erkrankun-

gen und mit einer daraus resultierenden Störung der Darmflora auf. Ein gesunder Darm ist also die wichtigste Voraussetzung für einen guten Vitamin-B12-Wert.

Tipp: Als angehende Vegetarier oder Veganer sollten Sie gleich zu Beginn einen B12-Bluttest machen lassen, um zu erkennen, ob sich im Laufe der Zeit eine Veränderung ergibt.

Vitamin B12 ist übrigens nicht gleich Vitamin B12; es gibt Qualitätsunterschiede! Formen von Vitamin B12 sind:

- Methylcobalamin, die natürliche, bioaktive Form von B12 mit hoher Bioverfügbarkeit;
- Adenosylcobalamin, eine weitere natürliche Form von B12 mit hoher Bioverfügbarkeit;
- Hydroxocobalamin, ein weiteres natürliches Vitamin B12, das aber nicht so gut aufgenommen wird wie Methyl- und Adenosylcobalamin, aber vom Körper gut gespeichert werden kann, sowie
- Cyanocobalamin, eine synthetische Form von B12, die im Körper erst aktiviert werden muss. Weil es kostengünstig ist, wird es oft als Nahrungsergänzungsmittel eingesetzt.

Künstlich zugeführte hochdosierte Vitamine können unerwünschte Nebenwirkungen haben. Studien belegen, dass sie möglicherweise das Lungenkrebsrisiko erhöhen.
Vitamin B12 ist ein sogenanntes Coenzym. Es arbeitet gerne mit Folsäure zusammen, einem weiteren wichtigen B-Vitamin. Sehr interessant finde ich und besonders wichtig ist, dass es historische und geografische Beobachtungen gibt, nach der viele Völker aus Vergangenheit und Gegenwart sehr gesund ohne Tierprodukte gelebt haben und leben. Sie finden sich in Asien, Afrika und Ozeanien. Man kann bei vielen Völkern aus ihrer hohen Fruchtbarkeitsrate schlussfolgern, dass die Spermienqualität hoch (gewesen) ist, was bei ungenügender Versorgung mit B12 nicht möglich wäre.

„Auf dem grünen Blatt beruht alles Leben auf Erden", sagte einst Ernährungsforscher Prof. Dr. Werner Kollath. In seinem Buch „Die Ordnung unserer Nahrung" legte er den Grundstein für die Vollwerternährung.

Leider betrachten immer noch viele Menschen in Deutschland grünes Blattgemüse lediglich als Beilage oder gar Tellerverzierung. Besser wäre es, würde die Farbe Grün ihren Teller dominieren! Denn grüne Lebensmittel enthalten vieles, was in anderem Essen fehlt. So liefern uns grüne Blattgemüse alle Vitamine, Mineralien, Spurenelemente, Bitterstoffe sowie auch Farb- und Aromastoffe, sekundäre Pflanzenstoffe, ätherischen Öle, Enzyme, Hormone und hochwertigen Eiweißverbindungen. Grünes Blattgemüse liefert zudem Chlorophyll, eine der wirksamsten lebensspendenden Substanzen auf unserem Planeten. Es ist außerordentlich hilfreich beim Aufbau neuer Blutzellen. Obwohl Magnesium das zentrale Atom im Chlorophyll-Molekül ist und bei Hämoglobin im Zentrum ein Eisenatom ist, ähnelt der grüne Pflanzenfarbstoff enorm unserem körpereigenen roten Blutfarbstoff. Die chemischen Elemente sind bei beiden sehr ähnlich, beide Stoffe sind fast identisch aufgebaut.
Aufgrund seines Aufbaus behebt Chlorophyll Magnesium- und Eisenmangel. Chlorophyllreiche Lebensmittel schützen vor zahlreichen Krankheiten. Je dunkelgrüner es ist, desto besser. Es bringt den Säure-Basen-Haushalt ins Gleichgewicht und sorgt somit für einen harmonischen Ablauf vieler Körperprozesse. Chlorophyll fördert die Leberentgiftung, verbessert die Immunabwehr, hat tumorschützende Wirkung, schützt vor Arteriosklerose und der Koronaren Herzerkrankung – und erhöht die Gehirnaktivität. Es unterstützt eine regelmäßige Verdauung und leistet einen wichtigen Beitrag für eine gesunde Darmflora.
Dabei hat gesundes grünes Blattgemüse sehr wenig Kalorien und viele Ballaststoffe. Deshalb passt es hervorragend zu jeder Diät. Und es schmeckt!

Zu grünem Blattgemüse gehören:

- grüner Kohl wie Brokkoli, Rosenkohl, Grünkohl und Wirsing;
- Kulturgemüse, also Spinat, Mangold, Rucola und Feldsalat;
- die grünen Blätter von Karotten, Radieschen, Kohlrabi und Rote Bete;
- Kräuter wie Petersilie, Dill, Minze, Basilikum, Oregano, Zitronenmelisse und Liebstöckel sowie
- Wildkräuter wie Bärlauch, Brennnessel, Löwenzahn und Waldmeister.

Gräser zu verzehren, scheint für viele unnatürlich zu sein, aber nichts könnte weiter von der Wahrheit entfernt sein. Denn Gersten- und Weizengras gelten als die vitalstoffreichsten Lebensmittel. Sie besitzen ein exzellentes Nährstoffprofil. Neben sämtlichen Mineralstoffen, Vitaminen und Enzymen enthalten sie jede Menge Chlorophyll. Beide, insbesondere Gerstengras, wirken stark entsäuernd. Gerstengrassaft gilt als eine der besten Enzymquellen. Der Unterschied zwischen ihnen ist in Bezug auf die Zusammensetzung der Inhaltsstoffe nicht groß. Nur der Geschmack ist jeweils anders und das kann Ihre Präferenz bestimmen. Gerstengras schmeckt etwas bitterer als Weizengras. Probieren Sie aber ruhig beide aus! Vom Gersten- beziehungsweise Weizengraspulver sollten Sie zwei bis drei Teelöffel täglich nehmen, um eine positive Wirkung auf die Gesundheit zu erzielen. Mit entsprechenden Pulverprodukten können Sie erheblich gegenüber Graskapseln sparen. Das Graspulver nehmen Sie einfach mit einem Glas Wasser zu sich oder in einem Shake, Saft oder Smoothie beigemischt.

„Fehlt das Brot im Haus, zieht der Friede aus“, besagt ein altes Sprichwort. Ob Brot gesund oder ungesund ist, darüber wird immer wieder diskutiert. In Deutschland gibt es so viel Brotsorten wie in keinem anderen Land in Europa: über 3000, darunter alle möglichen und unmöglichen Mischungen – Brote mit tierischen Zugaben, Brote mit verändertem Nährwert-

gehalt, völlig disharmonische mit schrecklich vielen Zutaten und Zusatzstoffen oder auch Weißbrote fast ohne Nährstoffe. Die Deutsche Gesellschaft für Ernährung (DGE) spricht sich klar dafür aus, bei der Wahl von Getreideprodukten wie Brot, Nudeln und Mehl auf die Vollkornvariante zu setzen. Sie sind immer die bessere Wahl. Wie der Name schon verrät, wird das ganze – eben das volle – Korn für die Herstellung des Mehls verwendet wird, wodurch der Nährstoffgehalt viel höher ist. Und je qualitativer, hochwertiger und naturbelassener das Getreide ist, desto gesünder ist das Brot.
Im Idealfall backen Sie Ihr Lieblingsvollkornbrot selbst. Das ist ganz einfach, macht eine Menge Spaß und Sie wissen ganz genau, was in Ihrem Brot steckt. Das Brot ist nicht unbedingt ungesund, trotzdem sollte es nicht zur Basis Ihrer Ernährung werden.

„Das Brot ernährt dich nicht:
Was dich im Brote speist,
Ist Gottes ewig's Wort,
Ist Leben und ist Geist."

Deutscher Lyriker und Arzt Angelus Silesius

Rheuma

„Das sind die Weisen,
die durch den Irrtum zur Wahrheit reisen.
Die bei dem Irrtum verharren,
das sind die Narren."
Friedrich Rückert, deutscher Dichter

Der Begriff Rheuma kommt aus dem Griechischen und bedeutet Fluss. Damit bezeichnet man fließende, ziehende Schmerzen am Bewegungsapparat. Rheuma ist ein Oberbegriff. Es gibt rund 400 verschiedene Erscheinungsformen von Rheuma. Die bekanntesten sind Arthrose, Arthritis, Gicht, Psoriasis-Arthritis, Morbus Bechterew, Sehnenscheiden- oder Schleimbeutelentzündungen und Fibromyalgie.
Morgensteifigkeit, schmerzende Gelenke, Einschränkungen des Bewegungsapparats – energielos und träge schleppen wir uns durch den Alltag. Zum Mangel an Bewegung kommen noch schlecht belüftete Räume und Stress hinzu sowie eine nicht bewusste Ernährung. All diese Faktoren übersäuern langfristig unseren Körper. Rheumatische Erkrankungen werden sowohl in der Schulmedizin als auch in der Naturheilkunde fast immer mit einer Störung des Säure-Basen-Gleichgewichts in Verbindung gebracht. Die problematische Säure im Körper entsteht aufgrund falscher Ernährung: zu viel Essen, falsche Nahrungsmittelkombinationen, Alkohol, Fast Food. Neben genetischen Ursachen sind auch psychische Belastungen nicht selten Grund einer entzündlich-rhematischen Erkrankung. Acht Stunden in falscher Haltung vor dem PC, abends gemütlich auf der Couch – der akute Bewegungsmangel führt dazu, dass immer mehr Menschen gewaltige Gelenkprobleme entwickeln.
Betroffene haben oft eine für sämtliche Leidensgenossen typische Persönlichkeit. Sie sind meist innerlich starr und halten an ihren Gewohnheiten fest.

Auch Darmkrankheiten können durchaus rheumatische Beschwerden verursachen.

Bewusste, vor allem pflanzliche Ernährung kann das Entzündungsgeschehen im Körper von Rheumatikern mildern beziehungsweise sogar heilen und hilft, Medikamente einzusparen.

- Milch- und Fleischprodukte können rheumatische Erkrankungen begünstigen, insbesondere bei Menschen, die genetisch bedingt zu Rheuma neigen. Rotes Fleisch wie vom Schwein, Rind und Lamm enthält viel Arachidonsäure, die Entzündungen verstärkt. Eier sind ebenfalls sehr problematisch. Milchprodukte wirken im Körper größtenteils sauer, außer basische Molke. Mehrere Studien ergaben, dass Milchtrinker erhöhte Entzündungswerte und einen erhöhten oxidativen Stressspiegel aufwiesen. Das aber ist nicht der einzige Nachteil der Milch. Ein hoher Milchkonsum erhöht das Risiko für Knochenbrüche und kann vermutlich sogar zu Diabetes Typ 2 führen.
- Verzichten Sie auf Alkohol und industrielle Zucker. Hören Sie auf zu rauchen.
- Butter und Schmalz enthalten ebenso viel entzündungsfördernde Arachidonsäure.
- Kidneybohnen sollten ebenfalls gemieden werden. Greifen Sie besser zu Gemüsebohnen (grüne Bohnen) oder Sojabohnen.
- Erdnüsse sollten Sie meiden, Cashews nur in Maßen genießen.
- Die Inhaltsstoffe aus Nachtschattengewächsen können ungünstige Reaktionen im Körper und vor allem im Darm auslösen. Also Finger weg von gekeimten und grünen Kartoffeln! Denn sie enthalten große Mengen Alkaloidsolanin, das sogar schwach giftig ist. Müssen es unbedingt solche Kartoffeln sein, schneiden Sie die grünen und angekeimten Stellen großzügig weg. Kartoffeln sollten Sie kühl, dunkel und trocken lagern. Sie kochen am besten in wenig Wasser oder noch besser in Wasserdampf. Auf diese Weise bekommen Sie ein gesundes, vollwertiges Lebensmittel. Auch die in letzter Zeit so beliebten grünen Tomaten enthalten üb-

rigens das giftige Alkaloidsolanin und Lektine. Auberginen und Peperoni sollten Sie ebenfalls eher selten essen.

- Schon Hildegard von Bingen und Rudolf Steiner rieten vom übermäßigen Verzehr von Nachtschattengemüsearten ab.
- Bei schweren rheumatischen Erkrankungen sollten Sie zudem Getreide und Obst (zumindest für kurze Zeit) meiden.

Kurz: Die Ernährung bei rheumatischen Leiden sollte aus Gemüse, „gutem" Eiweiß aus Nüssen und Samen sowie hochwertigen Pflanzenölen bestehen. Rheumatiker müssen bei ihrer Ernährung ohnehin auf einige Besonderheiten achten. Essenziell ist die Umstellung Ihrer Kost. Nur dann kann eine positive Wirkung über längere Zeit anhalten.

- Zitronen sind bestens gegen Rheuma und sogar gegen Gicht geeignet. Eine einfache Maßnahme, die kaum Aufwand erfordert, aber äußerst gesund ist, ist es, gleich nach dem Aufstehen Wasser mit Zitrone zu trinken. Die Wirkstoffe der Zitrone helfen bei der Auflösung von Giftstoffen. 500 bis 700 Milliliter warmes Wasser mit frisch gepresstem Zitronensaft verbessern die Durchblutung und den Stoffwechsel, also auch die Verdauung.
- Fette unterscheiden sich in ihrer chemischen Zusammensetzung erheblich. Bevorzugen Sie Leinöl, Hanföl, Walnussöl, Rapsöl, Olivenöl, Weizenkeimöl und Kürbiskernöl.
- Weizengras und Gerstengras sind reich an Chlorophyll und enthalten viele wichtige Enzyme und Antioxidantien. Sie helfen dabei, den Körper von Entzündungen und Giftstoffen zu befreien.
- Edelkastanien sind ein wertvolles Grundnahrungsmittel. Rheumatiker sollten sie öfter essen. Bei Esskastanien beziehungsweise Maronen handelt es sich um eine Weiterzüchtung der Edelkastanie. Sie sind daher genauso gesund wie Edelkastanien.

  Ein Kastanienfrühstück ist genau das Richtige im Herbst. Dabei lassen sie sich vielfältig zubereiten. Genauso gut passen sie für einen gemütlichen Winterabend. Frisch gebacken schmecken sie köstlich. Und wie das duftet! Nicht zu empfehlen ist lediglich Verzehr der rohen Frucht.

- Ein Frühstück mit zwei, drei rohen Karotten und vier Walnüssen oder sieben Mandeln ist ebenfalls eine sehr gesunde Option.
- Essen Sie täglich reichlich frische Blattsalate, am besten in Bioqualität.
- Gemüse wie Karotten, Rote Bete, Schwarzwurzel, Sellerieknollen, Rettich, Radieschen, Zucchini und Gurken sollten unbedingt öfter auf dem Speiseplan stehen.
- Hirse, Buchweizen (geröstete Buchweizen schmecken wunderbar!), Dinkel, Hafer, Grünkern und Gerste sollten Sie in Ihren Alltag ebenso integrieren.
- Empfehlenswert sind naturbelassene Walnüsse, Mandeln, Pinienkerne, schwarzer Sesam, Kürbiskerne und Sonnenblumenkerne.
- Verzichten Sie auf Eiernudeln. Meiden Sie Getreideprodukte aus Weißmehl. Wenn es unbedingt Kohlenhydrate sein müssen, dann ballaststoffreiche Vollkornprodukte: Vollkornbrot und Vollkornnudeln sind in Ordnung, wenn Sie sie in Maßen genießen.
- Blumenkohl, Grünkohl, Wirsing, Kohlrabi, Brokkoli, Rosenkohl, Spitzkohl und Rotkohl sind wertvolle heimische Gemüsesorten, die besonders in der dunklen Jahreszeit ihren Speiseplan bereichern können. Bei schonender Zubereitung bleiben die meisten Vitalstoffe erhalten.
- Kräuter und Wildkräuter müssen nicht fehlen. Gewürze wie Kreuzkümmel, Koriander, Muskat wirken sehr positiv.
- Eine entzündungshemmende Ernährung ist wie ausgeführt äußerst sinnvoll bei Rheuma. Pflanzliche Stoffe aus Gemüse, Gewürzen, Nüssen und Samen können helfen, schmerzhafte Schübe zu unterbinden. Entzündungshemmend wirken auch Omega-3-Fettsäuren, die reichlich kaltgepresste Öle enthalten: Algenöl, Zedernnussöl, Walnussöl, Leinöl, Kürbiskernöl, Traubenkernöl, Olivenöl und Rapsöl. Kaltgepresste Öle sollten ausschließlich in der kalten Küche genutzt werden, raffinierte oder sogenannte Bratöle für die warme.

Die Zusammenhänge zwischen Ernährung, Darmgesundheit und dem Verlauf rheumatischer Erkrankungen sind schon lange bekannt. Zahlreiche Studien belegen, dass Rheuma-Arthritis-Patienten während und nach den Nahrungspausen viel weniger Gelenkbeschwerden und Muskelschmerzen haben. Dabei gibt es viele Möglichkeiten, dem Körper über kurzzeitigen Nahrungsverzicht etwas Gutes zu tun: zweitägiges Heilfasten, Intervallfasten und Rohkostkuren wirken wohltuend und stärken das Immunsystem.

Beinwell ist bei allen rheumatischen Erkrankungen und Knochenschäden von besonderer Bedeutung. Er ist seit der Antike als Heilpflanze bekannt. Der Echte Beinwell wird bei Entzündungen, Muskel- und Gelenkschmerzen, aber auch bei Prellungen und Zerrungen eingesetzt. Äußerlich kommen Beinwellextrakte in Form von Umschlägen zum Einsatz. „Kytta Plasma" mit Beinwellwurzelextrakt als Wirkstoff gibt es leider seit 2016 nicht mehr. Sie können Beinwellumschläge aber auch leicht selbst herstellen. Dazu mischen Sie aus Blättern und Wurzeln einen Brei an, den Sie als Umschlag auf die betroffenen Gelenke legen. Mit Beinwellpulver geht es ebenfalls: einfach mit heißem Wasser und etwas Öl (Schwarzkümmel- oder Sesamöl) zu einer Paste verrühren, auf ein Baumwolltuch auftragen, auflegen und festbinden. Alternativ gibt es Beinwellwurzelessenz und Salbe.

Schon die Naturvölker schätzten die vielseitigen Heilkräfte des Bärlapps, auch bekannt als Gichtmoos. Es kommt in der Naturheilkunde zur Therapie von Rheuma und Gicht zum Einsatz. In Apotheken gibt es Bärlapp als Tinktur zum Einreiben von Gichtknoten und schmerzenden Gelenken.

Brennnesseln und Co. stärken, heilen und schützen uns im Alltag und in Krisenzeiten schon seit Tausenden von Jahren. Die antientzündliche Brennnessel ist eine äußerst wichtige Heilpflanze für Rheumatiker. Die Stoffe in den Brennnesselhärchen, die den brennenden Schmerz auslösen, sind dieselben, die auch die heilende Wirkung haben.

Brennnesselblätter und -samen sollten Sie täglich essen. Geschnitten oder pulverisiert können Sie sie in viele Gerichte integrieren: in grüne Smoothies, als Zutat in Salat, Suppen, Dips und Pesto. Brennnesseltee indes wird innerlich angewendet, um den Stoffwechsel anzukurbeln und Giftstoffe aus dem Körper zu spülen. Brennnesseln sind auch eine gute Wahl unter den adaptogenen Pflanzen (adaptare; lat.: anpassen), die den Körper bei Stress unterstützen. Ihre Samen enthalten besonders viel pflanzliches Eiweiß, wertvolle Öle und Schleimstoffe.

Selbst gemachte Chai-Latte ist eine beliebte und dazu gesunde Alternative zu klassischem Kaffee.
Probieren Sie – sozusagen als Steigerung – doch mal Brennnessel-Chai-Latte!

Rezept

- 1 bis 2 Teelöffel Brennnesselpulver
- 150 ml Wasser
- 150 ml Hafermilch
- 1 Teelöffel Honig oder Ahornsirup

Zubereitung:

Für einen Brennnessel-Chai-Latte brauchen Sie ganz feines Brennnesselpulver, das sich mit einer Kaffeemühle leicht herstellen lässt. Wärmen Sie die Hafermilch auf und lassen Sie sie nach Belieben schäumen. Mit einem Matchabesen rühren Sie das Brennnesselpulver mit warmem Wasser an, geben die aufwärmte Milch einfach dazu und verrühren das Ganze noch einmal. Mit Honig oder Ahornsirup süßen – fertig!
Brennnesseln regen die Stoffwechseltätigkeit an. Deswegen ist es wichtig, danach Wasser zu trinken.
Auch ein Gerstengraspulver-Chai-Latte oder mit Brennnesselpulver eins zu eins gemischt ist superlecker und gesund. Genau

dasselbe können Sie mit Weizengraspulver machen. Experimentieren Sie, finden Sie ihre Lieblingsvariante!
Für Menschen mit rheumatischen Erkrankungen kann Massage eine vielversprechende Therapiemöglichkeit sein. Professionell verabreicht lindert sie die Schmerzen und verbessert die Gelenkfunktion.

Chronische Entzündungen gehen mit vielen chronischen Erkrankungen einher: ob Rheuma, Diabetes, Tinnitus, Herz-Kreislauf-Erkrankungen, Multiple Sklerose, Morbus Crohn oder Allergien – zur Linderung chronischer Entzündungen stehen bestimmte ätherische und fette Öle zur Verfügung.

Die passenden ätherische Öle sind:

- Cajeput und Eukalyptus, wirken schmerzlindernd und kühlend;
- Pfefferminze, wirkt stark kühlend;
- Weißtanne, Edeltanne, Latschenkiefer, Kiefernnadeln und Fichte, wirken durchblutungsfördernd, schmerzlindernd und beruhigend;
- Weihrauch, wirkt entzündungshemmend und reizlindernd;
- Wacholderbeere und Rosmarin, wirken durchblutungsfördernd, Wacholderöl zudem lymphflussanregend;
- Wintergrünöl, wirkt stark entzündungshemmend;
- Lavendel und Majoran, wirken beruhigend;
- Nelke und Zimt, wirken desinfizierend und schmerzlindernd, sind aber stark hautreizend;
- Engelwurz, wirkt schmerzlindernd;
- Thymian, wirkt desinfizierend, durchblutungsfördernd und antibakteriell;
- Ingweröl, hat starke entzündungshemmende und schmerzlindernde Wirkung, sowie
- Kamillenöl, wirkt stark entzündungshemmend.

Ätherische Öle gibt es in Apotheken, Bioläden und im Internet.

Die Auswahl der richtigen fetten Pflanzenöle ist ebenfalls von großer Bedeutung. Denn sie sind nicht nur eine Trägersubstanz, sondern besitzen zudem enorme Heilwirkung.
Passende kaltgepresste Pflanzenöle sind Hanföl, Schwarzkümmelöl, Sesamöl, Senföl, Johanniskrautöl (auch Rotöl genannt) und Olivenöl.

Hier sind einige Rezeptvorschläge:

Ölmischung gegen Muskel- und Gelenkschmerzen

- 10 Tropfen Cajeput
- 5 Tropfen Thymian
- 5 Tropfen Lavendelöl
- 2 Tropfen Ingweröl
- 20 ml Johanniskrautöl
- 30 ml Schwarzkümmelöl

Zubereitung:

Vermischen Sie alle Zutaten und füllen Sie sie in eine kleine Glasflasche. Dafür können Sie alte kleine Hustensaftflaschen spülen und weiterverwenden. Reiben Sie schmerzende Stellen mehrmals am Tag ein. Oder tragen Sie die Mischung auf das betroffene Gelenk auf und legen einen festen Verband an, den Sie zweimal täglich erneuern. Möglichst warmhalten.

Die Hände und Finger gehören zu den Stellen, die am häufigsten von Arthrose heimgesucht werden. Die Betroffenen schonen häufig, bewusst oder unbewusst, ihre schmerzenden Fingergelenke. Doch genau das ist der falsche Weg. Vielmehr sollten sie ihre Finger regelmäßig und ausgiebig bewegen. Durch die Ölmassage werden die Finger wieder beweglicher, schädliche Stoffe werden schneller abgebaut.
Massieren Sie dazu Ihre Fingergelenke mehrmals täglich mit der ausgewählten Ölmischung. Ziehen Sie dann etwas größe-

re Handschuhe an. Ideal sind welche aus Lammfell. Sind die Hände betroffen, umwickeln Sie sie einfach mit einem Schal. Falls Sie nichts Passendes haben, tut es auch ein Waschlappen. Grundsätzlich hilft jede Form von Wärme, auch über Nacht.

Muskel- und Gelenköl gegen Entzündungen

- 10 Tropfen Weihrauch
- 10 Tropfen Weiß- oder Edeltannenöl
- 10 Tropfen Wacholderbeeren- oder Ingweröl
- 2 Tropfen Gewürznelkenöl
- 5 Tropfen Wintergrünöl
- 20 ml Johanniskrautöl
- 50 ml Hanf- oder Sesamöl

Zubereitung:

Vermischen Sie alle Zutaten und füllen Sie sie in eine kleine Glasflasche. Reiben Sie die betroffenen Stellen mehrmals täglich ein. Mit dieser Mischung können Sie als Kur auch einen Umschlag auf das betroffene Gelenk legen und warm halten.

Muskelentspannungs-Ölmischung

- 10 Tropfen Fichtenöl
- 5 Tropfen Weiß- oder Edeltannenöl
- 5 Tropfen Lavendelöl
- 20 ml Johanniskrautöl
- 50 ml Hanföl

Zubereitung:

Vermischen Sie alle Zutaten, füllen Sie sie in eine kleine Glasflasche und schütteln Sie die Mischung. Massieren Sie damit mehrmals die schmerzende Stelle ein. Warmhalten.

Schulter-Arm Syndrom-Öl-Mischung

- 10 Tropfen Majoran oder Lavendel
- 5 Tropfen Zimtrinde oder Gewürznelke
- 5 Tropfen Weihrauch
- 5 Tropfen Weißtanne oder Edeltanne
- 50 ml Johanniskrautöl

Zubereitung:

Vermischen Sie alle Zutaten, füllen Sie sie in eine kleine Glasflasche und schütteln Sie die Mischung. Reiben Sie mehrmals täglich die Halswirbelsäule (HWS) ein. Alternativ geben Sie die Ölmischung auf ein kleines Tuch, legen sie als Umschlag auf und befestigen dies mit einem warmen Schal oder einer Decke. Die Mischung ist auch für HWS- und Schultertraumen geeignet.
Nackenschmerzen resultieren häufig aus psychischem Stress. Eine stressbedingte Dauerspannung der Nackenmuskulatur bewirkt im Laufe der Zeit Verhärtungen und Verkürzungen im Gewebe. Durchblutungsstörungen in der verspannten Muskulatur verursachen oft Migräne, Tinnitus, Schwindel und Augenschmerzen. Oft zieht der Schmerz vom Nacken nach vorne und setzt sich hinter den Augen fest. Eine eingeschränkte Beweglichkeit des Kopfes zeigt Ihnen dann, wie schmerzhaft es ist, nach links oder rechts zu blicken. Menschen mit HWS-Syndrom sollten dessen Ursache unbedingt erfassen und abbauen lernen.
Die Ernährungsweise der Gegenwart führt bei vielen Menschen zu einem gestörten Säure-Basen-Haushalt. Manche haben unbemerkt über Jahre erhöhte Harnsäurewerte, bis sich das in Form eines Gichtanfalls bemerkbar macht, beim ersten Mal sehr häufig im großen Zeh. Gicht ist oft Folge einer allzu üppigen Ernährungsweise bei eingeschränkter Nierenfunktion. Bei der Behandlung ist es wichtig, den Gefäßzustand zu verbessern und die Durchblutung zu fördern.
Als Kur können Sie drei Monate lang Bärlauchgranulat einnehmen, machen dann eine Pause und wiederholen das Ganze.

Erhöhte Harnsäurewerte können sogenannte stille Entzündungen fördern und praktisch jede Art von Krankheit verursachen. Deshalb ist es vor allem wichtig, dass Sie Ihren Harnsäurespiegel kennen.

Ölmischung bei einem Gichtanfall

- 10 Tropfen Cajeput
- 10 Tropfen Engelwurz
- 10 Tropfen Wacholderöl
- 10 Tropfen Lavendelöl
- 5 Tropfen Wintergrünöl
- 20 ml Johanniskrautöl
- 20-30 ml Hanf- oder Schwarzkümmelöl

Zubereitung:

Vermischen Sie alle Zutaten, füllen Sie sie in eine kleine Glasflasche, schütteln Sie sie und tragen sie mehrmals täglich auf die schmerzende Stelle auf.
Eine solche Aromatherapie ist leicht anzuwenden, wirkt schnell und effektiv. Bei allen Ölmischungen können Sie Bestandteile, auf die Sie empfindlich oder gar allergisch reagieren, mit anderen in gleicher Menge ersetzen.
Eine begleitende homöopathische Behandlung von Gelenk- und Muskelschmerzen kann bei akuten und chronischen Beschwerden durchgeführt werden. Es ist sinnvoll, die Homöopathie mit anderen Verfahren zu kombinieren. Komplex- oder Einzelmittel in Form von Tropfen, Globuli, Injektionen, Salben oder Tabletten sollten stets von einem Arzt oder Heilpraktiker nach ausführlicher Anamnese angewandt werden. Nehmen Sie homöopathische Arzneimittel in höheren und Hochpotenzen nicht in Eigenregie ein!

Regelmäßige <u>Wickel mit Heilerde</u> können rheumatische Beschwerden lindern oder sogar heilen. Heilerde ist reich an Mineralstoffen und Spurenelementen, die eine entzündungshemmende Wirkung haben. Ein Heilerde-Wickel ist ein bewährtes Mittel bei Arthrose, Arthritis und Gicht.

Zubereitung:

Rühren Sie aus Heilerde und Wasser einen dicken Brei. Tragen Sie die Paste auf ein Baumwoll- oder Leintuch auf. Legen Sie es direkt auf die betroffene Stelle. Über das Wickeltuch mit Heilerde legen Sie ein größeres trockenes Tuch. Hüllen Sie sich in eine Decke und warten Sie zwei, drei Stunden, bis der Heilerde-Brei trocken ist.

Auch rohe Kartoffelwickel gehören zu den traditionellen Hausmitteln. Die fein geriebenen Kartoffelauflagen sollen Schmerzen lindern und Entzündungen hemmen.

Zubereitung:

Kartoffeln fein reiben, auf ein Baumwoll- oder Leintuch auftragen, direkt auf die betroffenen Gelenke legen und mit einem größeren Tuch fixieren. Zwei Stunden wirken lassen. Kartoffelwickel können Sie einmal am Tag einsetzen, solange Ihre Beschwerden bestehen.
Bei Weihrauch denken viele Menschen an den charakteristischen Duft in der Kirche. Dort steht das Räuchern von Weihrauch symbolisch für Reinigung und Verehrung. Nicht so bekannt ist, dass Weihrauch schon seit Jahrtausenden in der traditionellen Medizin weltweit eingesetzt wird. Im Altertum und Mittelalter wurde Weihrauch als klassisches Heilmittel hochgeschätzt. Die alten Griechen und Römer verwendeten ihn zur Wundheilung. Im indischen Ayurveda gilt Weihrauch ebenfalls schon lange als Heilmittel bei Gelenkbeschwerden. Wenn von Weihrauch (auch Boswellia genannt) gesprochen wird, ist das Harz des Weihrauchbaumes gemeint. Er wirkt stark entzündungshemmend und könnte deswegen bei chronisch-entzündlichen Erkrankungen wie Arthrose, Arthritis,

Psoriasis, Neurodermitis, Morbus Crohn und Multiple Sklerose helfen. Interessant ist, dass es selbst in hoher Dosierung kaum Nebenwirkungen gibt.
Es gibt Weihrauch in Kapselform oder Weihrauchcreme. Beachten Sie aber bitte immer die Qualität. Das Produkt muss ohne Mineralöl und ohne Emulgatoren sein mit einem Weihrauchanteil von 30 Prozent.

Bei entzündlichen Gelenkbeschwerden erzielt die Einnahme von wirksamen Enzymen oft gute Ergebnisse. Enzyme sind komplexe Eiweißmoleküle, die als Beschleuniger von biochemischen Reaktionen wirken; man nennt sie auch Biokatalysatoren. Ohne Enzyme funktioniert so gut wie nichts im Körper, weder Verdauung noch Muskelbewegung. Wenn nicht ständig viele Truppen dieser fleißigen Helfer in unserem Organismus am Werk wären, würden wir nicht existieren.
Die Enzymtherapie greift in den Zellstoffwechsel ein. Körpereigene Proteasen (Enzyme, die Proteine spalten können) bekommen damit einen positiven Einfluss auf die Gewebereparatur. Enzyme wie Bromelain und Trypsin stellen die Balance zwischen den Botenstoffen wieder her, was den Entzündungsprozess positiv beeinflussen kann.
Besprechen Sie dies am besten mit Ihrem Arzt oder in Ihrer Apotheke.
Bewegung ist eines der besten Mittel gegen Rheuma, beispielsweise Übungen mit leichten Gewichten zur Stärkung der Muskulatur, Walking, Radfahren, Schwimmen, Wassergymnastik, Tanzen und Yoga. Durch gezielte Übungen können Menschen mit entzündlich-rheumatischen-Erkrankungen sehr viel bewirken und das Risiko für begleitende Herz-Kreislauf-Erkrankungen senken.

Arthritis kann gleichsam durch Bakterien, gelegentlich auch durch Viren oder Pilze im Organismus ausgelöst werden. Bakterien gelangen aus infiziertem Gewebe über die Blutbahn in die Knochen und verursachen dort eine infektiöse Arthritis, die sich in der Regel sehr rasch entwickelt. Das infizierte Gelenk macht sich dabei durch ausgeprägte Schmerzen bemerkbar. Das erhitzte Gelenk und umliegende Hautareale werden rot bis dunkelrot, es sammelt sich Flüssigkeit an, wodurch es anschwellt. Oft entsteht ein eitriger Gelenkerguss. Daher muss eine infektiöse Arthritis schnell behandelt werden, um Folgeschäden zu verhindern. Es gibt eine Reihe von bakteriellen Infektionen, die Gelenkstrukturen zerstören können. Ärzte verordnen in der Regel für drei bis sechs Wochen Antibiotika. Schlägt die Behandlung an, zeigt sich innerhalb von 48 Stunden eine gewisse Besserung. Das ist allerdings nicht immer der Fall. Und nicht jeder ist begeistert von einer Therapie mit Antibiotika.

Schon die Vorstellung, den eigenen Urin anzuwenden, löst bei den meisten Menschen sofort Abscheu aus, obwohl die Eigenharntherapie auf uraltem Heilwissen und entsprechender Traditionen basiert und von jeher zum Arzneischatz vieler Völker gehört. Schon vor 4000 Jahren schätzten indische Yogis täglich eingenommenen Eigenurin, um gesund zu bleiben oder zu werden. Die alten Ägypter behandelten Augenleiden unter anderem mit Urin.

Ein Comeback erlebt die Eigenharnmethode seit der ersten Hälfte des 20. Jahrhunderts. Auslöser waren Dr. John W. Armstrongs „Urin – Wasser des Lebens“ und Carmen Thomas' „Ein ganz besonderer Saft“.

Nach zwei Jahrzehnten bin ich ebenfalls zu einem überzeugten Eigenharntherapienutzer geworden. Ich gebe zu: Ein wenig unappetitlich klingt es schon. Am Anfang bin ich auch skeptisch gewesen. Aber nichts überzeugt so sehr wie Wissen und positive praktische Erfahrungen. Ich habe allerdings lange dazu geschwiegen. Denn es ist mir schon bewusst, dass Eigenharntherapie ein heikles Thema ist. Heute spreche ich darüber offen. Ich denke, die Zeit dafür ist reif.

Skeptiker zweifeln, ermutigt durch das Fehlen wissenschaftlicher Beweise. Dennoch bescheinigt die Erfahrungsmedizin dem Verfahren Erfolge.

In der Natur existiert kein Abfall. Auf der Welt ist alles in Kreisläufen angelegt. So fallen die Blätter von den Bäumen, sind

damit aber kein Müll, verwandeln sie sich doch in Mulch und sind dann wieder Nährstoff für die Bäume.
Urin ist eine Zwischenform der Blutzirkulation. Ähnlich wie die Eigenbluttherapie soll die Eigenharntherapie dazu dienen, im Körper einen Reiz zu entfachen, worauf dann eine Reaktion des Immunsystems zu erwarten ist. Damit wird Urin zu einer Art Impfstoff, der sich aber dadurch von schulmedizinischen Impfungen unterscheidet, dass er auf den eigenen Körper quasi maßgeschneidert ist. Denn er enthält bereits Informationen über die Erreger, die gerade im Körper sind. Eigenharn ist somit der Spiegel der pathologischen Situation des Erkrankten. Es gibt keine bessere ganzheitliche biologische Therapie, als so zu arbeiten.
Angewandt wird bei der Therapie der Urin entweder äußerlich oder innerlich. Er wirkt schmerzlindernd, krampflösend, entgiftend und immunisierend und greift regulativ in das Hormonsystem ein. Dies sind wichtige Therapiesäulen der Naturheilkunde. Die Eigenharntherapie ist seit Jahrtausenden eine wirkungsvolle Maßnahme gegen diverse Leiden. Von Eigenharntherapie profitieren insbesondere Menschen mit Stoffwechselleiden wie Rheuma, Gicht und Gelenkprobleme sowie mit Hautleiden wie Ekzemen, Schuppenflechte, Wunden (auch eitrige) Neurodermitis und Akne.
Bei entzündlichen Veränderungen im Bereich der Gelenke ist es sinnvoll, eine Urinkompresse zu machen. Für Kompressen, Wickel oder Auflagen wird ein Tuch in den unverdünnten, frischen Urin getränkt. Dann legen Sie die Kompresse auf die betroffene Stelle und decken sie mit einer Plastikfolie und einer Wollauflage ab. Lassen Sie die Kompresse für 20 bis 40 Minuten wirken. Wiederholen Sie das zwei- bis viermal am Tag, bis Sie wieder gesund sind.
Bei entzündlich-rheumatischen Händen oder Fingern ist ein Urinhandbad ein wirkungsvolles Mittel. Nehmen Sie dazu eine ausreichend große Schüssel oder ein Glas mit frischem, noch warmem Urin und legen die Finger beziehungsweise die Hand hinein. Halten Sie sie dort für 20 bis 40 Minuten, um die Wirkung zu entfalten. Danach waschen Sie Ihre Hand gründlich

und trocknen sie ab. Massieren Sie nun eine der beschriebenen Ölmischungen ein. Wiederholen Sie das zwei- bis dreimal am Tag. In der Regel tritt Besserung schon nach wenigen Tagen ein. Genauso gehen Sie bei betroffenen Zehen vor: Machen Sie sich ein Urinfußbad, am besten, aber nicht zwingend mit dem Morgenurin.
Sie können die betroffene Stelle mit frisches Eigenurin auch mehrmals am Tag einreiben.
Die Eigenharntherapie ist hochwirksam und kostet nichts!
Nur bei Geschlechtskrankheiten und eitrigen Erkrankungen im Harnsystem sollten Sie diese Therapieform nicht anwenden.

Gesunde, vollwertige Ernährung ist neben Bewegung der Schlüssel zu mehr Energie, auch bei entzündlich-rheumatischen Erkrankungen!

Hautkrankheiten

Neurodermitis

Neurodermitis ist eine nicht ansteckende, entzündliche, allergische Hauterkrankung, die immer mehr Menschen betrifft. In der Medizin wird sie als autosomal-dominante, prädisponierte Erbkrankheit bezeichnet. Der Name sagt eigentlich schon alles:
„Neuro“ steht für Nerv, „Derma“ für Haut und „Itis“ für Entzündung.
Die Haut wird oft als Spiegel der Seele bezeichnet, als Spiegel unserer Innenwelt. Bereits die Redewendungen „Das juckt mich nicht“ und „Das geht mir unter die Haut“ weisen auf die enge Verbindung zwischen Haut und Psyche. Durch eine eigene Sprache kann die Haut ihre Gefühle zeigen. So löst Furcht eine Gänsehaut aus, Scham oder Wut lässt Menschen erröten, Angst treibt uns den Schweiß auf die Stirn. Die Wechselwirkungen zwischen Haut und Psyche sind sehr komplex. Deswegen ist es nicht immer leicht zu unterscheiden, ob das Hauptproblem von der Haut oder von der Psyche ausgeht.
Jede Form von Hautausschlag ist ein Zeichen seelischer und körperlicher Disharmonie. Was uns juckt, das reizt uns: Juckreiz. Hautkrankheiten sind nicht selten der Hilfeschrei eines verschlackten Organismus.
Viele Neurodermitis-Patienten berichten, dass ihre Haut „schlechter“ wird, wenn es ihnen „nicht gut geht“. Insbesondere Jugendliche und junge Erwachsene leiden dann oft nicht nur unter dem Juckreiz, sondern auch an einem angeschlagenen Selbstwertgefühl.
Viele Betroffene haben eine geschwächte Lungen- und/oder Nierenentgiftungsfunktion. Nicht selten leiden sie auch an Allergien, Heuschnupfen und Asthma. Dabei sind sie oft außergewöhnlich sensibel. Eltern müssen das wahrnehmen und berücksichtigen.

- Neurodermitis kann sich durch belastenden Stress verschlimmern.
- Achten Sie auf eine bewusste, ausgewogene, typentsprechende Ernährung.
- Versuchen Sie Druck jeglicher Form zu vermeiden.
- Achten Sie auf Frischluft im Schlafzimmer. Viel frische Luft während des Schlafs steigert das Wohlbefinden. Entsprechende Öle können die Haut pflegen, nähren, Feuchtigkeit spenden, beleben, beruhigen und Entzündungen hemmen. Viele wirken stark antioxidativ. Positive Wirkungen auf unser größtes Organ, die Haut, haben ätherische Öle:
- Benzoeöl wirkt auf die Haut balsamisch: beruhigend, entkrampfend und antibakteriell. Es vermittelt Geborgenheit, ist dadurch stimmungsaufhellend, angstlösend und antidepressiv.
- Zistroseöl ist das Öl der Wahl bei Neurodermitis. Es wirkt hautregenerierend und juckreizlindert. Zudem hat es eine beruhigende, nervenstärkende Wirkung auf die Psyche; es gilt als das „Öl des zerknitterten Seelchens".
- Lavendelöl beruhigt Haut und Psyche. Es wirkt schmerzstillend, entzündungshemmend und sehr pflegend auf die Haut, außerdem antiallergisch.
- Rosenöl eignet sich sehr gut für die Hautpflege und wird von allen Hauttypen gut vertragen. Es wirkt hautregenerierend, kühlend, stärkend und heilt seelische Wunden.
- Sandelholzöl wirkt antihistaminisch, also gegen die Wirkung von Histamin gerichtet. Dies führt zu einer Besserung vieler allergiebedingter Beschwerden. Zudem wirkt es sehr positiv auf trockene, irritierte, juckende Haut und stabilisiert die Psyche.
- Zedernholz- und Rosenholzöl sind ebenfalls besonders hautfreundlich, wirken juckreizstillend und entzündungshemmend. Auf seelischer Ebene wirken sie stärkend und ermutigend.

Aber Achtung: Bei Säuglingen ist die Behandlung mit ätherischen Ölen tabu!

Besonders geeignete fette Öle bei Neurodermitis, Dermatitis und Ekzemen sind Hanföl, Schwarzkümmelöl, Nachtkerzensamenöl, Borretschsamenöl, Johannisbeersamenöl, Hagebuttenkernöl und Sanddornöl. Kokosöl hat eine kühlende Wirkung.

Einige Rezept-Beispiele:

Rezept 1

- 5 Tropfen Sandelholzöl
- 2 Tropfen Benzoeöl
- 2 Tropfen Zistroseöl
- 10 Tropfen Hagebuttenkernöl
- 20 ml Nachtkerzenöl
- 40 ml Schwarzkümmelöl

Vermischen Sie alle Zutaten und füllen Sie sie in eine kleine Flasche. Reiben Sie mehrmals täglich die betroffene Stelle damit ein, bis die Haut sich regeneriert.

Rezept 2

- 5 Tropfen Sandelholzöl
- 2 Tropfen Rosenholzöl
- 3 Tropfen Benzoeöl
- 5 Tropfen Sanddornöl
- 50 ml Nachtkerzenöl

Vermischen Sie die ätherischen mit den fetten Ölen und füllen Sie sie in eine kleine Flasche. Tragen Sie sie mehrmals täglich auf die betroffene Stelle auf, bis die Haut sich regeneriert.

Rezept 3 (blumig riechende Mischung)

- 5 Tropfen Zistroseöl
- 3 Tropfen Lavendelöl
- 3 Tropfen Rosenöl
- 1 Tropfen Zedernholzöl
- 20 ml Nachtkerzenöl
- 30 ml Hanföl

Geben Sie alle Zutaten in eine kleine Flasche und schütteln Sie etwas. Behandeln Sie mehrmals täglich die betroffene Stelle damit, bis die Haut sich regeneriert.
Wenn Sie aus irgendwelchen Gründen die Ölmischung nicht vorbereiten können, reicht es auch, nur eines der ätherischen Öle in die fetten Öle zu geben.
Auch das Aufsprühen mit reinem Rosenwasser ohne Alkohol wirkt antibakteriell und entzündungshemmend. Bei regelmäßiger Anwendung, mehrmals am Tag, wird empfindliche Haut beruhigt und gestärkt.

Psoriasis

Die Autoimmunerkrankung Psoriasis, im Volksmund Schuppenflechte genannt, ist neben der Neurodermitis die häufigste Hautkrankheit. Es gibt Typ 1 und Typ 2.

Die meisten Betroffenen leiden unter Typ 1, der zwischen dem 15. und dem 30. Lebensjahr entstehen kann. Es ist in der Regel eine erbliche Disposition.
Psoriasis Typ 2 tritt erstmals nach dem 40. Lebensjahr auf. Die genetische Veranlagung spielt dabei nur eine geringe Rolle. Die häufigsten Stellen, an denen sie ausbricht, sind Ellenbogen, Knie, Kopf und Kreuzbein. Oft ist sie mit starkem Juckreiz und Schmerzen verbunden. Im schlimmsten Fallen kann sich Psoriasis am ganzen Körper ausbreiten.

Es gibt verschiedene Formen von Psoriasis, beispielsweise Psoriasis-Arthritis (PsA), bei der sowohl entzündlich-deformierende Gelenkveränderungen als auch typische Hauterscheinungen auftreten, insbesondere auf Fingergelenken und Zehen. Die Beteiligung der Nägel gilt als stärkster Prädiktor für die Entstehung der Gelenkbeschwerden. Die Gelenke können schmerzen, anschwellen und steif werden. Bei Psoriasis-Arthritis entzünden sich in der Regel gleich mehrere Gelenke.

Auslösende Faktoren sind vor allem:

- eine erhöhte Belastung durch emotionalen Stress
- hormonelle Umstellungen
- eine gestörte Darmflora
- Infektionen
- ein Mangel an Mikronährstoffen

Einige Medikamente sind ebenfalls dafür bekannt, Psoriasis auszulösen, und zwar Blutdrucksenker, Schmerz- und Malariamittel.
Alle oben beschriebenen Rezepte und Tipps wirken auch sehr positiv bei Psoriasis. Schauen Sie sich bitte dazu unbedingt auch noch einmal das Thema „Rheuma“ an.
Setzen sie sich nicht unter Erfolgsdruck. Gezielte Ruhepausen und Entspannungstechniken können helfen, gelassener mit der Erkrankung umzugehen. Finden Sie heraus, wo Sie sich im Alltag Kraft holen können, etwa durch regelmäßige Entspannungstechniken wie Yoga (Yogapositionen und Atemübungen, auch Pranayama genannt) und Qigong. Auch Tanzen zu lernen, gehört aus meiner Sicht dazu. Unter kompetenter Anleitung eines Lehrers wird das sicherlich schnell gelingen.
Bei jeder Form von Hautkrankheit achten Sie bitte möglichst auf bewusste, ausgewogene, typentsprechende Ernährung. Eine entzündungshemmende Ernährung mit vielen Ballaststoffen kann sehr dabei helfen, die Beschwerden zu lindern.

Fingerkuppenekzeme (Pulpitis sicca)

Wenn die Haut an den Fingerkuppen trocken und rissig wird, eventuell auch schuppiger, dann schmerzt das gewaltig. Denn die Fingerspitzen zählen zu den sensibelsten Stellen unseres Körpers, weil sie eine große Anzahl sensorischer Nervenzellen besitzen.

Hilfreich ist hier das folgende Rezept:

- 10 Tropfen Myrrheöl (besonders wichtig bei Fingerkuppenrhagaden)
- 5 Tropfen Lavendel-, Sandelholz- oder Rosenöl
- 5 Tropfen Manuka- oder Niauliöl
- 3 Tropfen Geranien-, Palmarosa- oder Rosenholzöl
- 30 ml Johanniskrautöl
- 40 ml Hanföl

Geben Sie die ätherischen mit den fetten Ölen in eine kleine Flasche. Reiben Sie tagsüber mehrmals die Finger damit ein. An besonders betroffenen Stellen können Sie über Nacht eine Kompresse auflegen.

Frauenleiden

Den meisten Krankheiten und Beschwerden der Gegenwart ist eine einzige Ursache gemein: Übersäuerung. Ja, sauer macht nicht immer lustig! Fast Food, Fertigprodukte, tierische Produkte, Milchprodukte, Backwaren, Süßspeisen, kohlensäurehaltige Getränke, Alkohol, Nikotin und Kaffee überlasten unseren Körper mit Säure und machen auf Dauer krank. Ein Gleichgewicht zwischen Säuren und Basen im Körper ist jedoch notwendig für sämtliche Stoffwechselvorgänge.

In Industrieländern leiden drei von vier Frauen unter Regelschmerzen, was auch an Übersäuerung liegt. Für viele ist die Menstruation also verbunden mit unangenehmen Beschwerden, für manche sogar mit einem Totalausfall im Alltag. Beschwerden wie unregelmäßige Zyklen, Migräneattacken, Bauchkrämpfe, Schmerzen in den Oberschenkeln, Brustspannen oder Brustschmerzen, einhergehend mit schlechter Laune und Gereiztheit, können mit der richtigen Ernährung gelindert werden oder sogar ganz verschwinden.

Die Menstruation ist der reguläre Ausscheidungsweg für die im Körper gebildeten Säuren. Natürlich ist sie in erster Linie dazu da, um ein unbefruchtetes Ei und Gebärmutterschleimhaut aus dem Körper zu transportieren. Allerdings nutzt der Körper diese Funktion ebenso zur regelmäßigen Entschlackung und Entsäuerung, um den Säure-Basen-Haushalt des Körpers im Gleichgewicht zu halten. Leider wird in der Schulmedizin dieser wunderbaren Funktion kaum Beachtung geschenkt.

Hildegard von Bingen schreibt in ihrem Buch „Physica“: „Die Frau scheidet während ihrer fruchtbaren Jahre einmal im Monat ihre schlechten Säfte aus.“ Interessant ist auch die Beobachtung, dass Frauen, die übersäuert sind, sehr viel stärker und länger bluten als Frauen mit einem gut funktionierenden Säure-Basen-Haushalt. Frauen, die sich so ernähren, wie es die Natur vorgesehen hat, haben in der Regel selten Menstruationsbeschwerden.

Überhaupt ist für eine schmerzfreie Periode die Ernährung ganz entscheidend. Tierische Lebensmittel und Milchprodukte fördern Schmerzen und Entzündungen. Eine ausgewogene, bewusste Ernährung mit insbesondere Gemüse, Blattsalaten, Nüssen, Ölsaaten, Früchten und naturbelassenen Ölen mindert Regelschmerzen auf natürliche Art.
„Sicher und sauber“ – die Erfindung aus den 1950er-Jahren: Tampons. Für viele Frauen ist ein Leben ohne sie kaum vorstellbar. Aber ihrer Gesundheit zuliebe sollten Sie darüber noch einmal kritisch nachdenken. Denn regelmäßig Tampons zu verwenden, kann unangenehme Folgen haben und im schlimmsten Fall sogar zu gesundheitlichen Schäden führen. Denn: Was raus muss, muss raus! Mit Tampons aber wird der natürliche Reinigungsprozess gestört. Durch das Feststecken des Tampons in der Scheide fließt das Menstruationsblut nicht wie gewohnt ab. Ein Tampon bietet Bakterien eine wunderbare Umgebung, um sich zu vermehren. Die regelmäßige Verwendung von Tampons reizt die vaginalen Schleimhäute und kann zur Austrocknung der Scheidewände führen, was einer bakteriellen Infektion Tür und Tor öffnet. Im schlimmsten Fall kommt es zu einem sogenannten toxischen Schocksyndrom (TSS). Das TSS wird oft sogar als Tamponkrankheit bezeichnet, weil es vorrangig bei menstruierenden Frauen registriert wird. Die Symptome, die auf TSS hindeuten können, sind Fieber, Durchfall, Übelkeit und Schwindel. Wenn Sie Tampons ab und zu verwenden, etwa zum Baden oder Schwimmen, kann es natürlich nicht zu solch schweren gesundheitlichen Beschwerden kommen.
Auch die Antibabypille hat unerwünschte Nebenwirkungen. Das Präparat, das ursprünglich dafür gedacht war, für sexuelle Freiheit zu sorgen, kann zahlreiche Beschwerden verursachen: Kopfschmerzen, Übelkeit, Gewichtszunahme, Zwischenblutungen, Thrombosen, Embolien sowie Herz- und Kreislauferkrankungen.

Die Wechseljahre sind für viele Frauen eine schwierige Phase mit Hitzewallungen, Schlafstörungen und Stimmungsschwankungen. Wenn die Periode ausbleibt, kommt es nicht selten

zudem zu Haarausfall. Die Schulmedizin vermutet, dass der niedrige Östrogenspiegel für den Haarverlust verantwortlich ist. Aber müssten dann nicht alle Frauen in der Menopause unter Haarausfall leiden?
Der Grund für Haarausfall im Klimakterium ist also offensichtlich nicht die fehlenden Hormone, sondern liegt bei der inneren Reinheit des Körpers. Bei mehr als 80 Prozent der Frauen ist Übersäuerung die Ursache. Haarausfall ist weit verbreitet, was mit Sicherheit mit einem ungesunden Lebensstil einhergeht.
Sind erst einmal zu viele Säuren im Organismus enthalten, greift dieser auf den größten Mineralstoffspeicher Haarboden zu, in dem die Haarwurzeln sitzen. Wenn die Haarfollikel nicht ausreichend mit Mineral- und Nährstoffen versorgt werden, können keine Haare nachwachsen.
Schönes Haar braucht auch eine gesunde Ernährung. Achten Sie auf eine ausgewogene, vor allem basische, mineralstoffreiche Ernährung. Um die nötigen Nährstoffe optimal aufnehmen zu können, kann eine Sanierung der Darmflora sehr hilfreich sein und Haarausfall wieder rückgängig machen.
Weitere Faktoren für eine Übersäuerung sind Dauerstress, zu wenig oder auch zu viel Sport und zu geringe Flüssigkeitszufuhr.
In den Wechseljahren gehen viele Frauen verzweifelt zum Arzt, der dann Hormone verschreibt. Diese Hormonersatztherapie soll in den Wechseljahren den Hormonmangel künstlich ausgleichen. Dem Stoffwechsel wird damit vorgespielt, dass weiterhin der frühere Weg per Uterus zur Entgiftung und Entschlackung zur Verfügung steht. Dabei kommen aber bei vielen Frauen die Regelblutungen nicht wieder in Gang und das Risiko für Eierstock- und Gebärmutterschleimhautkrebs steigt.
Auch die Leber hat ihren Anteil an den typischen Wechseljahresbeschwerden. Ist sie geschwächt, kann sie ihre Entgiftungsaufgabe nicht mehr optimal erfüllen. Und das hat direkten Einfluss auf den Hormonhaushalt.
Das beste Gesundheitsmittel besteht aus einem harmonischen Seelenleben, Dankbarkeit, Zufriedenheit, einer bewussten biologischen Ernährung und Wasser.

Auch Schweißausbrüche und übermäßiges Schwitzen sind Signale dafür, dass der Säure-Basen-Haushalt nicht im Gleichgewicht ist. Denn bei hoher Säurebelastung benutzt der Körper sein größtes Ausscheidungsorgan: die Haut. Über sie versucht er, sich zu entschlacken, die belastenden Stoffe auszuleiten. Das Ergebnis sind Schweißausbrüche. Salbeitee kann die unliebsame Begleiterscheinung der Schweißausbrüche in den Wechseljahren lindern.
Osteoporose ist ebenfalls ein Problem, das durch Übersäuerung entsteht. Je saurer das Blut ist, desto größer wird der Verlust von Knochenmasse. Denn um die Säuren zu neutralisieren, löst der Körper Kalzium aus den Knochen. Doch für eine stabile Knochensubstanz können Sie in jedem Alter noch etwas tun.

Fast jede Frau leidet mindestens einmal im Leben unter einer Scheidenpilzinfektion, fachsprachlich Vaginalmykosen. Die Symptome sind sehr lästig: vermehrter Ausfluss, starker Juckreiz und Brennen im Intimbereich. Besonders unangenehm wird es, wenn sie chronische Züge annimmt und in Abständen immer wiederkehrt.
Kein Thema ist so schambesetzt wie die Intimpflege. Aus diesem Grund wird dieser Körperregion häufig nicht die nötige Aufmerksamkeit zuteil. Die Folgen sind eine gestörte Hautflora, trockene Schleimhäute und Infektionen.
Hier kann Aromatherapie für Abhilfe sorgen. Die heilende Wirkung ergibt sich aus der Komposition der Trägeröle mit den ätherischen Ölen. Dabei ist es besonders wichtig, dass die Öle aus kontrolliert biologischem Anbau stammen und aus erster Pressung gewonnen worden sind.
Die Auswahl an Basisölen (Trägeröle) ist sehr groß. Gut geeignet sind Hanföl, Olivenöl, Sesamöl, Mandelöl, Aprikosenöl und Jojobaöl. Wichtig ist dabei auch hier, dass sie aus erster und kalter Pressung stammen. Passende ätherische Öle sind Manuka, Lavendel, Thymian, Edeltanne, Teebaum, Kamille blau, Sandelholz, Niauli, Weihrauch, Rosengeranie, Palmarosa und

natürlich Rose. Ätherische Öle wirken stark gegen Bakterien, Viren und Pilze.

Mischen Sie 20 bis 30 Tropfen ätherische(s) Öl(e) mit 50 Millilitern Trägeröl (Basisöl). Pflegen Sie damit Ihre Vulva und insbesondere Ihre Vagina mehrmals täglich.
Ein Rezeptbeispiel: Geben Sie zweimal täglich zehn Tropfen Thymian-, zehn Tropfen Lavendel- und fünf Tropfen Palmarosaöl in 50 ml Olivenöl. Tauchen Sie in diese Mischung ein Tampon und führen es für zwei bis drei Stunden in die Scheide ein. Tragen Sie dieselbe Mischung auf die Schleimhaut auf – wenn nötig nach jedem Toilettengang.

Eine Vaginaldusche (erhältlich in der Apotheke) mit frischem, reinem Eigenurin ist eine sehr sinnvolle Anschaffung in solchen Fällen. Bei starkem Brennen reiben Sie zusätzlich zwei- bis dreimal täglich den Intimbereich mit frischem Eigenurin ein. Sie werden sehen: Die Erleichterung kommt schnell.

Die tägliche Pflege des Intimbereichs ist wichtig. Nicht nur Krankheiten lassen sich so verhindern. Auch ihr individuelles Wohlbefinden wird zunehmen. Zudem halten Sie somit die zarte Haut der Intimregion feucht und geschmeidig.
Intimpflegeöl können Sie ganz einfach aus wenigen Zutaten selbst herstellen.

Rezept 1

- 5 Tropfen Manukaöl
- 5 Tropfen Weihrauchöl arabisch
- 2 Tropfen Niauliöl
- 50 ml Basisöl (Mandelöl, Hanföl, Olivenöl usw.)

Tragen Sie die Mischung nach der Intimwäsche vorsichtig auf. Vor der Anwendung ein wenig schütteln!

Rezept 2

- 5 Tropfen Manukaöl
- 5 Tropfen Lavendelöl
- 2 Tropfen Rosengeranienöl
- 2 Tropfen Niauliöl
- 50 ml Basisöl

Rezept 3:

- 7 Tropfen Rosenöl
- 5 Tropfen Lavendelöl
- 50 ml Basisöl

Oder besorgen Sie sich ein fertiges Intimpflegeöl. Zur Intimpflege eignet sich vieles. Achten Sie dabei immer auf hohe Qualität. Außerdem sollten alle Produkte, die Sie benutzen, frei von Mineralöl sein.
Ein gewisser Geruch im Intimbereich ist normal und unbedenklich. Männer riechen käsig, weil sie nach dem männlichen Sexualhormon Testosteron duften. Frauen riechen leicht nach Zwiebel, denn Östrogene enthalten viel Schwefel. Jeder Mensch riecht anders, genetisch bedingt und abhängig von Hormonen und Ernährung. Um den „normalen" Geruch im Intimbereich zu verbessern, kann Intimpflegeöl helfen. Tragen Sie dazu einfach nach der Intimwäsche ein passendes Intimpflegeöl auf.
Ein kräftiger, durchdringender Geruch, der aus dem Intimbereich kommt, ist ein Signal, dass irgendetwas nicht in Ordnung ist. Das kann nicht nur körperlich belasten, sondern auch psychisch.
Menschen, die sich vegan ernähren, riechen wesentlich besser als Fleischesser (Allesesser). Auch Sie können Ihre Lebensqualität durch eine ausgewogene, ballaststoffreiche, vegetarische oder vegane Ernährung wesentlich verbessern.

„Tu deinem Leib etwas Gutes, damit deine Seele Lust hat, darin zu wohnen."

Teresa von Avila, spanische Mystekerin und Dichterin

Ihr Körper ist Ihr Zuhause. Wenn Sie sich darin rundum wohlfühlen möchten, versorgen Sie ihn am besten mit allem, was er braucht, um gesund und glücklich im Leben zu bleiben. Das ist gar nicht so schwer! Essen Sie einfach mehr pflanzliche als tierische Lebensmittel. Pflanzliche Kost hat jede Menge Vorteile: Mit ihren vielen Ballaststoffen macht sie Ihren Darm glücklich, Pflanzen liefern ein Füllhorn an wertvollen Vitaminen, Mineralien und Spurenelementen – und das alles mit wenig Kalorien. Mit vegetarischer Ernährung kann man viel leichter abnehmen als mit den zahlreichen herkömmlichen Diäten. Gleichzeitig verbessert sich mit pflanzlicher Kost die Stoffwechselfunktion, sodass Sie Ihr Gewicht dauerhaft halten können.

Die Ernährung spielt also beim Glücklichsein eine große Rolle.

Hämorrhoiden

„Wer keine Zeit für seine Gesundheit hat, wird später viel Zeit für seine Krankheit brauchen.“

Priester und Naturheilkundler Sebastian Anton Kneipp

Hämorrhoiden sind nach wie vor ein Tabuthema in unserer Gesellschaft, obwohl jeder zweite Erwachsene in Deutschland davon betroffen ist. Besonders Über-45-Jährige leiden häufig unter Hämorrhoiden. Sie lösen starke Schmerzen aus und erschweren den Stuhlgang. Trotzdem scheuen viele Menschen den Gang zum Arzt. Gehören Sie dazu?

Die Ursachen sind vielseitig. Unter anderem kann zu starkes Pressen beim Stuhlgang zu einer Erweiterung der Gefäße und damit zu Hämorrhoiden führen. Zu kräftiges Pressen sollte man daher vermeiden. Um den Stuhl weniger hart zu halten und dadurch Schmerzen und Blutungen beim Stuhlgang zu verhindern, sollten Sie auf eine ballaststoffreiche Ernährung achten. Meine Rezepte in diesem Buch können Ihnen dabei sehr gut helfen. Und trinken Sie bitte zwei bis drei Liter Wasser am Tag.

Die Haltung, die die meisten auf der Toilette einnehmen, ist alles andere als optimal. Für uns ist es selbstverständlich, auf der Toilette zu sitzen wie auf einem Stuhl. Dabei ist diese Haltung eigentlich gar nicht natürlich. Zu Urzeiten und bevor die Sitztoilette erfunden wurde, hockten sich die Menschen einfach hin, um ihr Geschäft zu verrichten. In der tiefen Hocke, auch asiatische Hocke genannt, ist der Winkel zwischen Oberkörper und Oberschenkel kleiner. Dadurch entspannt sich der Beckenbodenmuskel und der Darm befindet sich in einer geraden Position, sodass die Darmentleerung erleichtert wird. Besorgen Sie sich also am besten einen kleinen Hocker mit einer Höhe zwischen 25 und 30 Zentimetern. Beim Toilettengang stellen Sie Ihre Füße auf den Hocker. Dann befinden Sie sich in der natürlichen Hockstellung, der sogenannten Denkerpose, in der bereits unsere Vorfahren saßen. Na, schon besser? Wichtig: Der Hocker muss stabil sein, damit kein Unfall passiert. Triphalapulver (Dreifrucht) ist das beste Mittel gegen Verstopfung. Triphala ist eine Kombination aus den sogenannten drei Königsfrüchten des Ayurveda. In der Regel macht es selbst bei längerer Anwendung nicht abhängig und hat keine Nebenwirkungen. Geben Sie abends vor dem Schlafengehen einen Teelöffel in kochendes Wasser und trinken es ganz langsam. Vergrößerte Hämorrhoiden verursachen unangenehme Beschwerden wie Brennen und Jucken im After. Betroffene wollen sie deshalb möglichst schnell wieder loswerden. Dafür gibt es verschiedene Möglichkeiten:

Bei entzündeten Hämorrhoiden zeigt sich Eigenurintherapie als sehr effektiv. Nehmen Sie Mulltupfer oder Wattepads. Tränken Sie die mit frischem Urin, betupfen Sie damit Ihre Hämorrhoiden beziehungsweise den Anus. Nicht abtrocknen! Wiederholen Sie diesen Vorgang mehrmals am Tag, bis sich der gewünschte Erfolg einstellt.

Kleiner Tipp: Machen Sie dies jedes Mal beim Wasserlassen. Linderung wird nicht lange auf sich warten lassen.

Bei fortgeschrittenen Hämorrhoiden ist es sinnvoll, zusätzlich noch für die Nacht eine Kompresse herzustellen.

Rezeptur

- 5 Tropfen Lavendelöl
- 3 Tropfen Zypressenöl
- 3 Tropfen Kamillenöl

Die ätherischen Öle in 30 Milliliter Aloe-Vera-Öl geben und gut mischen. Die Mischung wirkt stark antipruriginös, schmerzlindernd und fördert die Wundheilung. Aloe-Vera-Öl mit seinem

kühlenden, hautregenerierenden Effekt ist hierzu sehr gut geeignet. Olivenöl und Hanföl sind gute Alternativen. Tränken Sie ein Stück Verbandsmull mit der Ölmischung. Legen Sie das Ganze in Ihre Gesäßspalte, decken es mit einem Stück Plastikfolie ab und lassen es mindestens vier Stunden einwirken oder über Nacht. Reiben Sie mehrmals täglich die betroffene Stelle damit ein. Es ist ein sehr wirksames Mittel.
Auch Zypressenöl mit Honig kann für Abhilfe sorgen. Geben Sie dazu einen Tropfen Zypressenöl in einen halben Teelöffel Honig, streichen es auf eine Binde oder Wattepads und tragen es als Einlage. Das mildert den Schmerz und die Hämorrhoiden bilden sich ziemlich schnell zurück.

Die bewährteste Heilpflanze zur Behandlung von Hämorrhoiden ist Hamamelis, auch als Virginische Zaubernuss bekannt, die äußerlich als Salbe oder innerlich als Zäpfchen angewendet wird. Die spezifischen Inhaltsstoffe, vor allem ihre Gerbstoffe, wirken gefäßverengend, adstringierend und entzündungshemmend. Fragen Sie in Ihrer Apotheke danach.

Ausfluss aus der Vagina kann die Hämorrhoiden zusätzlich reizen (siehe hierzu die Rezepte unter „Frauenleiden").

Osteoporose

„Alles sollte so einfach wie möglich sein, aber nicht einfacher."
Physiker Albert Einstein

Oft wird in der Fachliteratur darauf hingewiesen, dass insbesondere in den Wechseljahren Östrogenmangel für Knochenschwund verantwortlich ist. Ich glaube nicht, dass das der Fall ist. Denn dann müssten Männer aufgrund ihres sehr geringen Östrogenspiegel alle eine Osteoporose aufweisen.
Bei Knochenschwund, also Osteoporose, zu porösen Knochen, geht zu viel Kalk aus dem Knochengerüst verloren. Die Ursachen der Osteoporose sind vielfältig. Ein sehr wichtiger Faktor ist zu starke Säurebildung im Organismus. Tierische Eiweiße aus Fleisch, Wurst, Fisch und Eiern sind stark säurebildend. Isolierter Zucker, Salz und aus Weißmehl hergestellte Nahrungsmittel sollten ebenfalls gemieden werden, da sie den Organismus übersäuern und die Fähigkeit des Körpers einschränken, Kalzium zurückzuhalten. Alkohol und Nikotin können gar als „Kalzium-Killer" bezeichnet werden.
Der Selbstheilungsmechanismus des Körpers versucht immer, einen Säureüberschuss durch Mineralstoffraub zu neutralisieren, indem zuerst Knochen, Nägel, Zähne und Haarboden entkalkt beziehungsweise entmineralisiert werden. So lassen sich zunehmende Knochenbrüchigkeiten gut erklären. Schon 1992 ergab eine Studie der renommierten Yale-Universität: 70 Prozent der Knochenbrüche sind dem übermäßigen Konsum tierischen Eiweißes zuzuschreiben.
Die von der Schulmedizin empfohlene Milchmenge wird aus naturheilkundlicher Sicht kritisch betrachtet. Es ist gerade das tierische Eiweiß aus Kuhmilch und Co., das die Kalziumausscheidung aus den Knochen anregt. Die Menschen im deutschsprachigen Raum konsumieren im Weltvergleich die meiste Milch pro Kopf – und haben überproportional häufig Proble-

me mit Osteoporose. In Ländern mit geringem Milchkonsum ist das Leiden nicht so verbreitet.
Eine herausragende gesundheitliche Rolle spielt aktives Vitamin D (Calcitriol). Aufenthalte an der frischen Luft und in der Sonne fördert die Vitamin-D-Produktion. Es ist unverzichtbar für den Knochenaufbau.
Bewegung ist ebenfalls essenziell. Denn mit der Nahrung aufgenommenes Kalzium kann nur dann in den Knochen eingebaut werden, wenn Bewegungsreize den Knochenstoffwechsel entsprechend anregen. Es kommt also nicht von ungefähr, dass über neun Millionen Packungen Kalziumpräparate jedes Jahr über die Ladentheke gehen. Doch zahlreiche Forscher sehen diese Art der Kalzium-Supplementierung skeptisch. Belegt ist, dass regelmäßige Kalzium-Supplementierung bei Frauen wie Männern das Risiko erhöht, an kardiovaskulären Erkrankungen zu sterben, so bei Frauen wie bei Männern. Die verbreitete Expertenmeinung dazu lautet: Wenn 1000 Menschen Kalzium supplementieren, führt dies zu sechs zusätzlichen Herzinfarkten oder Schlaganfällen – und das nur, um Frakturen vorzubeugen! Sie sollten daher besser dazu ermutigt werden, ihren Kalziumbedarf durch bewusste Ernährung zu decken. Überdosierte Supplemente können übrigens zu Bauchkrämpfen, Druck und Übelkeit führen. Hier gilt somit besondere Vorsicht. Denn es kann zu unerwünschten gesundheitlichen Auswirkungen kommen. Viel hilft eben nicht viel. Weniger ist mehr, lautet die Devise!
Osteoporoseorientierte Ernährung bedeutet, auf Mineralstoffe zu achten. Kalzium und Phosphor bestimmen schließlich den Aufbau der Knochen. Phosphat ist in sehr vielen Lebensmitteln in ausreichender Menge enthalten, deshalb ist ein Mangel selten. Bei Kalzium, dem wichtigsten Knochenbaustein, ist das anders. Für die optimale Versorgung der Knochen braucht unser Körper reichlich davon.
Viele glauben dank der Werbung, sie könnten ihren Kalziumbedarf nur über Milchprodukte decken. Jedoch sind auch sehr viele pflanzliche Lebensmittel wunderbare Kalziumlieferanten, zum Beispiel alle dunkelgrünen Gemüsesorten:

- grünes Blattgemüse wie Salat, Rucola, Spinat, Mangold und Brennnessel
- grünes Fruchtgemüse wie grüne Paprika, Gurken, Zucchini und Avocado
- grüner Kohl wie Brokkoli, Wirsing, Rosen- und Grünkohl
- grünes Zwiebelgemüse wie Frühlingszwiebel, Lauch und Bärlauch.

Sie alle sind sehr gute Kalziumlieferanten.

Bei Osteoporose darf nicht fehlen:

- Hirse, Grünkern (milchreif geerntetes Dinkelkorn), Buchweizen, Hafer und Dinkel
- Leinsamen, Sesamsamen, insbesondere schwarzer Sesam (siehe Kapitel „Kostbare Natur")
- Wal- und Paranüsse
- Blütenpollen, Löwenzahnwurzel, Petersilie und Feige
- täglich ein Teelöffel Heilerde, trocken eingespeichelt (ich bevorzuge Grüne Heilerde)
- basenüberschüssige, kieselreiche Kost wie Rote Bete, Karotten, Sellerie, Sauerkraut (mit wenig Salz), Knoblauch, Bärlauch und Zwiebeln

Die vegane Ernährung verhindert Osteoporose. Und in Bewegung zu bleiben, körperlich und geistig, stärkt die Knochen.

Aromatherapie

Seit Jahrtausenden kennt der Mensch die Macht der Gerüche. Mit schwerem Rauch, zartem Duft und heilsamen Dämpfen werden bis heute böse Geister und Krankheiten aller Art vertrieben. Die Geschichte der Duftkultur begann vor mehr als 5 000 Jahren in China und Indien. Auch im alten Ägypten, im antiken Griechenland und im alten Rom spielte die Aromatherapie eine wichtige Rolle und hatte schon damals eine große Akzeptanz. 1928 begann der französische Chemiker René-Maurice Gattefossé, mit Parfüms und Kosmetika zu experimentieren. Er machte die ersten Versuche über die keimhemmende Wirkung von ätherischen Ölen auf Zellkulturen. Er beschäftigte sich mit den Pflanzenessenzen und nannte seine Erkenntnisse über deren Heilwirkungen „Aromatherapie". Mit diesem Begriff, den er 1936 als Titel für ein Buch verwendete, entstand die moderne Aromatherapie. In Frankreich ist die Aromatherapie seit Gattefossé in der ärztlichen Praxis eingeführt. Dort ist die interne Gabe besonders häufig. Zur Therapie berechtigt sind nur Ärzte. In Deutschland ist die Aromatherapie von solcher Akzeptanz noch weit entfernt. Dabei haben ätherische Öle starke therapeutische Kräfte. Deshalb ist es sehr schade, dass sie immer noch kein Bestandteil der konventionellen Medizin sind. Zurzeit gibt es schon 287 Bücher zu diesem Thema.
Ätherische Öle sind die aromatischen Bestandteile einer Pflanze. Sie werden in unterschiedlichen Organen der Pflanze gebildet und gespeichert. Es sind die Stoffe, die die Pflanze vor Erregern wie Bakterien, Viren, Pilzen und Parasiten schützen. Die ätherischen Öle werden auch als Blut- und Lymphflüssigkeit der Pflanze bezeichnet. Ätherische Öle sind sozusagen die Seele der Pflanze. In ihrer chemischen Struktur sind sie dem menschlichen Blut sehr ähnlich und können deshalb von Menschen sehr gut aufgenommen werden.
Die Aromatherapie ist eine besondere Form der Kräuterheilkunde und eine der sanftesten und zugleich vielseitigsten Heil-

künste überhaupt. Seit Langem ist sie eine beliebte Wahl für alle, die etwas für ihre Gesundheit tun wollen.
Die ätherischen Öle stellen eine hervorragende Alternative zu vielen Medikamenten dar. Sie können als Hausmittel bei verschiedenen Beschwerden eingesetzt werden und sollten daher in keiner Hausapotheke fehlen. Der Duft von ätherischen Ölen wirkt bei unterschiedlichen Beschwerden auf eine besonders sanfte Art und Weise harmonisierend. Damit lindern diese Öle nicht nur körperliche Beschwerden, sie haben auch eine wohltuende Wirkung auf die Seele.
Aus der Fachliteratur und diversen Untersuchungen wissen wir, dass eine ganze Reihe von ätherischen Ölen antivirale, antibakterielle und antiseptische Eigenschaften haben. Unzählige Erfolge sind bereits aus der Praxis und aus Erfahrungsberichten bekannt. Beim Kauf von ätherischen Ölen sollten Sie darauf achten, dass es sich um 100 Prozent naturreine ätherische Öle handelt!

Porträts fetter Öle

Naturbelassene Pflanzenöle sind die Basis jeder Creme, jeder Salbe, jedes Massageöls. Sie pflegen reichhaltig, duften herrlich und heilen. Mit ihrem einzigartigen Mix aus Nährstoffen und Vitaminen sind sie eine echte Wohltat nicht nur für die Haut. Doch diese sogenannten fetten Öle sind nicht nur gute Träger für die ätherischen Öle, sie besitzen auch selbst enorme Heilwirkungen. Deshalb müssen wir auch diese Trägersubstanzen sorgfältig auswählen und uns mit ihren Eigenschaften vertraut machen. Nur so können wir das geeignete Öl bewusst einsetzen und seine heilsame Kraft würdigen.
Bei den Ölen muss man zwischen zwei Sorten unterscheiden: den kaltgepressten und den raffinierten Ölen. Es ist ein großer Irrtum beziehungsweise eine Ernährungslüge, dass alle Öle gleich gesund sind. Heilende Wirkung besitzen nur kaltgepresste Öle. Raffinierte Öle entstehen auch durch Pressung von ölreichen Samen und Früchten, aber sie durchlaufen überdies viele verschiedene chemische Prozesse. Durch die Warmpressung mit

Lösungsmitteln wird die Ausbeute erhöht, allerdings muss das so gewonnene Öl „raffiniert", also von unerwünschten Begleitstoffen gereinigt werden, und dabei gehen wertvolle Vitamine, Aromen und ungesättigte Fettsäuren verloren.
Die raffinierten Öle haben nur einen einzigen Vorteil: die längere Haltbarkeit und die Tatsache, dass sie sich problemlos erhitzen lassen. Für die heiße Küche, also zum Braten, Backen, Frittieren und Grillen, sind die raffinierten Öle viel besser geeignet als die meisten kaltgepressten Öle. Eine Ausnahme bilden sogenannte Bratöle, die trotz Kaltpressung einen hohen Rauchpunkt besitzen. Ebenfalls höher erhitzbar sind natives Kokosöl und Palmfett. Bei kaltgepressten Rapsölen liegt der Rauchpunkt zwischen 160 bis 180 °C und bei raffiniertem Rapsöl bei 210 °C. Bei Butterschmalz liegt der Rauchpunkt bei 205 °C. Kaltgepresste Öle mit einem höheren Gehalt an mehrfach ungesättigten Fettsäuren vertragen dagegen überhaupt keine Hitze! Deshalb sind sie für die heiße Küche ungeeignet!
Kaltgepresste, naturbelassene Öle sind ein wichtiger Bestandteil einer gesunden ausgewogenen Ernährung und besitzen, das ist wissenschaftlich schon erwiesen, heilende Wirkung. Sie können angewendet werden, um Krankheiten vorzubeugen, chronische Leiden zu lindern und langzeitige Heilungsprozesse zu unterstützen. Fette Öle sind gut hautverträglich und haben therapeutische und ungewöhnliche hautpflegende Eigenschaften.

Kleine Übersicht der kaltgepressten Öle:

Sonnenblumenöl ist eines der beliebtesten Speiseöle und aus der heimischen Küche nicht wegzudenken. Zudem hat es sehr viele positive Wirkungen auf die Gesundheit. Jeden Tag bewegen sich die jungen Pflanzen von Ost nach West, um ja keinen Strahl Sonnenenergie zu versäumen. Die schwarzen Sonnenblumensamen ermöglichen die optimale Aufnahme und Speicherung der Sonnenkräfte. Sonnenblumenöl schenkt uns harmonisierende, reinigende und heilende Sonnenkraft, enthält viel ungesättigte essenzielle Linolsäure und die Vitamine A, D, E und K.

Wirkungen und Indikationen von Sonnenblumenöl:

- kann den Cholesterinspiegel niedrig halten und soll Arteriosklerose (Verengung der Blutgefäße durch Ablagerungen) verhindern, was Herz-Kreislauf-Erkrankungen entgegenwirkt,
- wirkt leicht diuretisch (bei innerer Anwendung),
- wirkt positiv auf die Haut, deswegen gehört es zur Zutatenliste bei vielen Hautpflegeprodukten.

Olivenöl wird nicht aus den Samen der Pflanzen hergestellt, sondern aus der ganzen Frucht (die Oliven werden in ihrer ursprünglichen Form verarbeitet). Die gesundheitsfördernden Inhaltsstoffe wurden zweifelsfrei wissenschaftlich nachgewiesen. Olivenöl der Qualitätsstufe „nativ extra" enthält sehr viel einfach ungesättigte Ölsäure (bis zu 78 %) sowie die Vitamine A, E und K. Das Öl liefert wichtige aromatische Verbindungen (Polyphenole), diese schützen unseren Körper vor freien Radikalen.
Als „nativ extra" darf nur ein Olivenöl bezeichnet werden, das ausschließlich mit mechanischen Verfahren, kalt, bei maximal 27 °C und ohne Einsatz von Chemikalien gewonnen wird. Steht auf dem Etikett nur „Olivenöl", dann handelt es sich um ein raffiniertes Öl.

Wirkungen und Indikationen von Olivenöl:

- senkt das LDL-Cholesterin und schützt damit das Herz-Kreislauf-System,
- wirkt entzündungshemmend und immunstimulierend
- verschiedene Studien zeigen, dass Olivenöl (nativ extra) bei Infektionskrankheiten mit seiner antiviralen, antibakteriellen und antimikrobiellen Wirkung von Vorteil ist,
- laut vieler Studien wirkt sich der regelmäßige Genuss von Olivenöl positiv auf den Blutzuckerspiegel aus,
- als Schönheitsmittel für die Haut nach dem Duschen,
- nach dem Sonnenbad schützt es die Haut.

Hanföl oder auch Hanfsamenöl: Manche verwechseln Hanföl und CBD-Öl. Doch das ist nicht das Gleiche! Es handelt sich um unterschiedliche Produkte. CBD-Öl wird aus den grünen Teilen der Hanfpflanze gewonnen, Hanföl wiederum entsteht durch die Pressung von Hanfsamen. Es ist ein Speiseöl und gehört zu den fetten Ölen. CBD-Öle enthalten vor allem einen Wirkstoff: CBD – das zweithäufigste Cannabinoid neben THC, aber ohne psychoaktive Eigenschaften. Stark THC-haltiger, ölartiger Harzextrakt heißt Haschischöl.
Doch hier geht es ausschließlich um Hanfsamenöl.
Hanföl ist ein kaltgepresstes Pflanzenöl mit leicht nussigem Geschmack und grünlichem Farbton, der vom darin enthaltenen Chlorophyll stammt. Chlorophyll sorgt nicht nur für die grünliche Färbung, sondern auch für einen entgiftenden Effekt. Zur Herstellung von Hanföl als Lebensmittel werden ausschließlich Hanfsamen verwendet, die von Natur aus kein THC enthalten. Für die Lebensmittelproduktion werden heute Hanfsorten angebaut, die nur einen sehr geringen Gehalt von THC aufweisen (unter 0,2 %).
Häufig wird behauptet, Hanföl sei ein exquisites Öl mit dem besten Fettsäuremuster aller Speiseöle. Und tatsächlich hat Hanföl ein ungewöhnlich ausgewogenes Fettsäureprofil: Die lebenswichtigen Omega-3- und Omega-6-Öle liegen im optimalen Verhältnis von eins zu drei vor. Und damit ist Hanföl eine ausgezeichnete pflanzliche Alternative zu Fisch.
Wir können Hanföl verwenden für eine optimale Gehirn- und Nervenfunktion, für die Regeneration jeder einzelnen Zelle im ganzen Körper und für einen optimalen Cholesterinspiegel. In den USA gibt es bereits klinische Studien, die die positive Wirkung von Hanföl bei Herz-, Kreislauf- und Gefäßerkrankungen belegen (bei innerlicher wie äußerlicher Anwendung).
Auch die seltene und entzündungshemmende Gamma-Linolensäure (γ-Linolensäure) findet sich im Hanföl im Gehalt von 2 % bis 4 %, was wichtig zur Pflege von entzündlicher und schuppiger Haut ist. Am besten trägt man das Öl nach der Körperwäsche auf die noch feuchte Haut auf; es lässt sich gut vertei-

len und zieht gut ein. Neurodermitiker schätzen die innere Einnahme von Hanföl.
Hanföl liefert auch wichtige Mineralstoffe wie Kalium, Magnesium und Calcium, zudem Spurenelemente wie Phosphor, Eisen, Kupfer, Mangan, Zink und Natrium. Auch mit Blick auf Vitamine kann Hanföl punkten. Es enthält die Vitamine E, D, A und die Gruppe der B-Vitamine.
Hanföl eignet sich nicht zum Braten! Denn bei hoher Hitze entwickeln sich Lipidperoxide, die wiederum krebserregend sind. Aber es passt ausgezeichnet als Dressing und bringt den typisch nussigen Geschmack sowie wertvolle Vitamine und Fettsäure in Ihren Lieblings-Salat.
Achten Sie beim Kauf darauf, dass auf der Flasche steht: BIO, kaltgepresst. Nur so können Sie sicher sein, dass Sie von den vielen gesundheitlichen Vorteilen profitieren, die mit dem Verzehr von Hanfsamenöl einhergehen.

Lein ist eine der ältesten Kulturpflanzen überhaupt. Schon Hippokrates, der berühmte Arzt der Antike, empfahl **Leinöl** bei Leibweh, Durchfall und Verstopfungen.
Leinöl hat bei schonender traditioneller Herstellungsweise eine klare, goldgelbe Farbe und einen nussigen Geschmack.
Das kostbare Leinöl enthält die ungesättigten Fettsäuren: Omega-6 (Linolsäure) zu 10 %, Omega-3 (Linolensäure) zu 60 % und Omega-9 (Ölsäure) zu 18 %. Gesättigte Fettsäuren sind zu 5 % enthalten.

Die europäische Behörde für Lebensmittelsicherheit bestätigt, dass die Omega-3-Fettsäure (Alpha-Linolensäure) zum Erhalt des normalen Cholesterinspiegels im Blut beiträgt. Alpha-Linolensäure kann den Blutdruck und die Blutfette regulieren und somit Herzinfarkten, Schlaganfällen und Thrombosen vorbeugen.
Leinöl ist eine richtige Vitaminbombe. In dem goldenen Öl sind neben Provitamin A auch die Vitamine B1, B2, B6, C, D, E und K enthalten. Leinöl hat eine positive Wirkung auf psychische Störungen wie Depressionen und Ängste. Mit Leinöl kann die Konzentrationsfähigkeit gefördert werden.

In Leinöl finden sich auch sekundäre Pflanzenstoffe. Das sind die sogenannten Polyphenole, die den Körper vor freien Radikalen und schädlichen Umwelteinflüssen schützen.
Bitte das hochwertige Leinöl auf keinen Fall erhitzen!

Sesamöl ist wahrscheinlich das älteste Speiseöl der Welt und bis heute absolut aktuell. Das heilende, wärmende Öl ist bei gesundheitsbewussten Genießern höchst begehrt.
Es gibt helles und dunkles Sesamöl. Helles Sesamöl besteht aus ungerösteten, dunkles aus gerösteten Sesamsamen. Kaltgepresstes, natives Sesamöl wurde nicht erhitzt, deshalb besitzt es einen besonders hohen Anteil der wertvollen und gesundheitsfördernden Inhaltsstoffe.
Sesamöl wirkt stärkend und aufbauend, dringt tief in die allerfeinsten Körperkanäle und löst die Blockaden und Giftstoffe. Wegen seiner wärmenden Eigenschaften erhöht es die Kraft des Verdauungssystems.
Sesamöl ist reich an Antioxidantien, die die Zellen vor freien Radikalen schützen.
Sesamöl ist eine perfekte Vorbeugung gegen schädliche Ablagerungen in den Arterien. Es reinigt und stärkt das Gefäßsystem.
Sesamöl wirkt hämatologisch, das heißt, es erhöht die Anzahl der Thrombozyten (bei innerer Anwendung von 1-2 TL).
Sesamöl stärkt das Immunsystem und steigert die geistige und körperliche Leistungsfähigkeit. Zudem wirkt es harmonisierend bei nervlicher Überlastung.
Im indischen Ayurveda wird das Sesamöl hochgeschätzt und vielseitig eingesetzt: z. B. als Nerventonikum (es wirkt beruhigend auf die Haut und Seele), als Spray nach einer Nasen-OP sowie bei Schnupfen. Sesamöl ist das bekannteste angewandte Massageöl im Ayurveda. Zudem enthält es einen natürlichen Sonnenschutzfaktor. Es gilt als besonders geeignetes Mittel beim morgendlichen Ölziehen.

Schwarzkümmelöl wird aus den Samen des Echten Schwarzkümmels gewonnen (Nigella sativa). Schwarzkümmel hat übrigens nichts mit dem uns bekannten Kreuzkümmel zu tun. Als

Gewürz kennen wir die kleinen Samenkörner des Schwarzkümmels von türkischen Fladenbroten. Sein Geruch ist pfefferartig mit leichter Kümmelnote. Die Samen schmecken leicht nussig und herb und werden häufig in der arabischen Küche verwendet. Im Orient ist Schwarzkümmel seit Jahrtausenden ein traditionelles Allheilmittel gegen Bluthochdruck, Heuschnupfen, Asthma, Blähungen und Harnwegserkrankungen.
Schwarzkümmelöl enthält einen hohen Gehalt an gesunden, ungesättigten Fettsäuren, außerdem: Beta-Karotin (Provitamin A), Biotin, Folsäure, Magnesium, Selen, die Vitamine B1, B2, B6, C und E, essenzielle Aminosäuren, Thymoquinon (das antibakteriell und keimtötend wirkt), sekundäre Pflanzenstoffe wie Saponine und Gerbstoffe sowie ätherische Öle bis zu einem Gehalt von 1,5 %.

Schwarzkümmelöl hat zahlreiche positive Wirkungen auf die Gesundheit. Es ist:

- schmerzlindernd,
- entzündungshemmend,
- antibakteriell und antiviral,
- antioxidativ (es macht aggressive Sauerstoffverbindungen unschädlich),
- antidiabetisch,
- blutdrucksenkend,
- nervenschützend,
- es stärkt das Immunsystem,
- es hilft bei Verdauungsproblemen (es ist sogar vorbeugend gegen Krebs, insbesondere Darmkrebs).

Man kann es als Nahrungsergänzungsmittel verwenden, täglich einen bis zwei Teelöffel vor oder während des Essens. Generell ist Schwarzkümmelöl gut verträglich.
Bei Magenproblemen bitte nicht auf nüchternen Magen einnehmen.
Beim Kauf sollte man darauf achten, dass auf der Flasche „kaltgepresst“ steht. Fehlt der Hinweis, kann man davon ausgehen,

dass das Öl erhitzt wurde. Kenner behaupten, die hochwertigste Qualität stamme aus der Türkei. Aber auch in Ägypten wird Schwarzkümmelöl seit Jahrtausenden verwendet.

Mandelöl aus den Kernen der Süßmandel ist der Klassiker der Hautpflege. Ätherisches Mandelöl hingegen wird aus Bittermandeln gewonnen, die Blausäure enthalten.
Zurecht werden Mandeln als Superfood bezeichnet. Denn sie haben insbesondere eine heilende und stärkende Wirkung auf Leber und Augen. Kaltgepresste Öle in Bioqualität sind reich an wertvollen Inhaltsstoffen. Mandelkernöl enthält rund 70 Prozent Ölsäure und die wichtigen Vitamine A, B1, B2, B6, B7 (Biotin), D und E, eine hohe Menge an Kalium, Magnesium und Kalzium. Nicht umsonst ist Mandelöl in vielen Kosmetikprodukten enthalten. Sie können es auf vielfältige Weise für Haut- und Haarpflege benutzen. Da es unserem Hautfett sehr ähnlich ist, zieht es schnell ein. Dabei ist es ein sehr verträgliches Basisöl – sehr mild und für jeden Hauttyp geeignet. Außerdem wirkt sich Mandelöl positiv auf den Stoffwechsel aus.

Aprikosenöl heißt das kleine Multitalent, korrekterweise Aprikosenkernöl. Es ähnelt sehr dem Mandelöl, ist aber ein bisschen teurer.
Aprikosenkernöl passt sehr gut zu trockener und sensibler Haut und ist sehr gut verträglich. Es unterstützt den Feuchtigkeitshaushalt der Haut und bezaubert mit zartem Marzipanduft (wenn kaltgepresst). Aprikosenöl wirkt auch beruhigend bei Sonnenbrand, zeigt einen lindernden Effekt auf Hautreizungen.
Arganöl gilt als eines der kostbarsten Öle der Welt. Es wird aus der Arganfrucht gewonnen. Dem Öl werden zahlreiche gesundheitsfördernde Wirkungen zugeschrieben; nicht ohne Grund nennt man es das flüssige Gold Marokkos. Dort gilt es als natürliche Allzweckwaffe und Lebenselixier.
Arganöl kann durch seinen nussigen Geschmack zudem eine Bereicherung für unsere Küche sein. Es eignet sich hervorragend zum Verfeinern von Salaten, Marinaden, Soßen und Nudeln.

Arganöl ist aufgrund seiner besonderen Inhaltsstoffe besonders wertvoll und hat eine ausgewogene Fettsäurezusammensetzung mit über 80 Prozent ungesättigten Fettsäuren. Weitere gesunde Inhaltsstoffe wie Polyphenole und Saponine, außerdem reichlich Tocopherolen (Vitamin E), Quercetine und Myrecetine wirken stark gegen Pilze und Bakterien, Spinasterol und Schottenol sollen vor Brust- und Prostatakrebs schützen. Es hat besonders positive Effekte auf Herz, Kreislauf, Cholesterinspiegel und Immunsystem.
Arganöl kann man durchaus als Schönheitsöl bezeichnen. Denn es unterstützt die Gesundheit von Haut, Nägeln und Haaren und ist ein Wundermittel gegen fast alle Formen von Hautproblemen. Es wirkt der Faltenbildung entgegen und generell hautverjüngend, ist hilfreich bei Sonnenbrand, Ekzemen, Neurodermitis, Psoriasis und Akne sowie bei Hämatomen und Prellungen. Dem Öl werden zahlreiche gesundheitsfördernde Wirkungen zugeschrieben: nicht ohne Grund nennt man es das flüssige Gold Marokkos. Dort gilt es als natürliche Allzweckwaffe und Lebenselixier.

Gesunde Öle gibt es viele. Welches das Beste ist, hängt von der Verwendung ab und von der Fettqualität.

Kleines Lexikon der ätherischen Öle

Bei Beschwerden im Verdauungstrakt:

Kümmelöl wirkt spasmolytisch, lindert Blähungen, Bauchkrämpfe und Völlegefühl.
Anisöl wirkt schleim- und krampflösend.
Fenchelöl wirkt entzündungshemmend und schleimlösend. Es kann Ihrem Organismus auf unterschiedliche Arten helfen: bei Bauchbeschwerden, Koliken, Husten, Blasen- und Nierenleiden sowie anderen Brust- und Lungenbeschwerden.
Pfefferminzöl wirkt spasmolytisch. Somit hilft es, die Muskeln zu entspannen. Das ist das beste Mittel bei allen Arten von Übelkeit.

Melissenöl wirkt beruhigend auf einen nervösen Magen und Darm, hinzu kommt seine krampflösende und entblähende Wirkung.
Basilikumöl wirkt stark entkrampfend, entspannend, entzündungshemmend und darmreinigend bei Darminfektionen. Außerdem lindert es Magen- und Regelschmerzen.
Engelwurzöl wirkt magenstärkend, verdauungsfördernd, entblähend, entkrampfend und entzündungshemmend. Es regt die Gallentätigkeit an, fördert die Durchblutung und den Lymphfluss.
Kamillenöl blau, also von der Echten Kamille, ist gut geeignet zur Behandlung von Blähungen, Leberleiden und Entzündungen.
Rosenöl ist eine wahre Wunderwaffe gegen vielerlei Beschwerden. Dass es die Psyche beruhigt, weiß fast jeder. Es wirkt aber auch analgetisch, spasmolytisch und regeneriert die Leberzellen. Seine durchblutungsfördernden Eigenschaften sorgen für eine bessere Magensaftproduktion.
Oreganoöl gilt in der Traditionellen Chinesischen Medizin als gut gegen Parasiten – es soll Darmparasiten vertreiben können – und hat außerdem eine extreme Anti-Pilz-Wirkung. Schon Hippokrates empfahl Oregano als wirksames Mittel zur Behandlung von Hämorrhoiden, innerlich und äußerlich eingesetzt. Achten Sie dabei auf die Dosierung: Geben Sie nur einen Tropfen auf eine bis zu 20-fache Menge Trägeröl Ihrer Wahl und nehmen Sie das Gemisch direkt mit einem Löffel ein. Für Schwangere und kleine Kinder ist es allerdings ungeeignet, da es ein stark wirksames Naturheilmittel ist.

Praktische Tipps:

Übelkeit verschiedenster Ursache können Sie gut mit Pfefferminzöl behandeln. Aufgrund seiner spasmolytischen Eigenschaften wirkt es antiemetisch, unterdrückt also den Brechreiz. Bei Übelkeit bringt das Schnuppern an einem geöffneten Pfefferminzfläschchen oft bereits Linderung. Die nächste und damit stärkere Variante wäre, einen Tropfen – nicht mehr! – direkt auf die Zunge zu geben und langsam einzuspeicheln. Oder Sie neh-

men einen Tropfen Pfefferminzöl auf einem Stück Würfelzucker. Pfefferminzöl wirkt magenstärkend, kann daher gut bei einer Reisekrankheit eingesetzt werden. Im geistig-seelischen Bereich wirkt es erfrischend und klärend, fördert die Konzentration und stärkt das Gedächtnis. Gleichzeitig ist es ein ausgezeichneter Duft fürs Büro, Arbeitszimmer und sogar Klassenzimmer. Ein paar Tropfen in einer Duftlampe reichen. Pfefferminzöl ist ferner ein wunderbares Mittel gegen Kopfschmerzen vom Spannungstyp, den sogenannten Spannungskopfschmerzen. Prof. Dr. Hartmut Göbel von der Universität Kiel wies nach, dass eine zehnprozentige Pfefferminzlösung eine schnellere Wirkung bei Kopfschmerzen erzielt als 1000 Milligramm Paracetamol.
Pfefferminzöl ist für Kinder unter sechs Jahren allerdings nicht geeignet. Denn es enthält viel Menthol, was zu sogenannten Glottiskrämpfen führen kann.

Nach Hans-Dieter Bach, dem bekannten Fachautor und Heilpraktiker, deuten bräunliche Beläge in der hinteren Zungenhälfte auf Darmerkrankungen hin, gelbliche auf Leber-Galle-Störungen. Menschen mit Verdauungstrakterkrankungen haben oftmals einen säuerlichen oder säuerlich-fauligen Mundgeruch.

Bauchschmerzen, Blähungen und Verstopfungen gehören zu den häufigsten Beschwerden überhaupt. Eine Bauchselbstmassage mit ätherischen Ölen kann eine wirksame Methode zur Linderung von Verdauungsproblemen sein. Sie kombiniert die physische Stimulation durch Massage mit den heilenden Eigenschaften von ätherischen Ölen. Ätherische Öle sollten immer verdünnt verwendet werden. Mischen Sie 10 bis 15 Tropfen des gewählten ätherischen Öls (z. B. Kamillen-, Kümmel-, Fenchel,- oder Melissenöl) mit 50 ml eines Trägeröls Ihrer Wahl in einer Flasche und schütteln Sie es kräftig. Mit warmen Händen reiben Sie damit den Bauch bis zu zweimal am Tag ein (siehe Kapitel „Selbstbauchmassage“).

Auch Wickel und Auflagen sind altbekannte Hausmittel. Sie unterstützen die Selbstheilungskräfte, beschleunigen die Stoffwechselvorgänge und die Durchblutung.

Durchfall ist oft das Symptom infektionsbedingter Gastroenteritis, also einer Entzündung durch Viren, Bakterien oder Protozoen. Zypressen-, Myrre-, Oregano-, Zimt-, Cassia-, Muskatnuss- und römisches Kamillenöl wirken stark antiinfektiös und entspannen die Darmmuskulatur. Sie sollten dabei unbedingt auf Ihre Ernährung achten; vielleicht fasten Sie ja direkt einmal für ein, zwei Tage.

- 1 Tropfen ätherisches Öl Ihrer Wahl auf 1 Teelöffel Sahne kann Durchfall stoppen (dreimal am Tag)
- Noch eine gute adjuvante Maßnahme gegen Durchfall sind heiße Kompressen: 5 Tropfen ätherisches Öl Ihrer Wahl auf 1 Liter Wasser geben, ein Baumwolltuch damit tränken, auswringen, sodass es nicht mehr tropft, und ein bis zwei Stunden auf den Bauch legen.

Die Behandlung von Lebererkrankungen jeglicher Art können Sie durch Leberwickel positiv unterstützen. Es ist eine komplementäre Pflegemaßnahme, die seit Jahrtausenden in der traditionellen Volksheilkunde angewandt wird.
Tränken Sie ein Baumwoll- oder Leintuch mit heißem Wasser und wringen es gut aus. Geben Sie nun zehn Milliliter fettes Öl nach Wahl (z. B. Sesam-, Hanf oder Olivenöl) und 3 bis 5 Tropfen eines ätherischen Öls (z. B. Rosen-, Rosmarin-, Salbei-, Schafgarbe- oder Melissenöl) auf das Tuch, legen es unterhalb des rechten Rippenbogens auf und halten die Wärme mit einer Wärmflasche konstant. Decken Sie sich mit einer warmen Decke zu und lassen Sie den Leberwickel etwa eine Stunde wirken.

Bei Atemwegserkrankungen (Husten, Schnupfen, Halsschmerzen usw.) können Sie ätherische Öle erfolgreich innerlich und äußerlich einsetzen.

Relevante Öle:

- Thymianöl ist ein Klassiker unter den Erkältungsmitteln, sehr stark wirksam und gut verträglich. Thymian wirkt krampflösend, auswurffördernd (wodurch die Beschwerden bei trockenem Husten günstig beeinflusst werden) und entzündungshemmend. Der antiseptisch wirksame Bestandteil Thymol hemmt nachweislich das Wachstum von Bakterien und Viren. Außerdem ist das Öl sehr gut hautverträglich.

- Die Weißtanne galt bereits im Mittelalter als Heilpflanze und als Symbol ewiger Lebenskraft. Weißtannenöl ist ideal bei Erkältungskrankheiten wie grippalen Infekten. Weißtanne fördert die Sauerstoffaufnahme der Lunge, wirkt stark antiviral, antibakteriell, fiebersenkend und immunsystemstimulierend. Es ist eine gute Hilfe bei Ohrenschmerzen. Auf psychisch-seelischer Ebene wirkt es stimmungsaufhellend, stärkend und klärend, hilft bei Müdigkeit, Mutlosigkeit und Schwäche. Kurz: Weißtanne ist eine wunderbare Pflanze für Ihr Wohlbefinden.
- Die Edeltanne ist ein starker, massiver Baum mit einer Wuchshöhe von bis zu 60 Metern und kann bis zu 600 Jahre alt werden. Edeltannenöl wirkt vitalisierend, antibakteriell, antiseptisch (auch auf die Raumluft), schleimlösend, schweißtreibend, kräftigend, erfrischend und belebend. Es ist ein mildes, gut verträgliches ätherisches Öl.
- Oregano ist eine aromatische, sehr heilkräftige und kraftvolle Pflanze. Oreganoöl gilt als natürliches, starkes Antibiotikum, wirkt antibakteriell, antiviral, durchblutungsfördernd, entzündungshemmend, schmerzlindernd, schleimlösend, parasitenfeindlich. Besonders interessant ist in diesem Zusammenhang, dass Oreganoöl sogar in der Lage ist, auch antibiotikaresistente Bakterien wie MRSA zu zerstören. Oreganoöl ist eben ein wahres Multitalent!

Da es die Haut reizen kann, sollte die innerliche Anwendung nur mit Trägeröl verdünnt erfolgen. Am besten scheint Olivenöl dafür geeignet zu sein. Äußerlich angewendet kann es bei Akne, Warzen, Abszessen, Furunkeln, infizierten Schnittwunden, Herpes und Insektenstichen helfen. Es ist zudem ein besonders starkes Desinfektionsmittel. Oreganoöl ist für Schwangere und Kinder ungeeignet, da es ein stark wirksames Naturheilmittel ist.
Weitere praktische Tipps hierzu finden Sie im Kapitel „Infekte und Co“.

Immer mehr Menschen leiden unter einer allergischen Rhinitis (Heuschnupfen). Der sehr störende Fließschnupfen wird durch Allergene verschiedenster Art ausgelöst. Um die histaminausschüttenden Mastzellen zu stabilisieren und das Immunsystem zu beruhigen, gibt es antiallergisch wirkende ätherische Öle. Besonders sesquiterpenhaltige ätherische Öle zeigen gute Wirkung.
Dazu gehören:

- Zedernholzöl (insbesondere von der Atlas-Zeder) und
- Zypressenöl

Rezeptur

Ein- bis dreimal täglich 1 Tropfen auf die Zunge geben und langsam einspeicheln. Dadurch werden die Öle von der Mundschleimhaut aufgenommen.

Ätherische Öle bei psychischen Störungen

Der klinische Wert von ätherischen Ölen beschränkt sich nicht auf somatische Wirkungen. Sie haben auch großen Einfluss auf die Psyche. In zahlreichen klinischen Studien wurde gezeigt, dass ätherische Öle die Stimmung anheben können. Grund: Im oberen Bereich der Nase befindet sich der Riechkolben, der Gerüche direkt ins Gehirn führt. Von dort aus geht es ohne Umwege zum Unterbewusstsein und zur Gefühlssteuerung. Die flüchtigen Moleküle der ätherischen Öle können die Blut-Hirn-Schranke passieren. Je nach „Botschaft" werden durch die Anregung von Neurotransmittern sodann Nervenzellen dazu angeregt, stimmungsrelevante Hormone auszuschütten.

Die Schatzkammer der Natur bietet uns dabei ein großes Angebot an wohltuenden Düften:

- Rosenöl wirkt stimmungsaufhellend und harmonisierend bei seelischer Verhärtung, ist allerdings eines der teuersten Öle auf dem Markt. Es ist ein effektives Mittel gegen Angst und Wochenbettdepression. Zum Einsatz kommt Rosenöl auch bei Herzproblemen, vor allem bei nervösen Herzbeschwerden: Arrhythmien und Herzrasen. Rosenöl beruhigt die Psyche der Mutter nach der Kindsgeburt, wirkt tonisierend auf Herz, Magen, Leber und Uterus.
- Einer der besten Düfte, um die Nerven zu beruhigen, ist pure Römische Kamille. Es ist eines der am stärksten angstlösenden Öle, es entspannt und beruhigt bei Schlaflosigkeit. Bei einem seelischen Trauma oder Schock und vor chirurgischen Eingriffen ist das ätherische Römische Kamillenöl zur Beruhigung absolut empfehlenswert.
- Lavendelöl ist der Klassiker bei Stress, hilft bei vielen psychosomatischen Problemen wie Angst, Depression und insbesondere bei Schlafstörungen. Denn es wirkt beruhigend, blutdrucksenkend, entspannend und nervenstärkend. Um Stress abzubauen, den Schlaf zu verbessern oder die Stimmung zu stabilisieren, verwenden Sie in Ihrem Zimmer doch einmal einen Diffuser mit Lavendelöl!
- Orangenöl wirkt insbesondere auf die psychische Ebene, entspannt Muskulatur und Nerven. Es hat stimmungsaufhellende, also antidepressive, und angstlösende Eigenschaften. Bei Kindern mit Versagensängsten und wenig Selbstvertrauen kann Orangenöl eine große Hilfe sein.
- Mandarinenöl rot ist ein wunderbares Öl für Kinder. Es verleiht Leichtigkeit, Vertrauen und nimmt Ängste. Ätherisches Mandarinenöl fördert das seelische Gleichgewicht und unterstützt einen gesunden, sorglosen Schlaf. Dazu wirkt es auch antiseptisch und bei Akne sehr helfen.
- Engelwurzöl gibt ängstlichen Menschen Halt und Kraft, stabilisiert und fördert das Durchhaltevermögen. Kurz: Es ist ein starker Helfer in kritischen Situationen.
- Rosenholzöl wirkt stimmungsaufhellend und stabilisierend. Aufgrund seiner angstlösenden beruhigenden Eigenschaften baut es Stress und Nervosität ab. Es ist angezeigt bei

Schlaflosigkeit aufgrund von Ängsten, Anspannung und nervöser Erschöpfung.

- Jasminöl steigert bei Unsicherheit und fehlendem Selbstvertrauen die Liebe zu sich selbst und löst seelische Verspannungen.
- Neroliöl wird gerne bei Nervosität und Unruhe verwendet, gleichzeitig als Hautpflege gegen Faltenbildung.
- Majoranöl ist ein altes, bewährtes Schlafmittel.
- Fichtennadelöl, gewonnen aus den Nadeln der Sibirischen Tanne, hat einen hohen Anteil an Monoterpenester. Deswegen hat es eine stark angstlösende, entspannende Wirkung. Bestens geeignet ist es bei Stress und psychischer Dysbalance.
- Melissenöl beruhigt Nerven und Magen, fördert guten Schlaf. Es eignet sich hervorragend zur Behandlung von Lippenherpes.
- Sandelholzöl wirkt aphrodisierend, aufbauend, beruhigend und besänftigend.
- Zypressenöl hilft, äußere und innere Veränderungen zu akzeptieren.
- Schwarzkümmelöl ist zwar ein fettes Öl, erzeugt aber einen stark sedativen, also beruhigenden Effekt, stärker als Chlorpromazin, einem antipsychotischen, beruhigenden, antiemetischen Wirkstoff. Chlorpromazin war der erste Arzneistoff aus der Gruppe der Neuroleptika und gilt als Grundstein der modernen Psychopharmaka-Therapie. Nehmen Sie täglich gleich am Morgen einen Teelöffel oral ein. Kurz vorm Schlafengehen massieren Sie einen weiteren Teelöffel Schwarzkümmelöl auf dem Bauch ein.

Weitere praktische Tipps:

Ja, jeder reagiert auf ätherische Öle etwas anders. Seien Sie daher bitte wählerisch. „Ihr“ Öl muss nicht nur zu Ihrem Anliegen passen – Sie müssen auch den jeweiligen Geruch mögen. Bitte verwenden Sie also keine ätherischen Öle, gegen die Sie eine Abneigung haben. Kaufen Sie nicht einfach

blind, sondern finden Sie, was am besten zu Ihnen passt. Hören Sie auf die Sprache Ihrer Seele, schaffen Sie mehr Platz für Intuition. Darunter versteht man übrigens keine Emotionen, die meist von schlechten Erfahrungen herrühren. Gemeint ist unser Bauchgefühl. Der Begriff Intuition stammt aus dem Lateinischen und heißt so viel wie genau hinsehen, etwas unmittelbar anschauen. Schon Einstein wusste: „Der intuitive Geist ist ein heiliges Geschenk und der rationale Verstand ein treuer Diener. Wir haben eine Gesellschaft erschaffen, die den Diener ehrt und das Geschenk vergessen hat.“ Und noch einmal, das ist ganz wichtig: Ätherische Öle sind keine Duftöle!
Risikohinweis: Obwohl kaum Unverträglichkeiten bekannt sind, sollten Sie vorher stets an einer kleinen Hautstelle testen, ob Sie allergisch reagieren.
Und haben Sie keine Angst; ätherische Öle sind grundsätzlich zur Einnahme geeignet und werden traditionell auch so angewendet. Achten Sie aber möglichst darauf, dass sie aus kontrolliert biologischem Anbau stammen.
Ätherisches Rosenöl ist ein Symbol der Liebe und steht in enger Beziehung zum Herzchakra. Man sagt: Die Wirkung der Rose öffnet das Herz für positive Energien, bringt Heilung und wirkt schützend.

Bei vegetativer Labilität oder Herzrhythmusstörungen, verbunden mit Angst und/oder Unruhe, ist es sinnvoll, die folgenden Rezepte auszuprobieren:

- Lassen Sie drei Monate lang jeden Morgen und Abend einen Tropfen Rosenöl pur langsam auf der Zunge zergehen oder speicheln Sie es, verdünnt mit einem halben Teelöffel fettes Öl Ihrer Wahl (Leinöl, Hanföl oder Olivenöl), im Mund lange ein. Achten Sie dabei auf eine natürliche, bewusste Ernährung.
- Kamillenöl römisch hilft bei tiefliegenden Ängsten. Reiben Sie täglich morgens und abends einen Tropfen, verdünnt mit wenig fettem Öl Ihrer Wahl, auf dem Bauch ein.

- Lavendelöl ist ein gutes Mittel bei Ein- und Durchschlafstörungen. Das wurde in Studien nachgewiesen. Reiben Sie kurz vorm Schlafengehen einen Tropfen in Hände und Handgelenke ein. Eine Variante wäre jeweils ein Tropfen Fenchel- und Lavendelöl mit wenig fettem Öl Ihrer Wahl, das Sie kurz vorm Schlafengehen auf dem Bauch einmassieren.

Heilsamer Rosmarin indes wird innerlich gegen Kreislaufprobleme eingesetzt. Es ist eines der ganz wenigen Kräuter, die gegen niedrigen Blutdruck, Müdigkeit und Abgeschlagenheit helfen. Es kann den Kreislauf auf natürliche Weise in Schwung bringen.

Und so geht es, einfach und schnell:

- 1 Tropfen Rosmarin auf die Zunge geben und sehr lange zergehen lassen. Nicht mehr als dreimal am Tag wiederholen.
- 1 Tropfen Rosmarin als Muntermacher morgens für die Körperreinigung in ein neutrales Duschgel geben.
- Blutdrucksteigerndes Körperöl: 4 Tropfen Wacholderöl, 4 Tropfen Rosmarin ct. cineol und 2 Tropfen Kampferöl in 50 ml Mandelöl geben. Morgens nach dem Duschen Beine, Arme und Bauch damit einölen.

Kampferöl ist für seine durchblutungsfördernde Wirkung bekannt. Es kann bei zu niedrigem Blutdruck helfen, den Kreislauf wieder in Schwung zu bringen. Dazu halten Sie das Fläschchen mit Kampferöl unter die Nase und atmen tief ein. Das kann auch helfen, wenn jemand kollabiert ist.

Aromatherapie ist gleichsam für Kinder ein natürlicher Weg, um Körper, Geist und Seele in Einklang zu bringen. Die ätherischen Düfte können eine wunderbare Hilfe sein. Sie eignen sich sehr gut für gemeinsame Rituale von Kindern und Eltern.

Schlafmischung für Kinder

- 5 Tropfen Mandarinenöl und 3 Tropfen Rosenholzöl in 50 ml Mandelöl geben. Kurz vorm Schlafengehen Fußsohlen und Bauch damit einmassieren.
- 5 Tropfen Mandarinenöl, 3 Tropfen Lavendelöl in 50 ml Trägeröl geben. Fuß, Bauch, Rücken einmassieren. Über mehrere Monate anwenden. Das hilft auch bei Bauchschmerzen aufgrund von Nervosität.

Kinder lieben den Duft der Echten Vanille. Ein Grund: Vanilleduft ist in winzigen Mengen auch in Muttermilch enthalten. Der Duft gibt Kindern Sicherheit und sorgt für eine wohlige Atmosphäre. Damit ist es bestens geeignet für Kinder, die nicht einschlafen können oder Angst haben.

- 5 Tropfen Mandarinenöl und 3 Tropfen Vanilleextrakt in 50 ml Trägeröl (Mandel- oder Olivenöl) geben. Über mehrere Monate Bauch, Füße und Hände damit einmassieren.

Sie können auch einen Tropfen ätherisches Öl auf das Kuscheltier Ihres Kindes träufeln. Verwenden Sie für ganz kleine Kinder kein Eukalyptus, Kampfer und Pfefferminze. Bereits ein paar Tropfen davon in Mund oder Nase können bei ihnen lebensbedrohliche Verkrampfungen hervorrufen und sogar zum Atemstillstand führen.

In der Fachliteratur gibt es die Empfehlung, während einer homöopathischen Behandlung starke ätherische Öle wie Kampfer, Kamille, Pfefferminz und Thymian zu meiden. Diese gelten als Antidote und können die Wirkung homöopathischer Präparate beeinflussen oder aufheben.

Bauchmassage

„Der Bauch ist das zweite Gehirn."

Massage ist eines der ältesten Heilmittel der Menschheit. Ihren Ursprung hat sie sehr wahrscheinlich in Asien. In Verbindung mit ätherischen Ölen und Kräutern gibt es auch frühe Hinweise darauf in der indischen Heilkunst.
Vom Nabel der Welt spricht man, wenn etwas wichtig und zentral ist. Unser Körper hat auch eine Mitte, einen zentralen Punkt: den Bauchnabel. Er ist einer der wichtigsten Verstärkungspunkte für Lebensaktivitäten des menschlichen Körpers. Noch dazu ist der Nabel der energetische Leiter und hat eine enge Verbindung zu Leber, Nieren, Harnblase, Darm und zur Abdominellen Aorta.
In vielen asiatischen Kulturen gilt der Bauchraum als unsere Energiezentrale, unsere Mitte, unser Zentrum innerer Kraft. In der westlichen Welt wird die Bauchregion hingegen ziemlich lieblos betrachtet; er muss nur flach sein und gut. Yoga ist der aus meiner Sicht schönste Weg, um zur inneren Mitte zu finden. Aber auch die Bauchmassage ist eine hochkarätige und dennoch ganz einfache Selbsthilfemaßnahme.
Heutzutage wollen wir immer mehr in immer kürzerer Zeit. Wir sind selten zufrieden, auch wenn wir schon fast alles haben, und leben oft in der Angst, nicht noch mehr erreichen zu können. Das prägt unser Verhalten – oft, ohne dass wir es uns bewusstmachen. Wir nehmen gar nicht wahr, dass wir ständig gestresst sind. Die Organe in der Bauchregion sind sehr empfindlich. Stress, Frust und gegen sich selbst gerichtete Aggressionen können hier einiges aufstauen lassen. Unser Bauch hat somit jeden Tag ganz schön viel zu verarbeiten.
Eine Bauchselbstmassage ist eine sanfte manuelle Stimulation nicht nur der Bauchregion. Regelmäßige Bauchmassagen haben eine wunderbare Wirkung auf den gesamten Organismus.

Viele Physiotherapeuten bieten Bauchmassage an. Man kann sie mit Gefühl und Geduld aber auch leicht selbst durchführen. Sie brauchen dafür nur ihre Hände, ein bisschen Öl und täglich wenige Minuten Zeit. Doch diese wenigen Minuten haben es wirklich in sich! Sie werden sich nicht nur besser fühlen, sondern auch besser aussehen. Und nicht zuletzt verbessert Bauchselbstmassage ihre Laune!

Die wichtigsten Aspekte der Bauchselbstmassage:

- Ausscheidung von Schlacken und Giften: Sie regt die Peristaltik (Darmbewegung) an, fördert eine bessere Entschlackung des Darmes, Blähungen gehen leichter ab und das Blut wird gereinigt, was dem gesamten Organismus zugutekommt.
- Sie verbessert die Durchblutung im Bauchraum und erzielt damit eine bessere Aufnahme von Nährstoffen und Sauerstoff.
- Das gestörte Energiegleichgewicht wird wiederhergestellt, was dem Körper zur Heilung verhilft.
- Die Muskulatur wird entspannt. Das führt zu einem angenehmen Wohlgefühl, hilft beim Abbau emotionaler Spannungszustände, was sehr hilfreich bei Aufregung, Stress, Angst und sogar Panikattacken ist. Übrigens: Haut und Nervensystem werden aus dem Ektoderm gebildet. Das heißt, Haut und Nerven stammen aus denselben Zellverbänden. Die Psyche und die Haut sind eng verbunden. Die mechanische Massage des Bauchraumes führt auch auf neuronaler Ebene zu Entspannung.
- Die harmonische Arbeit aller Drüsen im Bauchraum wird gefördert, der Wärmehaushalt wird normalisiert.
- Nach regelmäßiger Durchführung verschwindet ein Zwerchfellhochstand, was sich positiv auf Herz- und Lungentätigkeit auswirkt.
- Bei Frauen wirkt sie sich auch auf die Unterleibsorgane aus und lindert Beschwerden.
- Die Elastizität und Spannkraft der Muskeln erhöht sich.
- Migräne und Gedächtnisstörungen lassen nach.
- usw.

Die Bauchselbstmassage sollte über einen bestimmten Zeitraum (7 Tage bis 3 Monate) fünf bis 15 Minuten täglich (regelmäßig!) durchgeführt werden. Nehmen Sie ein bisschen Öl Ihrer Wahl (Hanf-, Oliven- oder Mandelöl, natürlich kaltgepresst) und bis zu zwei Tropfen ätherische Öle Ihrer Wahl (Lavendel-, Fichtennadel-, Fenchel-, Rosenöl usw.).

Zur Bauchmassage schaffen Sie bitte eine ruhige Atmosphäre und legen sich hin. Für Ihre Bequemlichkeit können Sie ein Kissen unter Ihre Knie legen. Atmen Sie tief in den Bauch hinein und ruhig und langsam wieder aus. Beim Einatmen sagen oder denken Sie „gesund", beim Ausatmen „entspannt". Zuerst erzeugen Sie durch kreisendes Reiben am ganzen Bauch um den Nabel herum mit dem Öl im Uhrzeigersinn eine milde Wärme. Mit dem rechten Handballen massieren Sie kreisend vom Brustbein in der Nabellinie gerade nach unten bis zum Schambein, und zwar solange es für Sie angenehm ist. Legen Sie dazu Ihren rechten Handballen auf den Bereich des Magens. Massieren Sie ein bis zwei Minuten nach unten bis zum Nabel. Legen Sie Ihren linken Handballen auf den Bereich der Leber. Führen Sie sanft kreisend die Hand am Rippenbogen entlang zur Mitte des Brustkorbs. Bei der Druckstärke verlassen Sie sich auf Ihr Gefühl. Anschließend massieren Sie mit dem linken Handballen oder der Handfläche mit kleinen Kreisen unmittelbar um den Nabel herum und ziehen die Kreise immer größer. Falls Sie irgendwo Schmerzen fühlen, bleiben Sie an diesen Stellen und massieren Sie sie mit leichtem Druck. Die Verhärtungen werden sich langsam lösen.

Milde Fastenkuren

*„Ihr habt viel gesät und wenig eingebracht;
ihr esset, aber nicht zur Sättigung;
ihr trinkt, aber nicht zur Genüge;
ihr kleidet euch, aber es wird keinem warm."*
Die Bibel, Haggai 1:6

Die sogenannte Erste Welt lebt im Überfluss. Es fließen nicht nur Milch und Honig, es gibt zudem ein Überangebot üppiger und exotischer Delikatessen. Für viele Menschen ist das dramatisch: Sie können den Versuchungen nicht widerstehen und leiden darunter, dass sie regelmäßig zu viel, zu gemischt, zu häufig, zu süß, zu salzig, zu fett und zu schnell essen. Die Folge sind Zivilisations- beziehungsweise Wohlstandskrankheiten. Ja, es ist nicht der Kranke das Produkt seiner Krankheit, sondern die Krankheit das Produkt des Menschen. Das Leben funktioniert von innen nach außen und nicht umgekehrt. Mit unkluger Ernährungsweise, mit einem zu hohen Anteil tierischer Produkte bilden sich viele giftige Stoffe in unserem Körper wie Kresol, Lysol, Indol, Indikan und Kadaverin. Sie gehören zur Gruppe der Leichengifte und müssen sämtlich in der Leber unschädlich gemacht werden. Wird die Leber damit nicht fertig, greifen sie unsere Organe an. Ändern wir uns beziehungsweise unsere fehlerhafte Ernährungsweise nicht, ändern sich später nachweisbar unsere Organe und zeigen krankhafte Formen. Der Weg zur Heilung ist oft nicht leicht, weil es mit dem Bruch festgefahrener Gewohnheiten verbunden ist.
Bereits in den 1940er-Jahren setzte sich der Frankfurter Arzt Prof. Dr. Lothar Wendt mit dem Eiweißstoffwechsel des menschlichen Körpers auseinander und entdeckte, dass man durch Wegnahme oder Reduzierung tierischer Nahrungsmittel seine Gesundheit wiedererlangen kann. In seiner Doktorarbeit zum Thema „Die Neigung der Fettleibigen zu Thrombose und Embolie" stellte er fest, dass das Blut Fettleibiger nicht nur zu fett, sondern auch zu

eiweißreich ist. In seinem Buch „Die Eiweißspeicherkrankheiten" dokumentierte er später die Erkenntnis, dass entgegen der medizinischen Lehrmeinung Eiweiß gespeichert werden kann, und prägte den Begriff „Eiweißmast". Bei bereits länger bestehenden Eiweißspeichersymptomen empfahl Wendt einen kompletten Verzicht auf tierische Eiweiße durch Fasten. Er belegte, dass Erkrankungen wie Herzinfarkt, Schlaganfall, Nierenentzündungen und Diabetes Typ 2 in direktem Zusammenhang mit übervollen Eiweißspeichern stehen. Seine Grundthese, dass ein zu viel an tierischem Eiweiß in der Ernährung krank macht, wurde später mit der China Study und der „Meat Intake and Mortality"-Studie bewiesen. Natürlich fand dieser geniale Mann mit seinen Wahrheiten bei Schulmedizinern wenig Beachtung. Aber in der Naturheilkunde genießt er bis heute große Wertschätzung. Es gibt noch viele andere bekannte Ärzte, die über Prophylaxe und Heilwirkung des Fastens berichten: Otto Buchinger jun., Hellmut Lützner, Ferdinand Sauerbruch, Alfred Brauchle, Franz Xaver Mayr, August Bier, Dr. Ruediger Dahlke, Prof. Dr. Claus Leitzmann und viele mehr. Sie alle stellten fest, wie segensreich Fasten für den Verlauf von Krankheiten ist.
Wenn Sie in einer Familie aufgewachsen sind, in der sich alles um den reichlich gedeckten Tisch herum abspielte, denken Sie wahrscheinlich, dass Fasten eine gesundheitsschädliche Prozedur für Schlankheitsfanatiker ist. Dabei gehört Fasten genauso zur Natur wie das Essen. Haben Sie aber noch nie eine Mahlzeit ausgelassen, würde ein Tag ganz ohne Essen, eine Nulldiät, starke Reaktionen auslösen. Da ist es besser, ab und zu spezielle Diätkuren durchzuführen.

„Wie unerträglich, nur Empfänge
Noch zu erwarten ohne Zahl,
Das Leben sehn als Ritual
Und mitzutrotten mit der Menge,
Obgleich uns nichts von dem erwärmt,
Woran sie glaubt, wovon sie schwärmt."

Alexander Puschkin in „Jewgeni Onegin"

Apfelkur

Bereits in der Antike wurden Apfelbäume kultiviert und veredelt. Kaum eine andere Frucht hat in Mythen, Legenden und Märchen eine größere Bedeutung erlangt als der Apfel. Von jeher galt der Apfel wegen seiner Kugelgestalt als Sinnbild der Vollkommenheit und als Symbol für Schönheit.
Bei der Apfelkur handelt es sich um eine Obst-Monodiät. Sie erzielt erstaunliche Erfolge bei zahlreichen Krankheiten, insbesondere des Verdauungstraktes. Wie wir heute wissen, beeinflusst der Darm unsere Gesundheit enorm. Der wichtigste Einflussfaktor auf die Darmgesundheit ist Ernährung. Eine milde Darmregenerationskur mit Äpfeln, damit sich die Darmflora wieder auf natürliche Weise erholen kann, ist sehr empfehlenswert. Durch Obsttage wird der Darm gereinigt und entlastet. Äpfel regen die Fettverbrennung und kurbeln den Stoffwechsel an. Sie sind reich an den Vitaminen C, B3, B6, A und PP sowie Mineralien und Spurenelementen. Äpfel enthalten besonders viel Kalium, Phosphor, Kalzium und Magnesium. Die meisten Nährstoffe sitzen direkt unter der Schale. In der Schale selbst stecken indes die meisten Polyphenole. Das sind sekundäre Pflanzenstoffe, das Herz und Gefäße schützen und die Verdauung anregen. Die Inhaltsstoffe der Früchte können offenbar sogar geschädigte Zellschichten des Darmes reparieren: Der Ballaststoff Pektin quillt im Verdauungstrakt auf und sättigt langanhaltend. Je nach Apfelsorte, Umweltbedingungen und Reifezeit schwanken allerdings die Anteile von Zucker, Säuren, Mineralien und Vitaminen. Bevorzugen Sie Äpfel in Bioqualität. Essen Sie sie mit Schale und möglichst auch mit dem Inneren, also den Kernen. Essen Sie möglichst nur zu den für Sie üblichen Uhrzeiten dreimal am Tag. Eine Apfel-Kur kann ein bis sieben Tage dauern.

Apfelfasten-Fahrplan

- gleich nach dem Aufstehen warmes Wasser trinken
- Morgens zwei bis drei Äpfel essen (je nach Größe des Apfels)
- mittags zwei bis vier Äpfel essen
- abends ein bis zwei Äpfel essen

Wer unbedingt was Festes zum Essen braucht, kann am Tag sieben Mandeln oder vier Walnüsse dazu essen. Trinken Sie zwischendurch ein bis zwei Liter (Mineral-)Wasser, um den Körper bei der Ausscheidung der Schlackenstoffe zu unterstützen. Eine Bauchmassage unterstützt Ihre Verdauung, um die es beim Fasten in erster Linie geht. Bewegung an der frischen Luft ist ebenfalls unbedingt notwendig. Fasten und Bewegung ergeben zusammen eine kraftvolle Verbindung, um den Reinigungseffekt für Körper, Geist und Seele zu steigern.

Sauerkraut-Monodiät

Wer Sauerkraut mag, könnte sich mit der Sauerkraut-Monodiät wohlfühlen. Sie enthält sehr wenige Kalorien, ist ballaststoffreich, erzeugt schnell ein Sättigungsgefühl und versorgt mit Vitaminen und Mineralien. Der Körper ist während einer Sauerkrautdiät also mit allen wichtigen Nährstoffen versorgt. Sie stärkt das Immunsystem, kurbelt die Verdauung an, räumt Fäulnis im Darm auf, fördert eine gesunde Darmflora, hat positive Auswirkungen auf Nerven, Herz und Haut, reduziert das Krebsrisiko und hilft natürlich beim Abnehmen.

Gesund, voller Vitamine und gut für die Darmflora ist nur rohes Sauerkraut. Beim Kauf sollten Sie darauf achten, dass es nicht pasteurisiert ist. Der Erhitzungsprozess tötet nämlich viele wertvolle Inhaltsstoffe und lebendige Bakterienkulturen. Der Verzicht auf Erhitzung sorgt ebenfalls dafür, dass das Vitamin C im Kraut erhalten bleibt. Und: Nicht zusätzlich waschen!

Durchhaltevermögen ist wichtig: Fasten Sie mit Sauerkraut für eine Dauer von zwei Tagen bis zu einer Woche.

Sauerkrautfasten-Fahrplan

- gleich nach dem Aufstehen warmes Wasser trinken
- vormittags: ein Glas Sauerkrautsaft
- mittags: 300-400 g rohes Sauerkraut mit einem Esslöffel kaltgepresstem Öl
  (wer Sauerkraut mit Zwiebeln mag, kann sie dazugeben)
- nachmittags: Lebertee
- abends: 200-300 g rohes Sauerkraut mit kaltgepresstem Öl, eventuell mit Zwiebeln, dazu eine Scheibe Dinkelvollkornbrot ohne Aufstrich

Trinken Sie zwischendurch zwei Liter (Mineral-)Wasser.
Eine Bauchmassage ist eine sinnvolle Ergänzung zum Fasten.
An Fastentagen ist Bewegung an der frischen Luft enorm wichtig.

Finden Sie unbedingt ein individuelles Gleichgewicht zwischen Bewegung und Ruhephasen.

Sauerkraut selbst machen

Ich mache Sauerkraut am liebsten mit Spitzkohl. Er ist sehr gut verträglich und schmeckt einfach besser. Grundsätzlich kann man mit jedem Kohl Sauerkraut herstellen. Das ist supereinfach und unkompliziert.

- 1 Kopf Spitzkohl (1 kg)
- 300-400 ml Sauerkrautsaft (erhältlich in Drogerien und Reformhäusern)
- 1 Teelöffel Kümmel
- 2-3 Lorbeerblätter
- 1 bis 2 Esslöffel Ahornsirup oder Agavendicksaft
- 1 Teelöffel Salatkräuter

Zubereitung:

Waschen Sie den Spitzkohlkopf, halbieren Sie ihn, entfernen Sie den Strunk und schneiden Sie ihn in kleine Streifen. Geben Sie alles in eine große Schüssel und kneten Sie mit den Händen leicht, nicht zu kräftig, durch.
Verzichten Sie aus Liebe zur Gesundheit auf Salz. Sauerkrautsaft enthält sowieso schon welches.
Vermengen Sie alle Zutaten und stampfen sie mit der Faust. Der Kohl sollte nicht komplett vom Sauerkrautsaft bedeckt sein, weil dieser noch viel Flüssigkeit abgibt. Lassen Sie es nun drei Stunden bedeckt stehen.
Danach drücken Sie das Kraut fest in ein Glas; jetzt muss der Kohl vollständig mit dem Saft bedeckt sein. Danach säubern Sie den Rand des Glases mit einem Tuch, verschließen es und stellen es in den Kühlschrank. Nach zwei bis drei Tagen ist Ihr Sauerkraut verzehrfertig. Es reift während der Lagerung immer weiter. Probieren Sie einfach, wann es Ihnen am besten schmeckt. Bewahren Sie rohes Sauerkraut immer im Kühlschrank auf.
Servieren Sie das Sauerkraut nach Belieben mit fein geriebenem Apfel und fein geschnittenen Zwiebel. Verfeinern Sie es mit einem guten kaltgepressten Öl. Guten Appetit!

Reisfasten

Es gibt verschiedene Varianten des Reisfastens. Allen gemein ist, dass Reis Hauptbestandteil jeder Mahlzeit ist. Die klassische, sinnvollste Reisdiät stellt zunächst eine Monodiät mit einer Gemüsesorte dar.
Reis ist allerdings keine passende Nahrung in den kalten Jahreszeiten, am allerwenigsten für Fröstler, da er kühlend auf das Blut wirkt.

Reis ist nicht gleich Reis. Es gibt Qualitätsunterschiede. Herkömmlicher weißer Reis ist wie weißes Mehl: Er hat Kalorien, aber kaum Vitamine und Mineralien. Aus meiner Sicht ist weißer Reis zum Fasten daher überhaupt nicht geeignet. Setzen Sie besser den klassischen Naturreis oder andere Sorten wie Basmati-Vollkornreis, roten Reis, schwarzen Reis oder GABA-Reis auf Ihren Ernährungsplan. Aufgrund seines hohen Kalium- und des niedrigen Natriumgehalts wirkt Vollkornreis entwässernd, die reichlich enthaltenen B-Vitamine fördern den Kohlenhydrat- und Fettstoffwechsel.
Eine Reisfastenkur kann bis zu einer Woche dauern.

Reisfasten-Fahrplan

- gleich nach dem Aufstehen warmes Wasser trinken
- vormittags: Reisdrink: 250 ml Reisdrink (Reismilch) (z. B. im Drogeriemarkt), 25 g Heidelbeeren (frisch oder tiefgekühlt) und 1 Teelöffel Honig oder Ahornsirup in einen Mixer geben oder mit einem Stabmixer fein pürieren
- mittags: Reis mit Brokkoli: 60 g Reis (siehe „Meine Rezepte“) und bis zu 200 g Brokkoli dünsten oder dampfgaren, mit Öl oder Lieblingssalatdressing verfeinern (siehe „Meine Rezepte“). Wer Brokkoli nicht so gerne isst oder Abwechslung möchte, kann auch Grünkohl, Spinatblätter, Rosenkohl oder Rote Bete nehmen. Wichtig ist, dass Sie nur eine Gemüsesorte am Tag essen.
- abends: Reis mit Rosinen: Reis auf kleinster Stufe 25-40 Minuten kochen. 40-50 g Reis, 15 g Pinien- oder Sonnenblumenkerne und 15-20 g Rosinen unter den Reis heben, 15 Minuten quellen lassen. Bei Bedarf 1 Teelöffel Ahornsirup dazugeben. Fertig!

Trinken Sie zwischendurch 2 Liter (Mineral-)Wasser. Salz und Zucker sind tabu. Bauchmassage gehört auch bei dieser Kur dazu. Treiben Sie mindestens eine Stunde Sport an der frischen Luft, beispielsweise Yoga, Laufen oder einfach zügiges Spazierengehen. Das ist sehr wichtig.

Karottenkur

Wie gesund Karotten sind, erläutere ich im Kapitel „Meine Rezepte".

Karotten nehmen einen besonderen Platz in der Reihe der Wurzelgemüse ein. Als Schon- und Heilkost sind sie ein wichtiges Lebensmittel für Kranke. Sie gehören zu den gut verträglichen Lebensmitteln, sind leicht verdaulich und tun dem ganzen Organismus gut. Karotten sind ein zuverlässiges Heilmittel aus der Küche.

- Frisch gepresster Karottensaft bindet überschüssige Magensäure.
- Karottenbrei regeneriert die Darmflora und reinigt die Darmschleimhaut, wirkt aufbauend und stärkend auf den Verdauungstrakt.
- Der hohe Pektingehalt festigt weichen Stuhl.
- Eine Karottenkur ist empfehlenswert bei einer von Fast Food und Alkohol belasteten Leber und Gallenblase, außerdem für Rheumatiker, die regelmäßig unter quälenden Muskel- und Gelenkschmerzen leiden.
- Die Karottenkur wirkt besonders stärkend und harmonisierend auf Herz, Blut, Kreislauf und Nerven.

Um möglichst viele Nährstoffe zu erhalten, ist zu empfehlen, die Karotten nur zu waschen und mit einer Gemüsebürste zu säubern, aber nicht zu schälen.
Mit Karottensuppe gelang es dem Münchener Kinderarzt Prof. Dr. Ernst Moro einst, die Sterbe- und Komplikationsrate von Kindern mit Durchfallerkrankungen drastisch zu senken und damit viele Kinder zu retten. Erst als einige Jahrzehnte später Antibiotika auf den Markt kamen, geriet Karottensuppe wieder in Vergessenheit.

Eine Karottenkur kann ein bis sieben Tage dauern.

Fastentag 1

- gleich nach dem Aufstehen ein bis drei Gläser warmes Wasser trinken
- vormittags: ein bis zwei Karotten je nach Größe, ein bis zwei Teelöffel Leinöl dazu
- mittags: zwei bis drei Karotten mit sieben Mandeln oder 4 Walnüsse
- zwischendurch: Kräutertee Ihrer Wahl
- abends: ein bis zwei Karotten mit einem Teelöffel Leinöl und einem Apfel

Trinken Sie zwischendurch ein bis zwei Liter (Mineral-)Wasser. Auch die Bauchmassage gehört zur Karottenkur dazu. Bewegung an der frischen Luft und Ruhephasen sind wichtig. Leinöl können Sie durch Hanföl ersetzen oder andere Öle Ihrer Wahl.

Essen ist Genuss und große Freude. Doch wie soll das aufkommen, wenn wir uns dafür keine Zeit nehmen? Essen Sie bitte nicht nebenbei, am Fernseher oder beim Bügeln. Genuss braucht Zeit! Schneiden Sie die Karotten schön quer und essen Sie bewusst. So können Sie den Geschmack, den Duft und die Struktur die Karotten wahrnehmen. Mmmmh … lecker! Schaffen Sie sich ein gemütliches Ambiente. Bedenken Sie: Wer richtig isst, braucht wenig.

Fastentag 2

- gleich nach dem Aufstehen warmes Wasser trinken
- vormittags ein Glas Karottendirektsaft: Frisch gepresster Saft ist nicht nur sehr gesund, sondern schmeckt auch wirklich köstlich. Am besten gelingt das Rezept mit einem Entsafter. Für eine Portion brauchen Sie 400 bis 500 Gramm Karotten, eine Orange, eine halbe Zitrone und einen Teelöffel Leinöl. Waschen Sie die Karotten – nicht schälen! – und geben Sie sie in einen elektrischen Entsafter. Pressen Sie Orange und Zitrone aus. Schmecken Sie den Karottensaft mit Orange und Zitrone ab. Mischen Sie einen Teelöffel kaltgepresstes Leinöl unter. Gleich trinken!
- mittags Karottensuppe: Waschen Sie für zwei bis drei Portionen 500 Gramm Karotten und schneiden sie in grobe Stücke. Geben Sie sie mit einem Liter Wasser in einen Topf und garen sie 30 Minuten auf kleiner Flamme. Würzen Sie die Suppe mit ein bis zwei Teelöffeln Gemüsemix ohne Salz und drei Gramm Salz, gegebenenfalls können Sie ein noch wenig Kurkuma und Ingwer verwenden. Lassen Sie alles weitere 15 Minuten quellen und pürieren es anschließend mit einem Stabmixer. Bei Bedarf füllen Sie etwas Wasser nach und servieren mit etwas Öl. Guten Appetit!
- abends: eine mittelgroße Portion Karottensalat (siehe „Meine Rezepte“)

Trinken Sie zwischendurch zwei Liter (Mineral-)Wasser. Führen Sie ein- bis zweimal am Tag eine Bauchmassage durch. Bewegung an der frischen Luft ist auch bei dieser Kur wichtig.

Rohsaftfasten

Saftfasten gehört zu den beliebtesten Formen des Fastens und zu den besten Möglichkeiten der Gesundheitsvorsorge. Es ist eine jahrhundertealte, milde und segensreiche Art zu fasten. Infolge der Wohlstandsernährung verfügt heute kaum noch jemand über einen gesunden Säure-Basen-Haushalt. Gemüse-Rohsäfte wirken der Übersäuerung entgegen und sind nicht nur generell gesund, sondern von hohem therapeutischem Nutzen. Besonders wertvoll werden Rohsäfte durch Zugabe von Getreidegräsern und/oder (Wild-)Kräutern.
Obstsäfte sollten in der Regel wegen der hohen Konzentration von Fruchtzucker und Fruchtsäure weniger häufig konsumiert werden. Die Säfte sollten größtenteils aus Gemüse bestehen mit einem geringen Obstanteil, um den Saft angenehm fruchtig schmecken zu lassen. Beim Saftfasten werden ausschließlich Flüssigkeiten verzehrt wie Gemüse- und Obstsäfte, Wasser, Kräutertees und klare Gemüsebrühe.

- Die Ausleitungsorgane werden entlastet und entgiftet.
- Transportblockaden von Sauerstoff und Nährstoffen werden abgebaut.
- Das Immunsystem wird wieder in Schwung gebracht, reguliert, aktiviert und gestärkt.
- Die körperliche und die geistige Leistungsfähigkeit steigen.

Dr. Ann Wigmore, oft als Mutter der Weizengrassafttherapie bezeichnet, geboren 1909 in Litauen, war eine wegweisende Ernährungs- und Gesundheitsberaterin in Amerika. Sie gründete mehrere Gesundheitsinstitute zur Heilung von schweren Krankheiten, unter anderem das weltbekannte Hippocrates-Health-Institute, in dessen Mittelpunkt noch heute frisch gepresstes Weizengras steht.
Dr. Max Gerson wurde 1881 in Deutschland geboren, war ein deutsch-amerikanischer Arzt für Innere Medizin und Nervenkrankheiten sowie Erfinder der umstrittenen Gerson-Therapie, die gegen zahlreiche chronische schwere Krankheiten helfen

soll. Die spezielle Ernährungsform besteht in der Hauptsache aus frisch gepressten Säften. Seine Ernährungstherapie wurde von ihm mit hohen Erfolgsquoten in Hunderten von schweren Fällen angewandt und seine Behandlungs-Methoden verbreiteten sich von Deutschland über die USA nach Mexiko. Gerson geht davon aus, dass schwere Krankheiten wie Krebs durch ein Ungleichgewicht von Natrium und Kalium im Körper entstehen. Er empfiehlt dafür eine rein pflanzliche Kost mit einer eingeschränkten Proteinzufuhr, den Verzicht auf Salz und Zucker und viel frisch gepresste Gemüse- und Obstsäften.

Nachdem der Spezialist für Lungentuberkulose, der Münchener Prof. Dr. Ferdinand Sauerbruch, einer der bedeutendsten, einflussreichsten Chirurgen des 20. Jahrhunderts, war auf die Gerson-Therapie aufmerksam geworden. In einer klinischen Studie mit 450 vermeintlich unheilbaren Hauttuberkulosepatienten erprobte er sie. 446 wurden vollständig geheilt.

Viele Menschen schätzen die wohltuenden Effekte von frischem Weizengras. Wissenschaftliche Studien attestieren den jungen Trieben des Weizens einen außergewöhnlichen Reichtum an Vitalstoffen. Frisches Weizengras enthält so viel Chlorophyll wie kaum eine andere Pflanze, ist reich an den Vitaminen A, C, E und B-Vitaminen sowie an Eisen, Kalium, Kalzium, Magnesium, Selen, Zink und Folsäure. Es enthält äußerst viele Enzyme und essenzielle Aminosäuren. Dr. Earp-Thomas vom Bloomfield-Laboratorium in New Jersey verwies in seinen Weizengras-Untersuchungen auf das für Pflanzen eher untypische Vitamin B12. Zudem ist das Gras glutenfrei.

Darüber hinaus können Grassäfte:

- das Immunsystem stärken;
- den Stoffwechsel aktivieren;
- die Blutbildung fördern: Die molekulare Struktur von Chlorophyll im Weizengras ist fast identisch mit dem menschlichen Blutfarbstoff Hämoglobin;

- schädliches LDL-Cholesterin und damit das Risiko für Herzinfarkte und Schlaganfälle senken;
- schädliche Substanzen aus dem Darmtrakt binden und ausleiten sowie
- die Leberfunktion unterstützen.

Obwohl es einfach ist, Weizengrassaft zu kaufen, ist es viel besser, ihn aus frischem Weizengras zu machen. Sie können es leicht selbst ziehen, indem Sie Körner auf eine flache Schale mit Bio-Erde streuen. Nach ein paar Tagen bereits sprießen die Körner. Lassen Sie die Grashalme 15 bis 20 Zentimeter lang wachsen. So können Sie jeden Tag ein Büschel Gras ernten.

Weizengrasfasten-Fahrplan

- gleich nach dem Aufstehen warmes Wasser trinken
- Trinken Sie nicht mehr als fünf Gläser Saft am Tag. Trinken Sie zwischendurch (Mineral-)Wasser.

Bei einem Bedürfnis nach etwas Warmem und Kräftigem essen Sie einmal am Tag eine Portion klare Gemüsebrühe ohne Salz. Beenden Sie Ihren Tag am besten mit einer Kanne Kräutertee aus Rosenblättern, Kamille, Lavendel und Fenchel. Sie passt ideal, um den Tag entspannt ausklingen zu lassen.
Durch begleitende Maßnahmen wie (Bauch-)Massagen und Bewegung an der frischen Luft wird das Wohlbefinden gefördert. Die Säfte werden nicht wie Wasser getrunken, sondern schluckweise mit einem Teelöffel gut eingespeichert.

Selleriesaft

Selleriesaft ist ein bekanntes Wundermittel und ein wahrer Fitmacher. Staudenselleriesaft aus Stangensellerie ist keine neue Erfindung. Schon vor Jahrtausenden wurde er in der Traditionellen Chinesischen Medizin und im Ayurveda gegen Blutdruck, chronische Verdauungsbeschwerden und neurologische Krankheiten wie Demenz und Parkinson eingesetzt. Der frische kaltgepresste Selleriesaft hat zahlreiche positive Auswirkungen auf die Gesundheit. Roher Selleriesaft enthält eine Vielzahl an Vitaminen und Mineralien, Antioxidantien und Spurenelementen, und zwar die Vitamine C, D, E, K, A, B1, B2, B3, B5 und B9 sowie Kalium, Kalzium, Magnesium, Natrium, Kupfer, Cholin, Phosphor, Eisen, Mangan und Zink. Das Gemüse wirkt blutreinigend, blutdrucksenkend, entgiftend, entschlackend und antibakteriell, stärkt Knochen und Herz.
Der „New York Times"-Bestsellerautor Anthony William schwärmt in seinem Buch „Selleriesaft", dass Sie wunderbare gesundheitliche Vorteile haben können, wenn Sie jeden Morgen eine Kur mit rohem Selleriesaft machen. Er empfiehlt Selleriesaft bei einer Vielzahl chronischer Krankheiten und geheimnisvoller Symptome, namentlich bei Sodbrennen, Müdigkeit, Akne, Ekzeme, Sucht, ADHS, Schilddrüsenstörungen, Herz-Kreislauf-Erkrankungen, Diabetes, Autoimmunerkrankungen, Borreliose und Augenproblemen.
Selleriesaft wird aus Staudensellerie hergestellt. Industriell produzierter Selleriesaft wird meist pasteurisiert, ist deshalb therapeutischen Effekt stark vermindert.

Rezept

Die Zubereitung ist einfach. Sie brauchen einen Entsafter, ein Bund Staudensellerie in Bioqualität und einen großen Apfel. Waschen Sie die Selleriestangen und geben Sie sie nach und nach in den Entsafter. Waschen Sie den Apfel, vierteln Sie ihn mit Schale, füllen Sie ihn in einen Trichter und pressen Sie ihn aus. Gegebenenfalls geben Sie einen Teelöffel Leinöl dazu oder sonstiges hochwertiges Öl, zum Beispiel Zedernkernöl. Natürlich können Sie Selleriesaft einfach pur vorbereiten und sollten ihn am besten sofort trinken.

Karottensaft

Frisch gepresster Karottensaft gehört genauso wie Selleriesaft zur bewussten und gesunden Ernährung. Karotten können gar nicht genug gelobt werden. Karottensaft wie Karotten selbst stecken voller wertvoller Nährstoffe. Der regelmäßige Verzehr von Karottensaft hat viele gesundheitliche Vorteile:

- positive Wirkung auf den Cholesterinspiegel
- kann die Widerstandsfähigkeit gegenüber Infektionen erhöhen, stärkt das Immunsystem
- verringert die Wahrscheinlichkeit altersbedingter Augenerkrankungen
- kann den Blutzuckerspiegel regulieren
- schützt vor Magen-Darm- und entzündlichen Darmerkrankungen
- schützt die Leber vor Infektionen und Entzündungen, die zu Lebererkrankungen führen können
- fördert das Knochenwachstum, stärkt die Zähne
- stärkt das Immunsystem
- vermindert durch die enthaltene Substanz Falcarinol das Risiko, an Krebs zu erkranken. Beim Kochen werden die krebshemmenden Eigenschaften von Falcarinol allerdings zerstört.
- kann Hautprobleme lindern wie Dermatitis und unreine Haut und sorgt für gesunde Schleimhäute

Wer regelmäßig Karotten oder Karottensaft konsumiert, wird zudem mit einem gesunden, dunkleren Teint belohnt.

Schon Dr. Johanna Budwig (1908 - 2003) setzte auf der positiven Wirkung frisch gepresster Säfte. So verordnete sie ihren schwer erkrankten, geschwächten Patienten im Rahmen ihrer Therapien täglich einen frisch gepressten Karottensaft.

Rezept

Für ein Glas Saft brauchen Sie 500 Gramm Karotten, einen Entsafter, ein bis zwei Teelöffel Leinöl sowie optional Orangen, Zitronen und Ananas. Waschen Sie die Karotten und geben Sie sie nach und nach in den Entsafter. Nach Belieben können Sie den Karottensaft mit frisch gepresstem Orangen-, Zitronen- oder Ananassaft verfeinern. Von Vorteil ist es, wenn Sie Karotten bzw. Karottensaft mit ein bisschen hochwertigem Öl zu sich nehmen.

Rote-Bete-Saft

Rote Bete gehört definitiv zu den gesündesten Gemüsesorten der Welt. Wer Rote Bete nur aus dem Glas kennt oder vorgekocht, wird bestimmt positiv überrascht sein. Denn rohe Rote Bete schmeckt frisch ganz anders und so lecker. Die rote Knolle steckt voller wertvoller Nährstoffe und Vitamine. Rote Bete sollte unbedingt öfter auf Ihrem Speiseplan stehen. Und bitte nicht vergessen: Nur rohe Säfte haben therapeutische Effekte, beim Kochen ändert sich das Nährstoffprofil. Zwar wird auch der Rote-Bete-Saft üblicherweise kurz erhitzt, um ihn keimfrei und haltbar zu machen. Die Vitamine der Roten Bete werden aber natürlich durch das Pasteurisieren nicht vollständig zerstört, der Gehalt wird allerdings stark verringert. Selbst gemachte frischer Rote-Bete-Saft ist nicht nur gesünder, sondern schmeckt auch viel, viel besser.
Wenn Sie den Geschmack von Rote Bete nicht besonders mögen, denken Sie an die lange Liste gesundheitlicher Vorteile:

- Die Inhaltsstoffe unterstützen die Toxinausscheidung, stimulieren die Funktion der Leberzellen, kräftigen die Gallenblase und helfen, die Gallengänge gesund zu halten.
- Aufgrund der vielen Vitalstoffe ist die rote Knolle ein echtes Powerfood für mehr Energie und ein starkes Immunsystem.
- Außerdem beugen die Inhaltsstoffe auch Ablagerungen in den Gefäßen vor und regulieren positiv den Blutdruck. So wird das Risiko für Herzinfarkte und Schlaganfälle gesenkt.
- Schon in die Antike wurde Rote Bete gegen Anämie eingesetzt; sie wirkt blutbildend.
- Rote-Bete-Saft ist ein wirksames Mittel gegen sogenannte freie Radikale, die Körperzellen schädigen.
- Rote Bete ist besonders reich an sekundären Pflanzenstoffen. Das macht den Saft zu einer Superwaffe gegen entzündliche Prozesse im Körper.

Rezept

500 g Rote Bete/1 Apfel, süß-sauer/1 Zitrone

Waschen und würfeln Sie 500 Gramm Rote Bete und einen süß-sauren Apfel und geben alles in den Entsafter. Geben Sie frisch gepressten Zitronensaft dazu, rühren Sie gut um und genießen Sie. Mmmmh ... lecker!

Ananas-Weizengras-Smoothie (1 Portion)

Diese Kombination ist einfach unschlagbar. Das frische Weizengras kann nicht genug gelobt werden. Äußerst enzymreiche Ananas verstärken die Heilwirkung.

- 100 ml Kokoswasser
- ½ Banane
- 1 dicke Scheibe Ananas (2-3 cm)
- Saft einer frisch gepressten Zitrone
- 1 Bund Weizengras, alternativ 20 ml Weizengrassaft

Geben Sie die Zutaten in einen Mixer und pürieren Sie sie. Füllen Sie den Smoothie in ein hübsches Glas und genießen Sie ihn langsam.

Orangen-Weizengras-Smoothie

Auch dieser Smoothie hat die Kraft, den Organismus vor degenerativen Prozessen zu schützen.

- frisch gepresster Saft von 2 Orangen
- Saft einer frisch gepressten Zitrone
- ½ Banane
- 1 Bund Weizengras,
  alternativ 20 ml Weizengrassaft
- 1-2 Teelöffel Zedernkern-, Lein- oder sonstiges
  hochwertiges Öl Ihrer Wahl

Geben Sie alle Zutaten in einen Mixer und pürieren Sie sie.
Guten Appetit!

Wer das volle Aroma und die wertvollen Inhaltsstoffe genießen möchte, muss Saft und Smoothies selbst herstellen, auch wenn das am Anfang kompliziert erscheint und Zusatzarbeit bedeutet. Aber mit Hilfe eines leistungsstarken Geräts ist es einfach. Die Zubereitung wird schnell zur Routine. Schließlich machen wir das doch aus Liebe zu unserer Gesundheit und für unser Glück; beides scheint unwiderruflich miteinander verknüpft zu sein.

„Wer immer tut, was er schon kann,
bleibt immer das, was er schon ist.“

Henry Ford, US-amerikanischer Erfinder

Wasser

„Wasser am Morgen vertreibt Kummer und Sorgen."

Wasser ist ein wesentliches Element der Schöpfung. Auf unserem Planeten würde ohne Wasser kein Leben im uns bekannten Sinne existieren. Unser Körper besteht aus rund 70 Prozent Wasser und die Erdoberfläche ist ebenfalls mit über 70 Prozent von Wasser bedeckt. Wasser bleibt mit all seinen bereits beschriebenen Anomalien ein Wunder der Natur. Es wurde nur teilweise erforscht. Die Wissenschaft veröffentlicht immer wieder neue Erkenntnisse.
Wasser ist ein Symbol der Seele.

„Des Menschen Seele gleicht dem Wasser: Vom Himmel kommt es, zum Himmel steigt es, und wieder nieder zur Erde muss es. Ewig wechselnd. Seele des Menschen, wie gleichst du dem Wasser"

Johann Wolfgang von Goethe: Gesang der Geister über den Wassern

Das Wasser ist das wichtigste Getränk überhaupt und sollte jeden Morgen als Erstes getrunken werden.
Leider geht aber für viele ohne Morgenkaffee gar nichts. Ich habe grundsätzlich nichts gegen Kaffee, aber bitte nicht direkt nach dem Aufstehen. Alles zu seiner Zeit. Sie fangen den Tag ja auch nicht mit Kartenspielen an, oder? Ein Kaffee in der Früh kurbelt genau wie Nikotin und Alkohol die Säureproduktion des Magens an. Das kann die Magenschleimhaut angreifen und Verdauungsstörungen hervorrufen. Gastritis und Sodbrennen sind die mögliche Folge. Forscher haben bereits nachgewiesen, dass Koffein potenziell eine Insulinresistenz verursacht. Das heißt: Der Kaffee auf leeren Magen lässt den Zuckergehalt im Blut stark ansteigen und dem Körper fällt die Regulierung schwer.

Nach der Nachtruhe direkt nach dem Aufstehen auf leeren Magen warmes Wasser zu trinken, bringt hingegen eine Reihe von positiven Folgen:
Eine erhöhte Wasserzufuhr am Morgen verdünnt die Magensäure, die oft der Auslöser von Magenbeschwerden wie Gastritis und Sodbrennen ist.
Über Nacht absolviert Ihr Körper sein eigenes Detox-Programm. Wenn Sie direkt nach dem Aufstehen eine größere Menge Wasser trinken, helfen Sie dem Organismus dabei, Schad- und Giftstoffe schneller und leichter aus dem Körper zu leiten. Der Stoffwechsel wird angeregt und Sie fühlen sich fitter.
Wasser wirkt besonders wohltuend auf das größte Flüssigkeitsorgan und Chemielabor unseres Körpers: die Leber.
Die Darmtätigkeit wird zusätzlich angeregt. Nicht vergessen: Stuhlgang am frühen Morgen ist ein wichtiges Indiz einer gesunden Verdauung!
Sie beugen einer Blasenentzündung und Nierensteinen vor.
Immun- und Lymphsystem werden gestärkt.
Die Haut profitiert von der zusätzlichen Menge Wasser am Morgen.

„Auf der Welt gibt es nichts, was weicher und dünner ist als Wasser. Doch um Hartes und Starres zu bezwingen, kommt nichts diesem gleich. Dass das Schwache das Starke besiegt, das Harte dem Weichen unterliegt, weiß jeder, doch keiner handelt danach“

Laotse, chinesischer Philosoph

Wasser ist eines der machtvollsten, wenn nicht *das* machtvollste Element der Erde.
Trinken Sie jeden Morgen nach dem Aufstehen zwei, drei Gläser warmes Wasser. Essen Sie danach eine Stunde lang nichts. Eine solche Wasserkur hilft gegen viele Erkrankungen und Leiden beziehungsweise lindert diese. Allerdings müssen Sie sie regelmäßig, nämlich täglich, durchführen.

Seit vielen Jahren trinke ich am Morgen nur warmes Wasser. Und glauben Sie mir: Es tut so gut!
Der japanische Wissenschaftler Dr. Masaru Emoto hat wunderbare Bücher über die Informationen geschrieben, die in Wasser stecken und wie man sie verändern kann. Wasser ist nicht gleich Wasser. Wasser transportiert Informationen und Energie. Oder mit anderem Worten: Es besitzt eine Art geheimnisvolles Gedächtnis.
Emotos faszinierende Erkenntnisse verdeutlichen, wie achtsam wir mit dem Wasser umgehen müssen. Denn es hört unsere Gebete, spürt unseren Segen und unsere guten Worte. Dabei hat er gezeigt, dass sich der Zustand des Wassers verändern kann. Seine Entdeckung: Wasser reagiert auf alle Formen von Schwingungen und kann nicht nur Worte und Gefühle, sondern gar das Bewusstsein eines Menschen speichern.
Die wohl stärkste Energie geht von der Wortkombination „Liebe und Dankbarkeit" aus. Bevor Sie Ihr Wasser trinken, können Sie zu ihm sagen: „Ich trinke dieses Wasser mit Liebe und Dankbarkeit." Und schätzen Sie das wirklich, ist der Zugang zu Wasser für viele Menschen doch schließlich immer noch schwierig. Oder wünschen Sie sich etwas! Sagen Sie vor dem Trinken zu Ihrem Wasser: „Ich bin gesund, mutig, entspannt usw."
Sie können Wasser gut mit Sauerstoff anreichern, am besten draußen an der frischen Luft direkt vor dem Trinken, indem Sie es zwölfmal von einem Glas ins andere gießen, sozusagen einen Wasserfall erzeugen. Viele Menschen stellen ihr Wasser in die Sonne, bevor sie es trinken. Das Wasser nimmt dabei die positive Energie der Sonne auf, was es noch wertvoller macht. Mit diesen Tipps können Sie zu jeder Zeit und an jedem Ort Ihr Wasser harmonisieren und energetisch positiv aufladen.
Mit einem großen Schluck Wasser beende ich nun dieses Kapitel …

Kochen ohne oder mit wenig Salz

Im Mittelalter wurde Salz als „weißes Gold“ bezeichnet und sogar als Zahlungsmittel verwendet. Heute ist Salz immer noch das wichtigste „Gewürz“ beim Kochen. Wir salzen immer mehr, weil Salz ein regelrechtes Verlangen in uns weckt. Dieses stetig wachsende Bedürfnis nach Salz fühlt sich fast wie eine Sucht an. Deshalb sorgen Hormone dafür, dass wir Salz konsumieren, wenn wir die Gelegenheit dazu haben. Stehen salzige Knabbereien auf dem Tisch, übernehmen gerne die Hormone das Kommando, und wir können kaum widerstehen. Belohnt werden wir dafür von unserem Körper mit Glückshormonen. Die sorgen dafür, dass wir auch bei nächster Gelegenheit gleich wieder zugreifen! Hinzu kommt, dass wir uns an den Geschmack gewöhnen und mit der Zeit immer mehr Salz brauchen, um etwas als „gut gewürzt“ zu empfinden. Fertiggerichte und stark verarbeitete Lebensmittel – ich nenne sie eher Nahrungsmittel – sollten Sie meiden; sie sind eine Salzfalle. Ganz ohne Salz kann der Mensch zwar nicht überleben, aber wer zu viel Salz isst, lebt eben äußerst ungesund. Ihr Salzkonsum sollte niemals drei Gramm pro Tag übersteigen. Das ist ein halber Teelöffel. Aktuelle Studien weisen einen Zusammenhang zwischen erhöhter Salzzufuhr und Bluthochdruck nach. Das wiederum erhöht das Risiko für Herzkrankheiten und Schlaganfälle.

Natürlich soll Essen schmecken. Ein nur gesundes Essen, das nicht schmeckt, dient kaum der Gesundheit. Denn Freude und Wohlgefühl sind Teil der Gesundheit. Die richtige Würze für die jeweilige Speise herauszufinden, ist ein wichtiger Teil der Kochkunst. Mit Gefühl sowie einem feinen Geschmack- und Geruchssinn kann das Würzen zu einer Kunst werden, die Ihr Leben bereichert.

Sie möchten Ihren Salzkonsum reduzieren oder neuen Schwung in Ihr Essen bringen? Gern gebe ich Ihnen dazu ein paar Tipps. Statt nur zu salzen, können wir auf eine Vielzahl von anderen

Gewürzen und Lebensmitteln zurückgreifen. Zahlreiche Gewürzpflanzen haben sehr konzentrierte, starke ätherische Kräfte, viele sind zugleich als Heilmittel bekannt. Sie verbessern die Verdauung und erhöhen das allgemeine Wohlbefinden. Zitronen sind so eine ganz tolle Salzalternative. In meiner Küche gehören sie zu fast jedem Gericht. Zitronensaft ist mit wertvollem Vitamin C angereichert und gibt Speisen einen besonders frischen Geschmack. Früchte wie Zitrone, Limette, Orange und Grapefruit sind wichtig fürs Immunsystem und können eine sehr gute Alternative zu Salz sein. Eine weitere Möglichkeit, Zitronensaft einzusetzen, ist, ihn Marinade oder Dressing beizumischen. Ob einem Gericht wirklich noch Salz fehlt, finden Sie übrigens am besten heraus, indem Sie erst ganz am Schluss salzen, also erst nach anderen Kräutern und Gewürzen.

- Frische Kräuter sind eine wunderbare Alternative zu Salz. Sie bringen natürlichen Aromen und Frische in jedes Gericht und bieten gleichzeitig eine gesunde Möglichkeit, den Salzkonsum zu reduzieren. So kann man den natürlichen Geschmack der Zutaten hervorheben und die Mahlzeiten viel gesünder gestalten.
- Statt frischen können Sie auch tiefgekühlte Kräuter verwenden.
- Bis sich aus getrockneten Kräutern Aromen bilden, braucht es Zeit. Lassen Sie Ihre Speisen daher lange genug ziehen.
- Sie werden es vielleicht nicht glauben: Auch Essig verleiht Gerichten einen unvergesslichen Geschmack. Es macht die Suppen schmackhafter, Salate bekömmlicher und darf meiner Meinung nach in keinem Gemüseeintopf fehlen.
- Und natürlich kaltgepresste Öle: Sie sind mit ihrem starken Eigengeschmack ebenfalls ein guter Salzersatz.
- Knoblauch, Bärlauch, Zwiebeln, Dill und Petersilie haben einen intensiven Geschmack und peppen viele Speisen mit ihrer Würze auf. Sie sind wahrscheinlich die populärste Alternative zu Salz.
- Aromatischer Kümmel indes macht Gerichte bekömmlicher und regt die Verdauung an. Er passt sehr gut zu im Prinzip

jeder Salatvariante: Kartoffelsalat, Karottensalat und Blattsalat etwa. Toll schmeckt er ebenso zu Suppen und Eintöpfen.
- Tomatenmark gehört nicht nur in Nudelgerichte, es würzt auch Reis, Bulgur und Buchweizen. Wenig falsch machen können Sie darüber hinaus mit Paprikapulver, Kurkuma, Muskat, Chili, Lorbeerblättern, Gewürznelken, Majoran, Rosmarin und Oregano. Sie alle machen viele Gerichte zu einem wahren Fest.

Neben dem bloßen Würzen können Sie zudem schon mit der richtigen Zubereitungsmethode jede Menge Gutes für den Geschmack tun. Denn beim Kochen gehen nicht nur viele wertvolle Nährstoffe wie Vitamine und Mineralien verloren, sondern auch das Aroma. In Römertöpfen oder Dampfgarern bleibt der Eigengeschmack viel besser erhalten und starkes Salzen wird überflüssig.
Wenn Sie Ihre Salzeinnahme für eine gewisse Zeit durch Fasten und einfache Vollwertkost beschränken, wird sich ihr Körper schnell daran gewöhnen, weniger Salz zu bekommen, und zwar durch Reinigung und Sensibilisierung der Geschmacksknospen. Schließlich besagt eine alte Küchenweisheit: „Wer gut würzen kann, braucht kein Salz."
Und: Weniger Salz in der Ernährung bedeutet eine gesündere Darmflora.

„Ein Hauch von Salz verfeinert den Geschmack, doch wahre Würze liegt in der Vielfalt der Kräuter."

Zucker – die gefährlichste Droge

Geschäfte, Tankstellen und Kioske sind voller süchtig machender Genussmittel. Dieses Luxusproblem verdanken wir der Neuzeit beziehungsweise der modernen Nahrungsmittelindustrie. Zucker ist verlockend und allgegenwärtig, Zucker sorgt kurzfristig dafür, dass man sich emotional wohlfühlt. Doch Experten schlagen Alarm: Dauerkonsum macht uns krank und dick. Dass Zucker genauso süchtig machen kann wie Zigaretten, Alkohol und Drogen ist allgemein bekannt. Nicht selten konsumieren Menschen zuckerhaltige Nahrung jeden Tag. Sie belasten damit ihren gesamten Körper oft bis zum Exzess: Übergewicht, Diabetes Typ 2, Herz-Kreislauf-Erkrankungen aller Art, Depressionen, Müdigkeit und Schlafstörungen sind die Folge. Zu viel Zucker spielt womöglich sogar bei der Entstehung von Krebs eine Rolle.

Neben genetischen Faktoren hat der Lebensstil großen Einfluss auf die Lebensdauer. Wissenschaftler des Deutschen Krebsforschungszentrum (DKFZ) stellten fest: Menschen, die einen ungesunden Lebensstil führen und dadurch schlechte Blutwerte haben, leben statistisch gesehen deutlich kürzer.

Schon in den 1950-er Jahren beschäftigte sich der englische Physiologe und Ernährungswissenschaftler John Yudkin mit den Zusammenhängen zwischen Ernährung und Herzkrankheiten. In „Pur, weiß, tödlich“ schrieb er über die Gefahren von Zucker. Zur Vorbeugung der Koronaren Herzkrankheit erachtete er schon damals die Verbrauchssenkung isolierter Zucker als sehr wichtig. Zucker würde, konstatierte Yudkin, wenn er ein Zulassungsverfahren durchlaufen musste, gar nicht auf den Markt kommen. Die Zuckerindustrie war durch solche Erkenntnisse natürlich alarmiert und organisierte eine wissenschaftliche Gegenoffensive, die Yudkins Forschungsergebnisse verspottete. Die Zuckerindustrie schaffte es sogar, den Verdacht vom Zucker weg aufs Fett zu lenken, sodass uns jahrzehntelang das Märchen von der fettarmen Ernährung aufgetischt wurde. Erst vierzig Jahre, nachdem er seine Untersuchungen zu den Auswirkungen von Zucker zum ersten Mal vorgetragen hatte, wurden Yudkins Warnungen endlich gehört und sein Name rehabilitiert.

Dr. Robert Lustig ist Medizinprofessor an der University of California in San Francisco und Autor zahlreicher Publikationen, vor allem zu Fruktose und ihrem Zusammenhang mit dem Metabolischen Syndrom. Sein Vortrag „Sugar: The Bitter Truth" 2009 machte ihn weltweit bekannt. Er warnte, dass Fruktose – eine Form von Zucker, die in der modernen Ernährung allgegenwärtig ist – ein Gift sei. Den immensen Zuckerkonsum machte er nicht nur für Übergewicht und Diabetes, sondern noch für viele weitere Krankheiten verantwortlich.

Menschen sind ständig auf der Suche nach anderen Menschen, nach Sex, Sensationen, Erlebnissen unterschiedlichster Art und allerlei anderen Dingen. Jedes Mal, wenn sie ein Ziel erreicht haben, sehnen sie sich schon nach dem nächsten: Nach jeder Mahlzeit folgt bald wieder der Hunger, nach jedem Trinken der Durst.
Was suchen wir nun also in Wirklichkeit? In Wahrheit suchen wir in allem, was wir tun, die Liebe, die allumfassende Liebe, die uns nur Gott geben kann.

Zucker ist das Such(t)-Mittel der Welt schlechthin. Regierungen und Medien setzen sich gegen viele Süchte ein, doch die größte von allen, die Zuckersucht, wird mit allen Mittel gefördert. Statistisch gesehen verzehrt jeder von uns bewusst oder unbewusst 34 Kilogramm raffinierten, isolierten Haushaltszucker pro Jahr! Der Begriff „isolierter Zucker" bedeutet, dass Zucker als chemisch reine Substanz vorliegt, bei der aus dem natürlichen Produkt praktisch alle anderen Inhaltsstoffe entfernt worden sind. Durch mehrfache Raffination entstehen weiße Kristalle.
Zu den isolierten Zuckern gehören:

- weißer Zucker (= raffinierter Zucker, Weißzucker, Kristallzucker, Verbrauchszucker, Handelszucker, Haushaltszucker): Immer wieder kann man beruhigende Worte hören wie „Wir nehmen nur braunen Rohzucker." Der aber ist auch nicht viel besser als der weiße. Brauner Rohzucker ist nämlich leider ebenfalls ein isolierter Zucker. Ob ein isolierter Zucker weiß oder braun ist, hängt nicht von seiner Herkunft ab, sondern nur vom Grad der Verarbeitung. Der braune Zucker ist ein Zwischenprodukt bei der Herstellung von weißem Zucker. Er wird raffiniert und Rohzucker genannt, obwohl er mitnichten roh im Sinne von unerhitzt ist. Braunen Zucker zu bleichen, ist in Deutschland übrigens nicht mehr erlaubt;
- „milder Kinderjoghurt mit Traubenzucker": Das klingt zwar sehr schön. Doch leider gehört Traubenzucker ebenfalls zu den isolierten Zuckern und hat mit Trauben nichts zu tun. Traubenzucker ist weder gesünder noch ungesünder als normaler Haushaltszucker. Er wird durch Spaltung von stärkereichen Lebensmitteln wie Mais und Kartoffeln hergestellt, aber eben nicht aus Trauben;
- Fruchtzucker: Er ist nicht kalorienärmer oder gesünder als Haushaltszucker. In großen Mengen kann er die Leber schädigen und zu einer Fettleber führen. Fruchtzucker wird durch Spaltung von Rohrzucker oder aus dem Polysaccharid Inulin aus Topinambur, Zichorienwurzeln oder Dahlienknollen hergestellt, aber nicht aus Früchten;
- isolierter Milchzucker: Chemisch gesehen ist das die Laktose, gewonnen aus der Molke der Milch;
- die Zuckeralkohole Sorbit, Mannit, Xylit: Sie werden leider als „Zuckeraustauschstoffe für Diabetiker" bezeichnet. Der Nachteil von Zuckeralkoholen ist allerdings, dass sie das Verdauungssystem negativ beeinträchtigen können. Wer zu viel davon zu sich nimmt, kann Blähungen, Durchfall oder Übelkeit bekommen.

Zucker ist nur einer der vielen Teile einer Kohlenhydratstruktur – sei es ein Getreidekorn, eine Wurzel oder eine Frucht. Zucker als ein Teil eines Ganzen sollte nur in diesem natürlichen

Verband aller einzelnen Teile als Ganzes dem Körper zugeführt werden, so wie es die Natur vorgesehen hat. Die Pervertierung dieses urnatürlichen Hauptenergieerzeugungsprozesses kann einfach nicht auf Dauer ohne schwere Schäden für die Gesundheit praktiziert werden.

Zahlreiche Studien beweisen:

- Zu viel raffinierter Zucker verursacht chronischen Mineralstoffmangel.
- Übermäßiger Verzehr von Zucker vermehrt Entzündungen im Körper und schwächt unser Immunsystem. Das macht uns anfälliger für Krankheiten aller Art.
- Die Darmflora leidet. Und wenn sie nicht im Gleichgewicht ist, leidet zugleich die Psyche.
- Zucker verstärkt Depressionen, kann Angst und Phobien auslösen. Sogar Schizophrenie wird durch den Genuss von Zucker verstärkt.
- Zucker kann Bluthochdruck verursachen.
- Zucker züchtet Pilze im Darm.
- Zucker verursacht Bauchschmerzen, insbesondere bei Kindern.
- Isolierte Kost kann unter anderem die Entstehung von Kinderlähmung begünstigen.
- Aufgrund der unheilvollen Kombination von Zucker und Weißmehl haben wir ständig kränkelnde Kinder mit geschwächten Abwehrkräften, Bronchitis, Mandel- und Ohrenentzündungen, Hautausschlägen usw.
- Durch das Übermaß an zuckerhaltiger Nahrung nehmen wir viel zu viel Energie zu uns, die wir überhaupt nicht benötigen. Diese überschüssige Energie verwandelt der Körper sodann in Fett.

Da isolierter Zucker keine ernährungsphysiologischen Vorteile bringt, empfehlen Ernährungswissenschaftler dringend, damit hergestellte Produkte zu meiden; künstliche Süßstoffe werden überdies überhaupt nicht empfohlen. Die Lösung des Zuckerproblems liegt in der allmählichen Umgewöhnung des

Geschmacks. Nicht zuletzt müssen wir darüber nachdenken, was wir essen. Denn wer nichts weiß, muss letztlich alles essen. Mit gesunden Alternativen können wir das Verlangen nach Schokolade und Co. befriedigen:

- **Honig** ist ein durch Bienen veredeltes Lebendprodukt, ist reich an Enzymen, organischen Säuren, Aromastoffen, Pigmenten, Wachsen und Pollenkörnern. Er enthält relativ wenige Mineralstoffe und Vitamine. Tannen- und Fichtenhonig haben etwa die dreifache Mineralstoffmenge von Blütenhonig. Honig besteht zu 80 Prozent aus Zucker (vor allem Frucht- und Traubenzucker) und etwa 20 Prozent aus Wasser. Aufgrund des hohen Zuckergehaltes sollte er nur in Maßen genossen werden, am besten verdünnt, beispielsweise untergemischt im Morgenmüsli, in Joghurt oder Quarkspeisen, Tee oder Milch. Honig ist somit zwar ein besseres Süßungsmittel, aber eben immer noch ein Süßungsmittel.
- **Ahornsirup** ist für mich nach dem Honig das feinste Süßmittel. Bei dem „flüssigen Gold“ aus Kanada handelt es sich um eingedickten Saft vom Zuckerahorn. Im Gegensatz zu herkömmlichem Haushaltszucker bringt Ahornsirup einige wertvolle Inhaltsstoffe mit. Es gibt ihn in verschiedenen Varianten. Heller Sirup ist milder, dunkler würziger. Der helle gilt allerdings auch als gesünder, da er früher geerntet wird. Unerwünschte Inhaltsstoffe sind eher in dunklem Sirup enthalten.
- **Zuckerrübensirup** wird durch wiederholtes Einkochen der löslichen Stoffe der Zuckerrübe gewonnen und ist ebenfalls ein Naturprodukt. Im Vergleich zu weißem Haushaltszucker ist er richtiggehend gesund. Interessant ist, dass Zuckerrübensirup nicht unter die EU-Konfitürenverordnung, sondern unter das deutsche Lebensmittelrecht fällt und somit zu den Obsterzeugnissen gehört.
- **Melasse** ist für viele Menschen der heimliche Star unter den Zuckerersatzstoffen. Die genaue Anzahl der Inhaltsstoffe ist noch immer nicht erforscht, hoch ist sie allemal. Sie schmeckt leicht süßlich, vordringlich aber herb, und

erinnert ein wenig an Lakritz. Melasse gilt aufgrund ihrer relativ hohen Nährstoffdichte als gesündere Alternative zu Haushaltszucker. Sie eignet sich besonders gut zum Backen würziger Kuchen oder Kekse.

- **Agavendicksaft** ist reich an Fruktose (bis zu 90 %) und besitzt einen nicht so großen Anteil an Spurenelementen und Mineralstoffen. Dieses Süßmittel ist sehr bewusst zu genießen.
- **Stevia** (Honigblatt) hat eine ungefähr 40-mal stärkere Süßkraft als Zucker. Man kann die getrockneten Blätter auch direkt verwenden, etwa um Tee aufzugießen oder als grünes Pulver in Speisen und Getränke einzurühren. Der Süßstoff Stevia steht bei Diabetes-Patienten hoch im Kurs. Denn er enthält im Vergleich zu Zucker fast keine Kalorien und beeinflusst den Blutzuckerspiegel nur sehr gering. Seien Sie aber bitte dennoch vorsichtig bei der Dosierung, bei einer zu hohen Stevia-Dosis tritt ein unangenehm metallischer Beigeschmack auf.
- **Trockenfrüchte** eignen sich als gesunder, vollwertiger Zuckerersatz sehr gut zu Haferflocken am Morgen, im Smoothie, auf Früchtebrot oder als selbst gemachte Praline. Sie haben einen geringeren Wassergehalt als frische Früchte, dadurch erhöht sich die Konzentration der restlichen Inhaltsstoffe. Getrocknete Früchte enthalten große Mengen an Fruchtzucker, Ballaststoffen und Antioxidantien. Sie versorgen den Organismus mit Vitaminen, Mineralien und sekundären Pflanzenstoffen. Die Palette ist sehr groß: Aprikosen, Rosinen, Datteln, Feigen, Maulbeere usw.
- **Vollrohrzucker**, auch als Muscovado oder Mascobado bekannt, ist ein ziemlich dunkler Zucker mit einem hohen Melassegehalt und leicht malzigem Geschmack. Er ist nicht raffiniert.

Apfeldicksaft, Dattelsirup und Kokosblütenzucker gelten ebenfalls als gesündere Wahl im Vergleich zum Haushaltszucker.
Es besteht übrigens ein wesentlicher Unterschied zwischen isolierten Zuckern und Lebensmitteln mit natürlichem Zuckergehalt. Deshalb ist es keineswegs gleichgültig, ob Zucker dem Körper isoliert oder im natürlichen Verbund eines ganzen Le-

bensmittels zugeführt wird, obschon die zugeführte Energie in beiden Fällen gleich ist. Die isolierten Zucker bringen keine ernährungsphysiologischen Vorteile, sind dafür jedoch für eine Reihe von Schäden verantwortlich.
Ich möchte hier ausdrücklich betonen, dass bei der Empfehlung, isolierte Zucker zu meiden, Übertreibung, ja Fanatismus, nicht angebracht ist. Wenn Sie sich im Allgemeinen vollwertig ernähren und zivilisatorische Mangelkost meiden, schadet ab und zu ein Stückchen Kuchen oder Schokolade Ihrer Gesundheit nicht. Bei besonders empfindlichen oder schwerkranken Menschen kann das natürlich dennoch der Fall sein.

„Nur die Dosis macht das Gift."

Paracelsus, Arzt und Naturforscher

Kostbare Natur

Schwarzer Sesam

Sesam, öffne dich! Wer kennt sie nicht, die Zauberformel aus der Märchenwelt? Sie öffnet eine Berghöhle mit unermesslichen Schätzen – genauso wie Vitalstoffreichtum im Sesamsamen. Alte Dokumente aus dem Jahr 1150 vor Christus über Sesampflanzen belegen: Sesamkörner wurden schon damals vielseitig eingesetzt, um gesund, fit und schön zu bleiben. In der Traditionellen Chinesischen Medizin (TCM) gilt schwarzer Sesam bis heute als sehr wertvoll. Laut TCM hilft schwarzer Sesam, Nährstoffmangel zu beheben, der durch Alterung und Stress verursacht wird. Der kleine schwarze Samen hat in der TCM den Ruf eines ausgezeichneten Yin- und Blut-Tonikum. Ayurvedische Ärzte schrieben dem schwarzen Sesam Ursamen ebenfalls besondere Heil-, Schönheits- und Verjüngungskräfte zu. Heute ist dies sogar naturwissenschaftlich nachgewiesen. Schwarzer Sesam ist in Deutschland eher unbekannt, bei uns sind die weißen Sesamsamen sicher am bekanntesten. Schwarzer Sesam ist allerdings besonders. Er wird hauptsächlich im Himalaya geerntet, gilt als Urform des Sesams und verfügt über eine ganz besondere Nährstoffzusammensetzung.
Und bitte nicht mit Schwarzkümmel verwechseln! Denn die kleinen Körner sehen sich auf den ersten Blick zum Verwechseln ähnlich, aber geschmacklich unterscheiden sie sich sehr stark voneinander. Während schwarzer Sesam nussig schmeckt, ist Schwarzkümmel eher scharf und würzig.
Um von den wertvollen Körnchen zu profitieren, sollten Sie sie am besten roh essen. Schwarzer Sesam kann eine leckere Komponente in Smoothies, Müsli und Salaten sein oder, wenn Sie es mögen, einfach pur. Orientieren Sie sich dabei an ein bis zwei Teelöffeln pro Tag. Am besten wird der Sesam gemörsert, um die harte Schale aufzubrechen und die wertvollen Inhaltsstoffe leichter verwerten zu können. Um eine optimale Wirkung zu erzie-

len, ist Daueranwendung wichtig: nicht viel (1-2 Teelöffel), dafür aber regelmäßig. Schwarzer Sesam ist zwar nicht so günstig wie hellere Sorten, aber mit einer Packung kommt man lange aus. Besonders wertvoll ist der Sesam bei Problemen mit Osteoporose. 100 Gramm schwarzer Sesam enthält 800 Milligramm Kalzium. Er gehört zu den kalziumreichsten Lebensmitteln der Erde. Schwarzer Sesam enthält 65 Prozent mehr Kalzium als weißes Korn. Ablagerungen in den Arterien gelten als wichtige Ursache für lebensbedrohliche Herz-Kreislauf-Erkrankungen. Sesam ist ein Lebensmittel, das das Gefäßsystem reinigen und stärken kann. Schwarzer Sesam enthält alle essenziellen Aminosäuren, die lebensnotwendig sind, die der Mensch aber nicht selbst bilden kann. Er fördert nachweislich die Konzentration, weil er laut neuesten Forschungen die Sauerstoffversorgung im Gehirn ankurbelt. Bei regelmäßigem Verzehr soll er sogar Alzheimer vorbeugen. Das Lecithin im schwarzen Sesam fördert die Fließfertigkeit des Blutes und stärkt die Nerven. Ein weiteres Plus ist sein hoher Eisengehalt. Eisen ist wichtig für den Sauerstofftransport in unserem Körper. Sesam ist zudem eines jener Nahrungsmittel, die sehr gut bei Schwäche und depressiver Verstimmung zum Einsatz kommen können. Zudem stecken in dem kleinen Korn Kalium, Magnesium, Selen, Zink, Kupfer, Phosphor und Mangan. Schwarzer Sesam hat einen hohen Gehalt an Vitamin A, B1, B2 und B3: Dieser Vitaminkomplex stärkt die Abwehrkräfte. Vitamin A sorgt für gesunde Haut und Schleimhaut. Wertvolle Pflanzenfasern reinigen den Darm und normalisieren die Verdauung.
Ich will damit nicht sagen, dass hellere Sesamsorten nicht gesund sind – sie gehören absolut zu den Superfoods –, aber die schwarze Schale verfügt über wesentlich mehr Inhaltsstoffe.

Heilerde – Alleskönner aus der Natur

Heilerde gehört zu den ältesten Naturheilmitteln und wird seit Jahrhunderten für ihre besondere Wirkung geschätzt. Sie ist eine wahre Wunderwaffe gegen verschiedenste körperli-

che Beschwerden. Ein altes Sprichwort besagt: „Dreck reinigt den Magen." Schon Hildegard von Bingen vertraute darauf. In ihren Büchern beschrieb die Gelehrte aus dem Mittelalter die heilende Wirkung verschiedener Bodenarten. Heilerde ist ein natürliches mineralisches Pulver aus Lehm, Ton oder Löss. Ob innerlich oder äußerlich angewendet – Heilerde hat den Ruf, ein starkes natürliches Heilmittel zu sein. Sie ist reich an wertvollen Mineralien und Spurenelementen wie Kieselsäure, Eisen, Kalium, Kalzium, Magnesium, Selen, Zink und Kupfer. Das Besondere an Heilerde ist ihre Beschaffenheit. Ein einzelnes Korn ist nur ein Tausendstel Millimeter groß. In ihrer Gesamtheit ergeben sie jedoch eine riesige Oberfläche. Dadurch wirkt Heilerde wie ein Schwamm, der Giftstoffe aufsaugen kann. Je feiner die Erde gemahlen ist, desto größer wird ihre Oberfläche und desto höher ist ihr Bindungsvermögen.
Heilerde ist ein geschützter Begriff. Es gibt einige Produkte aus Heilerde mit Zulassung als Arzneimittel. Sie darf nicht nur äußerlich, sondern auch innerlich angewendet werden. Ein riesiger Vorteil der Heilerde ist, dass bislang keine Nebenwirkungen bekannt sind. Ich gehöre zu den begeisterten Fans der Heilerde und bevorzuge grüne Heilerde aus Frankreich.

Es gibt viele gute Grunde, Heilerde täglich einzunehmen:

- Die fein gemahlene Heilerde bringt Magen und Darm auf Trab. Nach der Einnahme wird überschüssige Magen- und Gallensäure gebunden und ausgeschieden. Heilerde sorgt für den Ausgleich des Säure-Basen-Verhältnisses. Insbesondere Menschen mit Reizdarm profitieren von ihren besonderen Fähigkeiten. Bei Sodbrennen und Entzündungen der Schleimhaut müssen Sie nicht gleich auf chemische Wirkstoffe zurückgreifen. Denn oft kann Heilerde die Bildung der Magensäure auf schonende Weise verhindern. In vielen Fällen stellt sich schnell eine Besserung ein. Beschwerden wie Durchfall und Blähungen können mit Heilerde sehr gut gelindert werden. Mit ihren lebensnotwendigen Mineralien

und Spurenelementen bringt sie den Elektrolythaushalt des Körpers wieder ins Gleichgewicht.
- Die Blutfettwerte zu normalisieren, gelingt bekanntlich mit einer ausgewogenen Ernährung und der richtigen Wahl der Fette. Die besondere Bindungsfähigkeit der Heilerde kann Cholesterin und Fette binden und ausscheiden. Das gebundene Cholesterin kann dann nicht mehr in die Blutbahn gelangen und sich an den Gefäßwänden ablagern.
- Heilerde reinigt nicht nur das Verdauungssystem, sondern entgiftet den gesamten Organismus.
- Heilerde kann Hilfe leisten bei Histaminintoleranz. Hierbei ist es wichtig, die Heilerde vorbeugend einzunehmen; sie eignet sich zur täglichen Einnahme ohne Gewöhnungseffekt.
- Heilerde eignet sich ideal als Nahrungsergänzung für Haut, Nägel und Haare.
- Auf Sonnenbrände oder Verletzungen aufgetragen, besitzt Heilerde kühlende und regenerierende Kräfte. Bei Schuppenflechte oder Akne bindet die Erde Bakterien und Entzündungserreger.

Heilerde steht wie gesagt im Ruf, ein starkes natürliches Heilmittel zu sein. Denn es ist das Element der Erde mit all seinen heilenden, lebensspendenden Kräften.

Die Königin aller Kräuter: Petersilie

Petersilie ist viel mehr als ein beliebtes Küchenkraut. Sie ist gleichzeitig ein Vitalstoffwunder mit außergewöhnlichen Heilkräften, die jedem Nahrungsergänzungspräparat wahrhafte Konkurrenz machen kann. Schon die alten Griechen und Römer sahen die Pflanze weniger als Gewürz an, sondern mehr als wirksame Medizin gegen zahlreiche Beschwerden. Im antiken Griechenland galt die Petersilie als Symbol der Freude und Festlichkeit, wurde sogar als heilig angesehen. Die Menschen flochten sich zu wichtigen Festen Kränze daraus und trugen sie auf dem Kopf. Hildegard von Bingen liebte Wein aus Petersilie. Karl der Große war ein großer Fan von Petersilie. Er befahl im Jahr 812 neben 72 anderen Nutzpflanzen auch den Anbau von Petersilie in allen kaiserlichen Gütern und Gemüsegärten.

Die Petersilie enthält fast die ganze Bandbreite an Vitaminen und ist eine fantastische Quelle für Mineralstoffe und Spurenelemente.

- Der Vitamin-A-Gehalt liegt bei 900 Milligramm pro 100 Gramm. Schon fünf Gramm fein gehackte Petersilie, also zweieinhalb Esslöffel, decken den Tagesbedarf. Davon profitieren Sehkraft und Haut.
- Frische Petersilienblätter sind mit 160 Milligramm pro 100 Gramm reich an Vitamin C (Tagesbedarf: 110 mg). Beachten Sie dabei, dass Vitamin C nur in rohem Zustand seine volle Wirkung entfalten kann und durch Erhitzen nach und nach abgebaut wird.
- Der Anteil von Vitamin E in Petersilie (4 mg pro 100 g) trägt zum Schutz der Körperzellen vor schädlichen freien Radikalen bei.
- Erwähnenswert ist die relativ große Menge von 6,2 Milligramm Eisen pro 100 Gramm, im getrockneten Zustand sind es noch viel mehr.
- Mit zehn bis 20 Gramm Petersilie decken Sie Ihren Tagesbedarf an Vitamin K.
- Enthalten sind die Vitamine B1 bis B6, Beta-Carotin, Folsäure und sogar Vitamin B12.

Zahlreiche Studien haben sich mit den heilsamen Wirkungen der Petersilie befasst. Die daraus entstandene Liste mit positiven Wirkungen ist lang:

- Petersilienblätter sind längst bekannt als ein ausgesprochen wirksames Diuretikum, wirken also entwässernd, was bei hohem Blutdruck helfen kann. Gleichzeitig fördert Petersilie die Blutbildung, stärkt das Herz, hilft, Cholesterin aus den Gefäßen zu lösen und Nährstoffe besser aufzunehmen.

Aufgrund ihres sehr hohen Kalium- und Carotinoidgehalts kann Petersilie dazu beitragen, die Herzgesundheit zu verbessern.

- Petersilie reinigt das Blut und lässt Mundgeruch verschwinden. Die Kombination aus dem enthaltenen Chlorophyll und dem wesentlichen Bestandteil der ätherischen Öle Apiol verleiht der Petersilie geruchsbindende Eigenschaften. Wer regelmäßig Petersilie kaut, erfreut seine Mitmenschen mit frischem Atem. Kauen Sie Petersilie genüsslich statt zum Beispiel eines Kaugummis.
- In der Pflanzenheilkunde wird Petersilie traditionell zur allgemeinen Aktivierung der Niere, Blase und Harnwege eingesetzt. Petersilie wirkt harntreibend und entgiftend. Das beugt Nieren- und Blasensteinen vor, aus ordentlich durchgespülten Harnwegen schwimmen Giftstoffe und Bakterien heraus. Petersilienextrakt kann sogar das Wachstum von bereits entstehenden Steinen hemmen.
- Petersilie hat eine antibakterielle, entzündungshemmende Wirkung.
- Gelangen krebserregende Stoffe über die Lunge in unseren Körper (Zigarettenqualm, Rauch von Holzkohle usw.), können die ätherischen Öle in der Petersilie diese neutralisieren. Den höchsten Gehalt an ätherischen Ölen enthält die glatte Petersilie, die bekanntere krause Petersilienart entstand einst durch Züchtung.
- Die gesundheitliche Beurteilung von Petersilie wird zudem durch die sekundären Pflanzenstoffe, ätherische Öle und Polyphenole geprägt. Diese Stoffe zeigen positive Auswirkungen auf den Leberstoffwechsel, Diabeteserkrankungen und Krebs.
- Schon im antiken Griechenland war bekannt, dass Petersilie eine anregende Wirkung auf die Geschlechtsorgane hat. Im Volksmund ist Petersilie deswegen unter dem Namen „Geilwurz“ bekannt. Petersilie macht müde Männer munter. Das Kauen beziehungsweise Einnehmen frischer Petersilie galt um die Jahrhundertwende als wirkungsvolles natürliches Potenzmittel.

- Petersilientee soll auch die Stimmbänder stärken.
- Der regelmäßige Verzehr von Petersilie kann Krämpfe auslösen.

Integrieren Sie Petersilie in Ihren Alltag! Es gibt kaum ein Gericht, zu dem Petersilie nicht passt. Auf diese Weise können Sie eine große Portion wichtiger Nährstoffe ins Essen bringen. Mit frischer Petersilie, genauso wie mit getrockneter, können Sie sogar Smoothies beliebig verfeinern.

Sie können problemlos getrocknete Petersilienblätter mit einer Kaffee- oder Gewürzmühle mahlen: Petersilienblätter rein, auf den Knopf drücken, fertig! Bewahren Sie Petersilienextrakt in einem dunklen Glas auf, trocken und vor Licht geschützt gelagert. Produzieren Sie allerdings nicht zu große Mengen auf einmal (als Pulver ist die Petersilie nicht lange haltbar). Nehmen Sie ein- bis zweimal am Tag einen Teelöffel Petersilienextrakt mit einem Gläschen warmem Wasser vor dem Essen ein, aber nicht vor dem Schlafengehen, da es zu Harndrang führt.

Petersilientee

1 Teelöffel getrocknete Petersilienblätter (2 g) mit kochendem Wasser übergießen, 15 Minuten ziehen lassen. 2-3 Tassen über den Tag verteilt trinken.

Es gibt jedoch einen Zeitpunkt, an dem Petersilie lieber nicht verwenden. Sobald Petersilie zu blühen beginnt (zweiten Jahr nach der Aussaat), sollten Sie sie nicht mehr essen, dann reichert sich besonders viel Apiol an.

Es kann ziemlich originell sein, ein Bündel Petersilie, mit einer roten Schleife zusammengebunden, zu verschenken. Denn Petersilie gilt als Zeichen der Zuneigung nach dem Motto: Ich möchte dir etwas Liebes tun.

Sanddorn: Wunder aus dem Norden

Endlich mal ein heimisches Superfood, das nicht um die halbe Welt transportiert werden muss! Als kleines Kind habe ich oft meiner lieben Oma geholfen, die wilden Sanddornbeeren zu pflücken. Weil sie nur in mühsamer Handarbeit gewonnen werden können, braucht es dazu Geduld und Feingefühl. Sanddorn ist Wildobst, das europaweit auf sandigen Böden, am besten im vollen Sonnenlicht wächst. Medizinisch verwendet werden die reifen gelb-roten Beeren. Das fette Öl gewinnt man aus Samen und Fruchtfleisch. Sanddorn ist ein Multitalent. Es wirkt immunregulierend, entzündungshemmend, abwehrstärkend, antioxidativ, cholesterinsenkend, krebsvorbeugend und leistungsstärkend. Die sattorangen Früchte des Sanddorns sind eine wertvolle Quelle von Vitaminen, Flavonoiden, Mineralien, Carotin und vielen ungesättigten Fettsäuren. Die traditionelle Medizin empfiehlt sie schon seit mehr als 2500 Jahren. Schon Dschingis Khan schätzte die heilenden Kräfte der kleinen Beere. Die Anthroposophie erachtet Sanddorn als Universalarznei und schreibt ihm besondere vitalisierende Heilkräfte zu. Im Ayurveda, in der tibetischen Medizin und im TCM wird die Sanddornpflanze ebenfalls aufs Höchste geschätzt und gegen zahlreiche Krankheiten eingesetzt.

1941 entdeckte Bernhard Hörmann den beachtlichen Vitamin-C-Gehalt in Sanddornbeeren: 900 Milligramm in 100 Gramm. Das ist zehnmal so viel wie in Zitronen. Dies fördert die Aufnahme des Vitamin-B12-Partners und Eisen aus dem Dünndarm ins Blut. Sie ist eine der wenigen Obstsorten, die als natürlicher B12-Lieferant gilt, das sie aufgrund ihrer Symbiose mit dem Mikroorganismus Actinomyces in seinen Samenschalen bildet. Außerdem liefert sie Eisen, Zink, Magnesium, Mangan, Kalium und Kalzium. Sanddornbeeren sind also eine wahre Vitaminbombe und voller Mineralstoffe. Wer unter Vitaminmangel leidet, ist mit Sanddorn gut beraten. Durch die zahlreichen hochwertigen Inhaltsstoffe hat der Verzehr viele positive Effekte auf den Körper. Die Heilpflanze gilt als natürliches Mittel, um das Immunsystem zu stärken, Hautkrankheiten zu behandeln und Schleimhäute zu pflegen. Außerdem stärkt die Heilpflanze den Herzmuskel und hält die Gefäße elastisch. Sie ist reich an Cholin, das gegen Fettablagerungen hilft. Auch bei Frühjahrsmüdigkeit und Kreislaufproblemen kann Sanddorn gut helfen. Er vitalisiert Körper und Seele und verbessert Ihr Wohlbefinden. Zudem gilt er als natürliches Hausmittel gegen Erkältung und Fieber. Mit seinen wertvollen Mineralien, Spurenelementen und Vitaminen kann er zur natürlichen Bekämpfung zahlreicher Infekte eingesetzt werden oder zur Erholung nach einer Erkrankung. Sanddorn hat ferner eine äußerst förderliche Wirkung auf die Augengesundheit und ist ein wahres Wundermittel für die Haut. Die Kosmetikbranche ist bereits auf ihn aufmerksam geworden. Cremes und Lotionen werden häufig mit Sanddornsaft oder -öl versetzt.

Am besten konsumiert wird das Wildobst in Form von Sanddornsaft (Sanddornmuttersaft), als Sanddornöl oder in Form meiner Lieblingsvariante Sanddornbeerenextrakt. Sanddornmarmelade, -gelee, -sirup und -mus verlieren leider bei der Verarbeitung einen Großteil der wertvollen Inhaltsstoffe.

Ein bis vier Esslöffel Sanddornsaft über den Tag verteilt können schon ausreichen, um gesund zu bleiben oder wieder fit zu werden. Besonders wertvoll ist Sanddornbeerenpulver aus getrockneten Sanddornbeeren. Ein bis zwei Teelöffel am Tag sind schon genug. Geben Sie dazu einfach getrocknete Sanddornbeeren in eine Kaffeemühle, mahlen Sie sie fein und geben Sie sie in einen verschlossenen Behälter. Stellen Sie nur kleine Portionen, je nach Bedarf, her.

Einige Bioläden und russische Lebensmittelgeschäfte verkaufen Sanddornbeere tiefgekühlt. Damit können Sie köstlichen Tee zubereiten.

Rezept

Auf einen Liter kochendes Wasser schälen Sie ein bis zwei Zentimeter Ingwer und schneiden ihn in feine Scheiben. Mit acht bis zehn getrockneten ungeschwefelten Apfelringen und drei Esslöffeln Sanddornbeere, am besten zerquetscht, geben Sie alles in eine Thermoskanne und lassen es drei Stunden ziehen – je länger, desto intensiver wird der Geschmack. Sobald es etwas abgekühlt ist, süßen Sie es mit Honig oder Vollrohrzucker oder schmecken es mit etwas Apfeldicksaft ab.
Sanddorntee ist nicht nur in der kalten Jahreszeit ein wohltuendes Getränk. Im Sommer kann man ihn gekühlt genießen. Achten Sie auf Bioqualität, damit Sie keinen mit Pestiziden verunreinigten Sanddorn erhalten.

Die kostbare Natur schenkt uns Lebensmittel, die nicht nur unseren Körper ernähren, sondern auch unsere Sinne verzaubern. Jedes Blatt, Jede Frucht und jedes Korn erzählt die Geschichte von Wachstum, Vielfalt und Wunder des Lebens.

Apfelessig – ein uraltes Hausmittel

Hausfrauen wissen um die schlackenlösende Wirkung von Essig. Essig gilt als Alleskönner im Haushalt. In kürzester Zeit werden damit Kalkflecken an Armaturen aufgelöst. Im menschlichen Organismus funktioniert dies gleichermaßen. Kaum ein anderes Hausmittel hat ein so breites Wirkspektrum wie Apfelessig. Die positiven Wirkmechanismen beruhen auf jahrhundertelanger Erfahrung. Der Naturheilkunde zufolge kann unser Organismus in vielen Bereichen von der heilenden Kraft des Apfelessigs profitieren.

Apfelessig besteht aus Wasser, Mineralstoffen, zahlreichen wertvollen Vitaminen, Spurenelementen, Essigsäure und Enzymen. Durch den Gärungsprozess entstehen weitere gesunde Stoffe wie Bioflavonoide, Tannin, Fermente und organische Säure. Das Zusammenwirken der lebendigen Mikroorganismen macht probiotischen Apfelessig zu einem verdauungsfördernden, nährstoffreichen, gesunden Lebensmittel mit vielseitigen Anwendungsmöglichkeiten.

Beim Kauf von Apfelessig sollten Sie unbedingt auf Qualität achten. Kaufen Sie nur Bio-Apfelessig, der naturtrüb und nicht raffiniert ist. Trinken sollten Sie Apfelessig immer mit Wasser verdünnt. Mischen Sie 300 Milliliter warmes Wasser mit ein bis zwei Teelöffeln Apfelessig. Wenn Sie einen empfindlichen Magen haben, genügt ein Teelöffel vollkommen. Dazu können Sie etwas Honig geben, was aus meiner Sicht für den gesünderen Effekt allerdings nicht empfehlenswert ist. In der Regel trinkt man verdünnten Apfelessig morgens vor dem Frühstück, natürlich können Sie Apfelessig auch abends trinken.

Je nach gewünschter Wirkung kann Apfelessig aufgrund seiner zahlreichen Inhaltsstoffe äußerlich und innerlich erfolgen:

- Essig hat schon seit vielen Tausend Jahren einen festen Platz in der Kochkultur, um Speisen schmackhaft und länger haltbar zu machen. Als Salzersatz ist Essig in vielen Rezepten eine wichtige Zutat.

- Naturtrüber Apfelessig verbessert die Insulinempfindlichkeit der Zellen. Zahlreiche Studien bestätigen die positiven Effekte von Essig auf den Blutzuckerspiegel. Zwei bis vier Teelöffel pro Tag sind ausreichend. Natürlich spielt die Ernährung eine zentrale Rolle bei der Entstehung von Diabetes. Durch eine lange Überbelastung mit Massen an Kalorien, Fett, Zucker und Alkohol verliert der Körper die Fähigkeit, den Blutzuckerspiegel richtig zu regulieren. Essig sollte nicht als Ersatz, sondern als Ergänzung einer gesunden Ernährung dienen.
- Den größten gesundheitlichen Nutzen haben die Essigsäurebakterien. Wegen ihnen zählt naturtrüber Apfelessig zu den probiotischen Lebensmitteln mit positiven Effekten auf die Verdauung und deswegen aufs Immunsystem. Regelmäßig getrunken, verhindert naturtrüber Apfelessig die Ausbreitung von Fäulnisbakterien im Darm. Beschwerden wie Blähungen und Verstopfungen werden auf natürliche Weise gelindert.
- Apfelessig ist in der Lage, das schädliche LDL-Cholesterin zu senken.
- Obwohl Apfelessig sauer schmeckt, handelt es sich um ein basisch wirkendes Lebensmittel. Daher gilt Apfelessig als Mittel, das den Säure-Basen-Haushalt normalisiert und einer Übersäuerung entgegenwirkt.
- Das tägliche Trinken von Apfelessig hilft gegen Kopfschmerzen.
- Apfelessig stoppt die Vermehrung von Bakterien. Deswegen kann es den Körper bei einer Blasenentzündung unterstützen.
- Bei regelmäßigem Verzehr dämpft Apfelessig Heißhungerattacken und aktiviert den Stoffwechsel. Seine anregende Wirkung wirkt sich positiv auf den Fettabbau aus.
- Bei Fieber müssen Sie nicht gleich zu starken Medikamenten greifen. Probieren Sie es besser mal mit einem effektiven, altbekannten Hausmittel wie Apfelessig. Wenn das Fieber über 39 Grad steigt, sollten Sie Wadenwickel machen. Mi-

schen Sie dazu drei Esslöffel Essig mit einem Liter kaltem Wasser. Tränken Sie zwei kleine Tücher darin, wringen Sie sie aus und legen die feuchten Tücher um die Waden. Ruhen Sie nun zugedeckt 15 bis 30 Minuten lang im Bett. Nach Bedarf können Sie das Prozedere wiederholen. Die Säure leitet die Hitzeabgabe über die Haut ab. Noch dazu enthält naturtrüber Apfelessig wichtige Nährstoffe, die Ihr geschwächter Körper dringend braucht. Andere Variante: Befeuchten Sie Umschläge mit Wasser und Essig im Verhältnis zwei zu eins. Legen Sie sie auf die Stirn (nicht auf die Augen!) und den Bauch. Ruhen Sie nun zugedeckt im Bett. Bei Fieber ist es zudem wichtig, viel zu trinken. Eine frische Zitronen-Wasser-Mischung ist dabei sinnvoll.

- Apfelessig ist ein echter Beauty-Booster bei vielen Hautproblemen. Aufgrund seiner vielseitigen Wirkung eignet sich naturtrüber Apfelessig zur Reinigung und Pflege von Haut und Haar hervorragend. Vergessen Sie teure, meist wirkungslose, oft schädliche chemische Beauty-Produkte! Apfelessig reguliert auf natürliche Weise den Säureschutzmantel der Haut und sorgt für einen reinen Teint. Getrunken reguliert der naturtrübe Apfelessig den Säure-Basen-Haushalt des Organismus und schafft damit die Grundlage für ein gesundes Hautbild. Apfelessig ist gleichsam ein hervorragendes Mittel gegen Akne: Mischen Sie Mineralwasser und naturtrüben Apfelessig eins zu eins. Geben Sie dazu beide Zutaten in eine Glasflasche und schütteln sie. Träufeln Sie das selbst gemachte Gesichtswasser auf ein Wattepad und bestreichen oder betupfen morgen und abends die Pickel. Nicht abwaschen, sondern an der Luft trocknen lassen!

Eiswürfel gegen Pickel sind ebenfalls eine alte, bewährte Methode. So funktioniert der geniale Beauty-Trick: Für den frostigen Schönmacher benötigen Sie 500 Milliliter Wasser, zwei gehäufte Esslöffel Lavendelblüten oder Thymian und 40 Milliliter naturtrüben Apfelessig. Übergießen Sie die Lavendelblüten oder den Thymian mit etwa 80 Grad, also nicht mehr kochendem Wasser, lassen Sie es sechs bis acht Stunden oder

über Nacht ziehen. Ziehen Sie den Aufguss durch ein Sieb ab und mischen alles mit dem Apfelessig. Befüllen Sie nun Eiswürfelbeutel damit und legen sie flach ins Gefrierfach. Behandeln Sie Ihre Aknepickel mit einem Eiswürfel zwei- bis dreimal am Tag. Entzündung und Schmerzen gehen nach und nach weg. Der Effekt dieses Kälteschocks regt die Durchblutung an und setzt Stoffwechselprozesse in Gang. Kälte auf der Haut hilft ebenso, Schwellungen zu lindern und die Haut zu straffen, was zu einem frischen, jungen Hautbild führt.
Zucker und tierische Fett fördern Akne! Zu viel Zucker führt zu einer erhöhten Talgbildung in der Haut und bildet damit den perfekten Nährboden für unreine Haut und Akne. Doch auch zu viele Milchprodukte wirken negativ auf den Hautstoffwechsel. Studien in Amerika und Frankreich belegen, wie sehr sich die Ernährung aufs Hautbild auswirken kann, und zwar nicht nur in der Pubertät, sondern auch im Erwachsenenalter.

Eine Apfelessigspülung ist ein richtiges Wundermittel für schöne Haare. Sie benötigen dazu einen gehäuften Esslöffel getrocknete Brennnessel oder Rosmarin, 250 Milliliter 80 Grad heißes Wasser und 50 Milliliter naturtrüben Bio-Apfelessig. Übergießen sie Brennnessel oder Rosmarin mit dem Wasser und lassen es sechs bis acht Stunden oder über Nacht stehen. Seihen Sie den Aufguss durch ein Sieb ab und mischen alles im Verhältnis fünf zu eins mit Apfelessig. Befüllen Sie eine Sprühflasche damit. Kühl und dunkel gelagert, hält sich die Spülung sehr lang. Nach jedem Haarewaschen sprühen Sie die Haare ein. Nicht ausspülen und am besten an der Luft trocknen lassen! Auf Dauer macht das die Haare leichter kämmbar, glänzend und geschmeidig, drosselt die Talgproduktion und lindert den Juckreiz.
Warzen lassen sich gut behandeln, indem man abwechselnd naturtrüben Apfelessig und 5- bis 11 prozentiges Wasserstoffperoxid verwendet. Betupfen Sie zwei- bis dreimal täglich die betroffene Hautstelle damit. Wiederholen Sie die Behandlung mehrere Tage lang. Die Warzen werden schrumpfen und mit der Zeit abfallen. Vorsicht: Nicht in die Augen kommen lassen!

Die Füße sind die Körperteile, die am meisten belastet werden. Im wahrsten Sinn des Wortes haben sie eine tragende Rolle in unserem Leben. Grund genug, den Füßen die entsprechende Beachtung zu schenken! Ein Fußbad mit Apfelessig und Salz hat viele positive heilende Auswirkungen, und zwar nicht nur auf Ihre Füße, sondern den gesamten Organismus. Auf fünf Liter Wasser brauchen Sie 150 Milliliter naturtrüben Apfelessig, 50 bis 70 Gramm Salz und natürlich ein Gefäß. Das Wasser sollte angenehm warm sein. Lasen Sie ihre Füße 20 Minuten lang im Fußbad. Vorsichtiges Schrubben hilft, tote Hautzellen auf den Füßen zu beseitigen, und beschleunigt den Heilungsprozess. Tragen Sie danach Kokosöl auf und ziehen Sie Baumwollsocken darüber. Der geschmeidig weiche Effekt wird Sie überraschen! Denn ein warmes Fußbad senkt den Blutdruck, wirkt beruhigend, entspannt und fördert die Durchblutung. Richtig angewendet, helfen Fußbäder bei vielen Gesundheitsproblemen, etwa Menstruationsbeschwerden, Nervosität, Schlafstörungen, kalten Füßen, Schweißfüßen und Fußpilz. Sie sind zudem eine gute Möglichkeit, den Körper beim Entgiften zu unterstützen, und eine hilfreiche Maßnahme nach übermäßigem Feiern. Kurz: Fußbäder wirken wohltuend auf Körper und Geist.

Kaffeekohle

Kaffeekohle gehört zu den hervorragendsten Heilmitteln. Ihr Wirkungsspektrum ist sehr breit. Medizinisch verwendete Kaffeekohle wird aus stark gerösteten und anschließend gemahlenen grünen getrockneten Früchten der Kaffeebohnen hergestellt. Auf diese Weise entsteht ein Pulver mit stark vergrößerter Oberfläche. Dadurch ergibt sich der aufsaugende Effekt der Kaffeekohle. So können überschüssige Flüssigkeit, schädliche Stoffe, Toxine, krankmachende Bakterien, Viren und Gärprodukte des Darmes an die Kohle gebunden und ausgeschieden werden. Auch entzündungshemmende Eigenschaften werden der Kaffeekohle nachgesagt. All diese Wirkungen gelten dabei nicht nur für die Darmflora, sondern für sämtliche Körperbereiche, in denen eine Belastung oder eine Entzündung durch Toxine im Vordergrund steht.

Hierzu möchte ich Dr. August Heisler (1881-1953) erwähnen. Im Jahre 1952 verlieh ihm das Präsidium des Deutschen Ärztetages die Paracelsus-Medaille als allerhöchste Auszeichnung für seine Verdienste am Patienten. Bei seiner Wahl der Heilmittel spielte Kaffeekohle eine zunehmend wichtige Rolle, nachdem Heisler im Rahmen seiner Praxistätigkeit festgestellt hatte, dass sie nicht nur bei akutem Durchfall, sondern auch bei vielen anderen Erkrankungen hervorragend half. So wurde in Deutschland schließlich ein neues Kapitel in der Geschichte der Kaffeekohle geschrieben. Aus medizinischen Kreisen verlautete damals: „Die Kaffeekohle bewirkt bei Erkrankungen der Schleimhäute, des Verdauungskanals, ganz besonders bei Divertikeln, chronischer Ruhr, Enteritis, bei ungebührlich gesteigerter Gasbildung, da kann sie bedingungslos empfohlen werden, auch zur Bekämpfung des Meteorismus nach Bauchoperationen kommt sie sicher in Betracht. Bei Gasbildung des Magens hat sie sehr befriedigt. Bei Erkrankungen der Gallenwege, welche ohne Operation behandelt werden können, ist sie eines Versuches wert.“

Kaffeekohle zeigt sich als besonders effektiv bei:

- **Magen-Darm-Grippe:** zweimal täglich einen Teelöffel Kaffeekohlepulver mit lauwarmem Wasser einnehmen. Es ist wichtig, über den Tag viel zu trinken, zum Beispiel Kamillentee, Apfelessigwasser (250 ml lauwarmes Wasser mit einem Teelöffel Apfelessig naturtrüb), Zitronenwasser (300 ml lauwarmes Wasser mit einem Esslöffel frisch gepresstem Zitronensaft) und am besten zu fasten. Wenn Sie doch Hunger bekommen, dann essen Sie etwas geriebenen Apfel oder Karotten. Haben Sie öfter dieses Problem, sollten Sie Ihre Ernährung überdenken. Vermutlich haben Sie eine gestörte Darmflora. „Die Mikrobe ist nichts, das Milieu ist alles." – Prof. Dr. Antoine Bechamp französischer Chemiker, Mediziner und Pharmazeut.
- **mysteriösen Darmerkrankungen** mit Eiterbildung: Stellen Sie um auf basenbildende Kost und nehmen Sie zwei bis dreimal täglich einen Teelöffel Kaffeekohlepulver. Wichtig ist einfache Ernährung, sogenannte Schonkost.
- **Blut oder Schleim im Stuhl:** Nehmen Sie drei bis vier Teelöffel Kaffeekohlepulver und ernähren Sie sich vegan.
- **Zahnfleischblutungen und Parodontose:** Sie bessern sich deutlich nach Einreibungen oder Massieren des Zahnfleisches mit Kaffeekohlepulver. Zahnschmerzen durch Karies lassen in kürzester Zeit nach, nachdem das Loch mit Kaffeekohle ausgefüllt worden ist.
- **Erkrankungen der Leber und Gallenwege**: Heisler erzielte auch in Fällen jahrelanger Gallenbeschwerden beachtliche Erfolge. Er nennt als Dosis zweimal täglich einen Teelöffel Kaffeekohlepulver. Später ging der Arzt dazu über, zusätzlich zur oralen Verabreichung Darmeinläufe mit Kaffeekohle zu verordnen, um damit die Leber- und Darmentgiftung sowie den Aufbau einer gesunden Darmflora zu gewährleisten.

Wir alle wissen: Essen kann so gut schmecken, dass man einfach nicht aufhören kann, obwohl man schon lange satt ist. Das Ergebnis ist ein **Völle**- und/oder **Übelkeitsgefühl** (sog.

verdorbener Magen), was ziemlich unangenehm ist. Magenüberladungen sind schädlich. Man sollte seinen Körper nicht ständig mit mehr Schlemmerei belasten, als er vertragen kann. Wenn es aber doch so weit ist, nehmen Sie zwei Teelöffel Kaffeekohlepulver mit lauwarmem Wasser und machen eine Bauchmassage. Das hilft!
Und allgemein bei Durchfall: Befolgen Sie nicht den ungesunden, kontraproduktiven Tipp, Salzstangen zu essen und Cola zu trinken. Gesunder Haferbrei mit Banane (Porridge) ist erheblich sinnvoller.

Lassen Sie mich abschließend noch etwas aus Heislers Buch „Dennoch Landarzt!“ zitieren: „Jedem Praktiker möchte ich jedenfalls bei nicht klar fassbaren Krankheitsbildern raten, an eine eventuelle intestinale Autointoxikation zu denken. Ein Fall aus meiner Praxis: Die Frau meines Gärtners litt im Anschluss an eine schwere Angina an rheumatischen Beschwerden, besonders in den Füßen und Fußsohlen, sodass sie kaum mehr auftreten konnte. Als all meine Behandlung versagte, ließ ich ihr vom Facharzt die nicht eben schönen Mandeln herausnehmen. Der Erfolg war aber gleich null, es trat nicht die geringste Besserung ein. Als auch alle möglichen Medikamente der Schule wie auch der Homöopathie versagten, gab ich ihr in meiner Verzweiflung Kaffeekohle. Der Erfolg war überzeugend. Mein Gärtner meinte sehr gnädig: ‚Ja, Herr Doktor, mit der Kaffeekohle, da haben Sie eine feine Sache gemacht.‘“
Allen, die mehr darüber erfahren möchten, kann ich dieses herrliche Buch nur empfehlen.
Als pflanzliches Arzneimittel ist Kaffeekohle als Pulver in den meisten Apotheken oder per Internet erhältlich. Für diejenigen, die Kaffee schlecht vertragen, gibt es alternativ Tabletten aus medizinischer Kohle. Ähnlich wie Kaffeekohle kann Aktivkohle toxische Substanzen binden und so zur Entgiftung des Körpers beitragen. Statt eines Teelöffels Kaffeekohle nehmen Sie zwei Tabletten davon ein. Die maximale Tagesdosis ist eine Tablette pro zehn Kilogramm Ihres Gewichts.

Kaffeekohle und Aktivkohle sind natürliche Heilmittel, die beide für ihre entgiftenden und beruhigenden Eigenschaften bekannt sind. Beide Formen wirken auf ähnliche Weise, aber aus unterschiedlichen Ausgangsstoffen hergestellt werden. Ob Aktivkohle oder Kaffeekohle – beide sind Schätze der Natur, die uns mit ihrer reinigenden Kraft und heilenden Energie unterstützen können.

Körperpflege

„Auf den Geist muss man schauen. Denn was nützt ein schöner Körper, wenn in ihm nicht eine schöne Seele wohnt."

Euripides (480-406 v.Chr.), griechischer Tragödiendichter

Ein Vollbad befreit nicht nur die Haut von Schmutzpartikeln. Es ist auch eine Wohltat für den restlichen Körper und die Seele. Kaum noch irgendwo fühlt sich der Mensch so wohl wie in der Badewanne. Wissenschaftler erklären dies damit, dass der Mensch schon im Mutterleib in Fruchtwasser schwimmt. Ein heißes Bad kurbelt die Durchblutung an, die Blutgefäße weiten sich und der Nährstofftransport wird verbessert. Verspannte Muskeln und Gelenke lockern sich, die Atmung wird gleichmäßiger und tiefer.

Ein heilsames Solebad kennen viele aus Kurorten. Ihm werden besondere Eigenschaften zugeschrieben. Ja, Salzwasser ist ein wahres Multitalent. Die faszinierende Wirkung des Meersalzes ist bereits in medizinischen Studien nachgewiesen worden. Ein Vollbad mit Salz ist die beste Medizin für alles, was juckt und kratzt. Ein Bad mit Salz entschlackt den Körper und regt den Stoffwechsel an. Das salzige Wasser führt bei Menschen mit entzündlichen Haut- und Rheumaerkrankungen zu einer deutlichen Verbesserung. Es beugt Erkältungen vor und hilft gegen zahlreiche Körperbeschwerden. Und ein Solebad zu nehmen, müssen Sie nicht in ein Wellnesshotel fahren. Wollen Sie ein Salzbad selbst machen, eignet sich am besten natürliches Meersalz. Aber im Prinzip können Sie jedes Salz verwenden. Das können Sie je nach Geschmack und Geldbeutel entscheiden. Für ein Vollbad benötigen Sie ein halbes bis ein Kilogramm Salz und vielleicht noch ein paar Tropfen ätherisches Öl Ihrer Wahl. Schon können Sie entspannt abtauchen.

„Ein warmes Bad – für den Körper und die Seele –, und dann ab in die Nacht und mal wieder richtig leben und lachen."

Klaus Seibold, deutscher Theologe

Ein heißes Vollbad mit Kokosmilch ist eine wunderbare Pflege für den gesamten Körper. Das herrlich duftende Badeerlebnis weist eine Vielzahl positiver Effekte auf. Durch regelmäßiges Baden mit Kokosmilch gehört trockene Haut schon bald der Vergangenheit an. Um in Kokosmilch zu baden, müssen Sie nicht die ganze Badewanne mit ihr fühlen. Es reicht vollkommen aus, wenn Sie eine Dose Kokosmilch in die Wanne geben. Für ein Bad benötigen Sie neben der Kokosmilch mit etwa 20 Prozent Fettanteil 200 bis 300 Gramm Salz und natürlich eine Badewanne mit warmem Wasser. Wenn Sie den Schaum vermissen, spricht nichts dagegen, ein Schaumbad dazuzugeben und dann wie gewohnt zu baden.

Tipp: Geben Sie einen Teelöffel Kokosmilch auf ein Wattepad und streichen damit übers Gesicht. Das Resultat ist eine seidig-sanfte Haut.

Einen Badezusatz selbst zu machen, ist kinderleicht. Und es macht Spaß, mit verschiedenen Zutaten zu experimentieren. Die Möglichkeiten sind vielfältig. Sie können Ihrer Kreativität freien Lauf lassen.

In Ihrer Küche finden Sie wahrscheinlich alle Zutaten für Ihr „Kleopatra-Bad":

- 1 Dose Schlagsahne, alternativ 1 Liter Ziegen- oder Kuhmilch mit 3,8 Prozent Fettanteil
- 300 Gramm Salz
- 2 Esslöffel Honig

Schaumbad

Wer es gern duftig mag, gibt noch zwei, drei Tropfen ätherisches Öl seiner Wahl dazu und taucht dann mit guter Musik im Hintergrund in der Badewanne ab. Das Milchfett verteilt sich gut im Wasser und schwimmt nicht auf der Oberfläche. Durch das warme Wasser wird das Glückshormon Endorphin ausgeschüttet und die gute Laune kommt sofort zurück. Sie können sich dabei auch etwas Positives wünschen, zum Beispiel: „Alle meine Ängste und Negativität werden weggespült."

Manche Leute baden schrecklich gerne und lassen es sich dabei so richtig gut gehen. Andere duschen lieber. Doch egal, was Sie bevorzugen, es ist sinnvoll, sich danach noch schön einzuölen. So ist Ihr Körper perfekt gepflegt. Nach dem Baden oder Duschen ist Ihre Haut nämlich maximal aufnahmefähig. Nutzen Sie das und verwöhnen Sie sich mit einer nährenden Ölmischung. Verwenden Sie das Körperöl direkt auf der noch feuchten Haut. So lässt es sich leicht verteilen und es zieht schnell ein. Im trockenen Zustand nimmt die Haut Pflanzenöle viel schlechter auf. Reine kaltgepresste Pflanzenöle sind besonders natürlich, somit sehr hautfreundlich und gesundheitsfördernd. Sie werden aus Samen, Nüssen und Früchten gepresst und enthalten pflegende Fettsäuren und Vitamine. Tragen Sie sie direkt nach dem Baden oder Duschen dünn (also sparsam) auf die noch feuchte Haut auf. Beginnen Sie mit dem Kopf. Verteilen Sie das Öl in kleinen, kreisenden Bewegungen im Gesicht. Vergessen Sie dabei nicht, die Nasenlöcher ebenfalls mit etwas Öl zu benetzen. Denken Sie auch an Hals und Dekolleté. Denn auch die weibliche Brust braucht Pflege, um schön zu bleiben. Ein kaltgepresstes Pflanzenöl enthält Antioxidantien und Fettsäuren, die Ihre Brüste straffen. Zur Brustmassage eignet sich am besten sanftes Streichen über den gesamten Brustbereich. Die Massage regt zudem die Durchblutung und damit auch die Zellerneuerung an. Spüren Sie Verhärtungen? Massieren Sie diese Stellen ein bisschen länger.

Wann immer Sie ärmelfrei sein möchten – denken Sie daran, dass schöne Arme ein wichtiger Beauty-Faktor sind. Effektive Armübungen helfen, die Muskulatur gezielt aufzubauen. Doch nicht nur Sport, sondern auch die richtige Pflege strafft die Arme sichtlich. Kurz: Kaltgepresste Öle sind eine gute Lösung bei einem schrumpeligen Dekolleté und schlaffen Oberarmen. Sodann tragen Sie Öl mit kreisenden Bewegungen im Bauchbereich auf – rund um den Nabel im Uhrzeigersinn. Vergrößern Sie die Kreise, sodass der gesamte Dickdarm mitmassiert wird. Wenn es an einzelnen Punkten schmerzt, halten Sie kurz an diesen Stellen inne und massieren mit leichtem Druck. Durch die Bauchmassage lösen sich Verhärtungen im Darmbereich. Auf Dauer bekommen Sie somit schöne straffe Haut.
Tragen Sie das Öl auf die Beine in Richtung Körperrumpf auf. Beine, die genug Feuchtigkeit aufweisen, besitzen automatisch schönen Glanz. Regelmäßig und langfristig angewendet, pflegen die naturreinen Pflanzenöle zuverlässig nicht nur strapazierte Haut, sondern fördern eine wohltuende Wirkung für den gesamten Organismus. Das Öl hilft auch bei einem steifen Nacken. Tragen Sie gleich nach einem heißen Bad oder nach dem Duschen auf Nacken und Schulter ein bisschen Öl auf. Die linke Hand streicht dabei von der rechten Schulter in Richtung Nacken, die rechte von der linken Schulter. Kreisförmige Bewegungen mit etwas Druck sind am besten geeignet. Besonders schmerzende Stellen können Sie ein wenig länger kneten. Machen Sie das nach jedem Bad oder nach jeder Dusche und Besserung wird nicht lange auf sich warten lassen. Die Muskulatur wird gelockert und regeneriert.

Für ein pflegendes Körperöl brauchen Sie nur hochwertiges Pflanzenöl (Basisöl): Arganöl, Walnussöl, Olivenöl, Traubenkernöl, Mandelöl, Aprikosenöl, Sesamöl, Hanföl, Distelöl, Avocadoöl, Jojobaöl, Nachtkerzenöl, Sanddornöl, Granatapfelsamenöl oder Sonnenblumenöl. Suchen Sie davon ein oder mehrere passende Öle aus. Generell können Sie Öle hervorragend kombinieren und damit die Vorteile verschiedener Öle gleichzeitig nutzen. Es muss Ihren persönlichen Geschmack treffen, um seine volle wohltuende Wirkung entfalten zu können. Achten Sie beim Kauf auf Kaltpressung und am besten auf Bioqualität. Nutzen Sie nur 100 Prozent naturreine ätherische Öle. Und natürlich ist das Selbstmachen von Naturkosmetik deutlich günstiger als gekaufte Hautöle.

Hautpflege ganz ohne Chemie – ein Beispiel für ein Körperölrezept

- 100 ml Mandelöl kaltgepresst
- 20 ml Nachtkerzen- oder Granatapfelsamenöl
- 8-10 Tropfen ätherisches Öl Ihrer Wahl: Rosen-, Orangen-, Lavendel- und/oder Mandarinenöl rot
- 2-3 Tropfen Vanilleextrakt

dunkle Flasche oder Pumpflasche (erhältlich in Drogerien oder online)
Vor dem Anwenden etwas schütteln!

Noch ein Beispiel für ein Körperölrezept

- 50 ml Olivenöl
- 50 ml Hanföl
- 8-10 Tropfen ätherisches Öl Ihrer Wahl: Orangen-, Sandelholz- und/oder Mandarinenöl grün

Alles in eine saubere Flasche geben, verschließen und schütteln.

Der nächste Sommer kommt bestimmt! Wünschen Sie sich deshalb wunderschöne, glänzende Beine? Es ist viel leichter, als Sie denken.

Probieren Sie es mit diesem Rezept – Die Mischung ist kein Selbstbräuner. Aber es fühlt sich durchaus so an!

- 100 ml Arganöl
- 20 ml Sanddornöl
- 3 Tropfen Vanilleextrakt
- 8 Tropfen Orangenöl
- eine Dunkle Flasche

Vor dem Anwenden etwas schütteln!

Beinöl für besseren Lymphfluss (gegen schwere Beine)

- 100 ml Sesamöl
- 5 Tropfen Grapefruitöl
- 5 Tropfen Lavendelöl
- 5 Tropfen Zypressenöl
- 5 Tropfen Lorbeeröl
- eine (Pump-)Flasche

Füße und Beine Richtung Körperrumpf sanft massieren!

Und noch ein Beispiel für ein Körperölrezept

- 100 ml Traubenkernöl
- 4 Tropfen Neroliöl
- 6 Tropfen Rosenöl
- 8 Tropfen Orangenöl
-

Alles in eine saubere Flasche geben und schütteln.

Sie sehen: Mit nur wenigen Zutaten entstehen natürliche Wellnessprodukte für zu Hause.

Haarkur, Bodylotion oder Abschmink-Mittel – für dies alles sind die Speiseöle voller Vorteile, also hervorragend geeignet. Man darf hierbei nicht vergessen, dass unsere Haut ein Organ ist und lebenswichtige Aufgaben hat. Pflanzenöle sind ein wertvolles Heilmittel. Sie wirken nicht nur kosmetisch, sondern geradezu therapeutisch! Aromatherapie gibt die Möglichkeit, die eigene Gesundheit auf die natürlichste Weise in die Hand zunehmen.

Und noch einmal: Nur kaltgepresste Öle besitzen heilende Wirkung.
Kosmetikprodukte bestehen meistens aus billigen, minderwertigen Inhaltsstoffen, manche enthalten sogar bedenkliche, gefährliche Substanzen wie Weichmacher, Parabene, Mikroplastik, Silikone, Aluminium und Aluminiumverbindungen, Erdöl, hormonell wirksame Substanzen, allergieauslösende Duftstoffe. Wenn Sie Pflegeprodukte kaufen, nehmen Sie sich daher bitte die Zeit, auf die Inhaltsstoffe (Ingredients) zu schauen. Wer seine Einkäufe bewusst vornimmt, kann einen sehr großen Beitrag für die eigene Gesundheit leisten.

„Man kann sehr wohl die Nägel pflegen.
Und dennoch stehen seinen Mann."
Alexander Puschkin in „Jewgeni Onegin"

Schöne Nägel beeinflussen maßgeblich den Eindruck unseres Gegenübers. Gepflegte Hände sind die beste Visitenkarte. Denn sie sagen viel über unsere Persönlichkeit aus.
Selbst die teuerste, hochwertigste Creme reicht nicht aus, um brüchige Nägel und rissige Nagelhaut in den Griff zu bekommen. Die beste Methode, die Nägel zu regenerieren, schon seit Jahrhunderten bekannt, sind natürliche Pflanzenöle. Argan-, Oliven-, Hanf-, Jojoba- und Ihr Lieblingskörperöl (ohne Zusätze) eignen sich dazu hervorragend. Auch spezielle Nagelöle (rein pflanzlich) sind gut, haben aber ihren Preis.

Geben Sie etwas Öl auf den Finger und reiben Sie ihn gut ein. Sie können dieses Ritual gut vor dem Fernseher oder kurz vorm Schlafengehen durchführen. Wenn Sie wollen, können Sie danach Baumwollhandschuhe oder -socken über die Hände ziehen. Ölen Sie Ihre Hände direkt nach dem Waschen regelmäßig ein. Besorgen Sie sich eine kleine, hübsche Pumpflasche, befüllen Sie sie mit Ihrem Lieblingsöl und stellen sie neben das Waschbecken. Steht es dort, wird es nicht vergessen. Es hilft, Nägel und Nagelhaut langfristig zu stärken. Tragen Sie außerdem, wenn möglich, Handschuhe – etwa beim Spülen, Waschen oder bei der Gartenarbeit. Gesunde und natürlich schöne Fingernägel schimmern schwach rosa und glänzen matt.
Unsere Hände, Finger und Nägel sind ein Spiegel unserer Gesundheit. An ihnen lassen sich unzählige Symptome erkennen. Plötzliche Veränderungen, die neu auftreten, sollten nicht unterschätzt werden. Ein pigmentierter Handrücken weist zum Beispiel häufig auf latente oder manifeste innere Störungen hin und ist in erster Linie ein Hinweis auf eine Autointoxikation durch den Darm. Deformierungen der Gelenke sprechen für Gicht oder Rheuma. Über die Ursache weißer Tüpfelchen oder von Flecken auf den Fingernägeln, in der Fachsprache Leukonychie punctata genannt, kursieren viele Theorien. Die meist verbreitete lautet, dass es sich um Kalzium- oder Nährstoffmangel handelt. Doch das ist völlig falsch. Die weißen Flecke werden vielmehr durch Lufteintritt in die Nagelsubstanz verursacht. Bei Frauen liegt die Ursache meist in einer zyklusbedingten starken Hormonschwankung oder einem anderen Unterleibsleiden, fast immer geht sie von den Eierstöcken aus. Eine Ernährungsumstellung oder -einschränkung ist dann notwendig. Ausgeprägte Längsrillen in den Fingernägeln sind ebenfalls keine Seltenheit. Sie treten häufig bei chronischen Magen-Darm-Störungen auf. Querrillen indes gehen, wie der Name schon sagt, quer über die Nägel. Sie sind oft Folge schwerer Erkrankungen wie einer Magen-Darm-Störung, Infektionen (mit hohem Fieber), toxischen Zuständen und Gicht. Aufgrund der schwächenden Grundkrankheit reduziert sich die Keratohyalin-Bildung, also der Verhornungsprozess.

Trommelschlegelfinger, auch Uhrglasnägel genannt, sind eine Form krankhaft veränderter Finger und Fingernägel. Dabei lagert sich an den Fingerkuppen vermehrt Fettgewebe ab. Die Knochen sind an dieser Veränderung nicht beteiligt. Bemerkbar macht sich dies dadurch, dass die Nägel stark nach außen gewölbt sind. Durch den damit einhergehenden Sauerstoffmangel kommt es oft zu einer bläulichen Verfärbung der Nagelregion. Uhrglasnägel sind meist die Folge chronischer zyanotischer Herz- und Lungenleiden, seltener von chronischen Leber- und gastroenterologischen Erkrankungen, insbesondere Leberzirrhose. In der Regel sind sie eine Begleiterscheinung bei Bronchiektasie, Lungenfibrose, einem Lungenkarzinom oder Herzerkrankungen mit Zyanose, vor allem bei Herzklappenfehlern. Wenn Sie tiefer in dieses Thema einsteigen möchten, empfehle ich Ihnen „Äußere Kennzeichen innerer Erkrankungen" von H.-D. Bach und Irmgard Wenzels „Lehrbuch Handdiagnostik". Grundsätzlich gilt: Mit einer bewussten, ausgewogenen Ernährung tun Sie Ihrem gesamten Organismus etwas Gutes. Das wird äußerlich schnell an Ihren Nägeln sichtbar.

Infekte und Co.

„Die Natur ist die beste Apotheke."

Priester und Naturheilkundler Sebastian Kneipp

Im Schnitt hat jeder Erwachsene in Deutschland etwa viermal im Jahr mit einer Erkältung oder einem grippalen Infekt zu kämpfen. Das sagt uns die Statistik. In Wirklichkeit ist es natürlich so: Manche haben eine Erkältung einmal im Jahr, andere sind ständig krank. Vieleicht gehören Sie dazu? Haben Sie alle paar Wochen mit einem neuen Infekt zu kämpfen? Dann will Ihnen Ihr Körper beziehungsweise Ihre Seele etwas sagen. Dann ist es höchste Zeit zuzuhören.

In schweren Zeiten können wir etwas Neues lernen. Nur in der Dunkelheit erscheinen neue Dimensionen. Das Licht der Sterne leuchtet nur in der Finsternis. Erst die Dunkelheit zeigt neue Größen. Die Finsternis offenbart, dass wir am Tag blind für bestimmte Wahrheiten sind.

Herbst und Winter sind die Monate mit der höchsten Erkältungsgefahr. Ein direkter Zusammenhang zwischen der Kälte und dem Krankwerden ist wissenschaftlich zwar nicht bewiesen, dennoch erkranken wir in der kalten Jahreszeit öfter als sonst. Erkältungssymptome wie Schnupfen, Husten, Hals- und Ohrenschmerzen oder leichtes Fieber können sehr lästig sein. Doch sie alle sind Entgiftungsreaktionen unseres Körpers. Naturheilkundler sehen die Ursache einer Erkrankung übrigens nicht bei äußeren Faktoren, sondern bei den Patienten selbst. Stress, psychische Belastung, zu wenig Bewegung und eine ungünstige Ernährungsweise schwächen das Immunsystem.

„Wer keine Zeit für seine Gesundheit hat, wird später viel Zeit für seine Krankheit brauchen."

Priester und Naturheilkundler Sebastian Kneipp

Mit diesen einfachen Maßnahmen können Sie einer Erkältung vorbeugen beziehungsweise sie heilen:

- Räume gut lüften, auch im Winter: Und achten Sie darauf, dass in Innenräumen genügend Luftfeuchtigkeit herrscht (optimal sind 45-55 %). Stellen Sie eine kleine Schüssel Wasser auf die Heizung mit drei bis fünf Tropfen Lavendel-, Zitronen-, Rosmarin- oder Edeltannenöl. Dadurch beugen Sie trockener Luft vor. Und versuchen Sie mal, bei geöffnetem Fenster zu schlafen. Es tut wirklich gut!
- Bewegung an der frischen Luft: Auch wenn es den ganzen Tag draußen eher trüb ist, sollten die hellen Stunden des Tages genutzt werden – mit einem Spaziergang, mit Joggen, Gartenarbeit oder Yoga (im Freien) etwa.
- „Den Kopf halt kühl, die Füße warm, das macht den besten Doktor arm", lautet ein populärer Spruch. In der Tat: Kalte Füße wirken sich negativ auf das Immunsystem aus. Wer friert, ist anfälliger für Infektionen. Die Füße spielen dabei eine wesentliche Rolle. Die Lösung ist denkbar einfach: Halten Sie Ihre Füße warm!
- Verzichten Sie völlig auf Alkohol und Zigaretten. Sie dämpfen das Immunsystem. Denn sie sind buchstäblich Gift und kosten Ihren Körper nur zusätzlich Kraft.
- bewusste Vollwerternährung: Verzichten Sie auf Zucker und zuckerhaltige Nahrung. Auch zu viel Salz im Essen kann Ihr Immunsystem hemmen.
- Anhaltender Schlafmangel begünstigt viele Erkrankungen und beeinträchtigt neuronale Prozesse. Wer nicht ausreichend schläft, ist somit anfälliger für Infekte. Denn in der Nacht bildet das Immunsystem Abwehrzellen in größerer Zahl. Dabei werden die Abwehrkräfte gestärkt, Wachstumshormone zur Zellerneuerung gebildet, Abbauprodukte des Stoffwechsels abtransportiert.
- Der beste Schutz gegen Infekte ist Liebe, gute Laune und Lebensfreude. Wir müssen „nur" unseren Egoismus überwinden, damit diese positiven Kräfte den Raum haben, in uns zu wirken.

Dass wir bei einem Infekt oftmals appetitlos sind, ist eine Schutzfunktion der Natur. Etwas zu fasten, ist während einer Erkältung entsprechend sinnvoll. Es entlastet den Stoffwechsel, der Blutdruck normalisiert sich, Zucker- und Cholesterinspiegel sinken. In den meisten Fällen verschwindet eine Erkältung während des Fastens deutlich schneller als im normalen Essalltag.
Wenn Sie aus irgendwelchen Gründen nicht ein paar Tage fasten können, unterstützen Sie zumindest Ihr Immun-Abwehr-System mit den richtigen Lebensmitteln.

Die besten Lebensmittel während einer Erkältung oder bei einem Infekt sind:

- Äpfel (egal on grün oder rot – wichtig ist Qualität!)
- Karotten oder frisch gepresster Karottensaft
- Selleriesaft
- Rote Bete oder Rote-Bete-Saft
- Zitronen;
- grüne Salate und (Wild-)Kräuter (Bärlauch, Petersilie, Dill usw.) sowie
- Hirse, Buchweizen, Hafer und Dinkel (siehe auch die Kapitel „Milde Fastenkuren" und „Meine Rezepte").

Niemand bestreitet ernsthaft, dass dank Antibiotika schon viele Menschenleben gerettet worden sind. Doch man soll nicht bei jedem Husten und leichten Halsschmerzen direkt dazu greifen. Denn Antibiotika haben zahlreiche Nebenwirkungen und bei häufiger Einnahme kann sich eine Resistenz entwickeln. Außerdem ist es wichtig zu wissen, dass Antibiotika ausschließlich Bakterien bekämpfen, keine Viren. „Natürliche Antibiotika" indes bekämpfen nicht nur Bakterien; die Inhaltsstoffe von Knoblauch, Zwiebeln, Meerrettich und Kapuzinerkresse wenden sich auch gegen Viren.
Bei Erkältungen greifen wir viel zu oft zu Medikamenten, obwohl alte Hausmittel oft die wirksamere, kostengünstigere, gut verträglichere Lösung sind und aktiv Ihr Wohlbefinden verbessern.

Probieren Sie bei einer aufkommenden Erkältung, bei Husten oder Halsschmerzen doch mal, eine Scheibe frischen Ingwer in den Mund zu nehmen und zu lutschen, leicht zu kauen und den Speichel langsam herunterzuschlucken. Spucken Sie die Reste einfach aus. Das bringt viele Vorteile mit sich, denn die tropische Knolle wirkt antibakteriell und entzündungshemmend. Wiederholen Sie das zwei- bis viermal mit nicht mehr als vier Gramm rohem Ingwer am Tag. Das Beste steckt direkt unter der Schale. Schälen Sie ihn daher am besten nicht. Achten Sie aber auf Bioqualität. Besonders praktisch ist dieser Tipp, wenn Sie trotz einer Erkältung unterwegs sein müssen. Und wenn Sie keine Schärfe mögen, ist die Ingwerwurzel möglicherweise nichts für Sie. Genau dasselbe können Sie jedoch mit frischen Salbeiblättern machen.

Manche möchten eine Erkältung ausschwitzen. Dies sollten aber nur Personen ohne Herz- und Kreislaufprobleme tun. Typischerweise rufen akute Infekte, die mit Fieber einhergehen, Schwitzattacken hervor. Schwitzen reguliert in erster Linie die Körpertemperatur. Genauso wie Nieren und Leber führt unsere Haut dabei schädliche Gift- und Schlackenstoffe aus dem Körper heraus. Das entlastet die Nieren. In weiterem Sinne ist die Haut somit auch ein Entgiftungsorgan. Natürlich werden krankmachende Viren und Bakterien mit dem Schweiß nicht einfach weggespült, aber ein großer Teil der Schlackenstoffe (beim Stoffwechsel anfallende Abbauprodukte) wird aus dem Körper transportiert.

Bereiten Sie eine Wärmflasche für den Nacken und eine für die Füße vor. Machen Sie es sich in einem Bett oder Sessel bequem. Packen Sie sich warm ein. Trinken Sie einen halben Liter heißen Lindenblütentee mit Zitronensaft. Wechseln Sie Ihre schweißnasse Kleidung, um sich gesundschlafen zu können.

Die Schulmedizin stellt sich in Bezug auf Entgiftungs- und Entschlackungsmaßnahmen gerne blind und taub gleichzeitig. Traurig! Ihre These lautet: Der Körper reinigt sich selbst perfekt. Wir sehen aber, dass das leider nicht der Fall ist. Wie erklärt man denn sonst die extrem große Anzahl von chronisch

Kranken? Bedenken Sie: Bei chronischen Krankheiten kann man immer von einer Giftbelastung ausgehen.
Keine gute Idee ist es, während einer Erkältung oder einem Infekt in der Sauna alles ausschwitzen zu wollen oder Sport zu treiben. Um eine Erkältung oder einen Infekt zu bekämpfen, benötigt das Immunsystem viel Energie. Wenn Sie trotz Krankheit weiterhin Sport treiben, beanspruchen Sie Ihr Immunsystem in hohem Maße. Das kann negative Folgen haben. Sport kann die Viren und Bakterien im Körper zudem zur Wanderschaft anregen. Und das geht im schlimmsten Fall aufs Herz. Wer krank ist, gehört ins Bett. Während einer Erkältung ist der Körper auf Ruhe angewiesen, um sich regenerieren zu können. Bei einer Erkältung oder einem Infekt hat Ihr Abwehr-Immun-System viel zu tun. Sie müssen es unterstützen, und zwar mit viel Schlaf. Im Schlaf ist Ihr Immunsystem nämlich wie gesagt besonders aktiv und kann die Erreger besser vertreiben. Die Empfehlung, viel zu schlafen, bedeutet aber nicht strenge Bettruhe. Dass langes Liegen den Körper schwächt, ist bekannt. Zu lange Bettruhe kann sich aber ebenfalls negativ auf Kreislauf, Muskeln, Lunge und Gehirn auswirken. Außerdem kann lange Zeit ohne Bewegung zu weiteren Beschwerden führen wie steife Gelenke, Verdauungsprobleme, niedriger Blutdruck, erhöhter Blutzuckerspiegel, Thrombose und sogar Lungenentzündung. Im Liegen atmet der Mensch deutlich flacher. Dadurch kommt es zu mangelnder Durchblutung der Lunge und das Risiko einer Lungenentzündung steigt. Wer sich krank fühlt – das ist klar –, sollte sich schonen, viel schlafen und erholen. Doch strikte Bettruhe ist ungesund, permanentes Liegen hilft nicht.

Übrigens: Noch beim ersten Niesen oder Husten können Fußbäder eine aufkommende Erkältung stoppen. Auch während einer Erkältung kann ein heißes Fußbad helfen. Ein **Senfmehl-Fußbad** tut im Anfangsstadium eines Virusinfektes Ihrem Körper einfach nur gut. Senfmehl ist bekannt für seine antibakterielle, durchblutungsfördernde Wirkung. Bei Einschlafstörungen und Migräne ist ein warmes Senfmehl-Fußbad ebenso hilfreich, nicht allerdings bei bereits hohem Fieber, um die Herz-Kreislauf-Belastungen nicht noch zu verstärken!

Lösen Sie 2 Esslöffel Senfmehl in einer mittelgroßen Schüssel (für 5-6 Liter) mit warmem Wasser (40-42 Grad) auf und baden Sie zehn bis 15 Minuten (nicht länger) Ihre Füße darin. Es soll dabei ein Gefühl angenehmer Erhitzung entstehen. Nach dem Bad waschen Sie die Füße gründlich mit warmem Wasser ab und reiben sie am besten mit einem Pflanzenöl Ihrer Wahl (Mandelöl, Hanföl, Olivenöl) ein. Ziehen Sie danach dicke Socken an. Bei Schwindel oder Unwohlsein brechen Sie die Anwendung bitte sofort ab.

Dampfbad ist ein altbewährtes Hausmittel bei Erkältungen jeder Art. Es befreit die verstopfte Nase, beruhigt gereizte Bronchien und lindert Halsschmerzen.

Aus jahrelanger Erfahrung hier mein Lieblingsrezept

Stellen Sie einen Topf mit drei Liter heißem Wasser auf den Tisch. Weniger Wasser sollten Sie nicht nehmen, damit es nicht zu schnell auskühlt. Lösen Sie drei Esslöffel Salz darin und geben Sie zwei Esslöffel Lavendelblütenöl dazu. Beugen Sie nun den Kopf darüber und legen ein Handtuch so über Kopf und Topf, dass die Dämpfe nicht entweichen können. Jetzt für zehn bis 20 Minuten inhalieren! Im Anschluss sollten Sie Ihr Gesicht mit einem Tuch abtrocknen und erst einmal nicht ins Freie gehen. Ruhen Sie sich am besten für eine Stunde aus.
Natürlich können Sie sich ebenso ein Inhalationsgerät aus der Apotheke besorgen, aber die Topfvariante ist die aus meiner Sicht beste Methode.

Meerrettich als Heilmittel war schon in der Antike beliebt. Meerrettichwurzeln wirken antibakteriell, schleimlösend und stärken das Immunsystem. Das winterharte Wurzelgemüse (auch Kren genannt) kann Temperaturen von bis zu minus

50 Grad standhalten. Die Senföle der Wunderwurzel helfen nachweislich gegen eine ganze Reihe an Keimen und zahlreiche Erkältungsviren. Meerrettich gilt als „pflanzliches Penicillin".

Zum Rezept

Reiben Sie frischen Meerrettich ganz fein und mischen sie ihn mit derselben Menge flüssigem Honig und mit etwas frisch gepresstem Zitronensaft. Zerkauen Sie dreimal täglich einen halben bis ganzen Teelöffel davon und lassen ihn im Mund zergehen, dann langsam schlucken, um eine hartnäckige Bronchitis und/oder Nebenhöhlenentzündung loszuwerden. Er reinigt, desinfiziert und lindert Schmerzen im gesamten Rachenraum.

„Hat sieben Häut', beißt alle Leut'": Bei Husten, Heiserkeit, Halsschmerzen und Schnupfen ist die **Zwiebel** ein verlässlicher Helfer. Insgesamt besitzt sie eine antibakterielle, entzündungshemmende, schleimlösende und sogar antiallergische, antiasthmatische Wirkung. Außerdem können Zwiebeln die Gefäße stärken und die Blutfettwerte senken.
Die Zubereitung des Zwiebelsaftes ist kinderleicht.

Rezept (mit Entsafter)

Zwei mittelgroße Zwiebeln und eine Bio-Zitrone mit Schale passend für den Einfüllschacht Ihres Entsafters zuschneiden, in den Einfüllschacht geben und mit dem dazugehörigen Stopfer zum Presswerk hin herunterdrücken. Wenn kein Saft mehr aus dem Saftauslass austritt, ist der Zwiebel-Zitronen-Saft fertig. Mischen Sie nun drei bis vier Teelöffel flüssigen Honig in den Saft. Bewahren Sie alles in einem Schraubglas an einem kühlen Platz auf. Nehmen Sie dreimal täglich einen Teelöffel und schlucken Sie langsam.

Rezept

2 mittelgroße Zwiebeln
½ Bio-Zitrone
4 Teelöffel flüssiger Honig

Waschen Sie die Zwiebel und schneiden Sie sie mit Haut in möglichst kleine Würfel. Die trockene Schale und die äußeren Häute enthalten besonders viele gesunde Stoffe. Je kleiner die Würfel sind, desto schneller bildet sich der Saft. Schneiden Sie nun eine halbe Bio-Zitrone mit Schale in sehr dünne Halbscheiben. Geben Sie Zwiebeln und Zitrone mit dem Honig in ein leeres Schraubglas und rühren Sie fleißig. Lassen Sie es für zwölf bis 24 Stunden ziehen, danach seien sie alles durch ein Sieb ab. Nehmen Sie dreimal täglich einen Teelöffel davon ein.
Zwiebelsaft wirkt antibakteriell, entzündungshemmend, auswurffördernd, lindert Halsschmerzen und stärkt den kompletten Organismus.
Selbst gemachter Zwiebeltee ist ebenfalls eine schnelle Hilfe bei Erkältung.

Rezept

1 mittelgroße Zwiebel
2 Esslöffel Cranberry oder Preiselbeere (frisch oder tiefgekühlt), alternativ 2-3 Zitronenscheiben,
nach Belieben Honig

Waschen Sie die Zwiebel und schneiden Sie sie ungeschält in dünne Scheiben. Befüllen Sie eine Thermoskanne (1 l Inhalt) mit heißem Wasser. Geben Sie alle Zutaten außer den Honig in die Thermoskanne und lassen es zwei bis vier Stunden ziehen. Danach geben Sie nach Bedarf Honig dazu. Trinken Sie drei bis fünf Tassen davon am Tag.

Die Wirkung von **Knoblauch** bei Erkältungskrankheiten ist inzwischen wissenschaftlich bewiesen. Es gibt zahlreiche Literatur zu diesem Thema. Knoblauch zählt zum sogenannten Superfood. Das ist die Bezeichnung für besonders nährstoffreiche Lebensmittel, die fürs Wohlbefinden förderlich sind. Die Knoblauchknolle ist eines der wirksamsten natürlichen Nahrungsmittel gegen ein breites Spektrum an Viren und Bakterien. Die Wunderknolle enthält viele gesundheitsfördernde Mineralstoffe, Vitamine und weitere gesunde Ingredienzien. Der regelmäßige Verzehr stärkt auf natürliche Weise das Immunsystem und hat sich in Erkältungszeiten bestens bewährt.

Zum Rezept

Knoblauch roh essen: Am wirksamsten ist Knoblauch, wenn Sie eine Zehe schälen, sehr klein hacken und sie ohne zu kauen mit lauwarmem Wasser herunterschlucken. Gegen unangenehmen Mundgeruch kauen Sie langsam ein bis zwei Wacholderbeeren oder ein Stück Zitronenschale.

Hier noch ein äußerst gesundes Rezept für ein Knoblauch-Zitronen-Elixier. Es stammt von meiner lieben Oma, die fast 97 Jahre alt geworden ist:

- 2 unbehandelte Zitronen
- 15 Knoblauchzehen
- 500 ml frisch gepresster Orangensaft
- 1 Esslöffel flüssiger Honig

Das reicht für rund zehn Tage.
Waschen Sie die Zitrone, trocknen sie ab und schneiden sie mit Schale in Stücke. Schälen Sie den Knoblauch, geben beides zusammen in einen Mixer, fügen etwas Orangensaft hinzu und pürieren alles zu einer Paste. Geben Sie den restlichen Orangensaft und Honig dazu und pürieren noch einmal kurz. Be-

wahren Sie es in einem Schraubglas an einem kühlen Ort auf. Nicht erhitzen! Erhitzen zerstört viele gesundheitsfördernde sekundäre Stoffe und Vitamine. Nehmen Sie täglich drei Esslöffel ein.

Fichte ist ein weitverbreiteter Nadelbaum. Ihre zarten jungen Triebe, die deutlich an ihrer helleren Farbe zu erkennen sind, können als Heilmittel verwendet werden. Die heilenden Kräfte der Fichte werden insbesondere bei Atemwegserkrankungen eingesetzt. Ein Fichtennadeltee hilft gegen Husten und Asthma, lindert zudem Beschwerden bei der (Influenza-) Grippe oder einer Lungenentzündung. Fichtennadeltee stärkt den Organismus bei Erkältungen. Bei regelmäßigem Genuss kann sich sogar die Herzfunktion verbessern. Mit den jungen Triebspitzen und den ausgewaschenen Nadeln können Sie einen Aufguss zubereiten und als Tee trinken. Pro Tasse genügt ein Teelöffel. Zehn bis 20 Minuten ziehen lassen!
Im Frühling können Sie selbst die jungen Pflanzentriebe und Nadeln sammeln und dann trocknen. Sie können Sie ebenso in Apotheken kaufen.

Und hier nun ein ganz besonderes, sehr altes Rezept

- 2 Esslöffel getrocknete Zwiebelschalen
- 2 Esslöffel Hagebuttenbeere ohne Schale
- 2 Esslöffel Fichtennadeln
- 2 Esslöffel Rosinen oder Sultaninen

Geben Sie alle Zutaten in eine Thermoskanne und übergießen sie mit einem Liter kochendem Wasser, dann zwei bis fünf Stunden ziehen lassen. Dieser Tee ist in seiner Vielfalt wirklich unvergleichlich. Sie werden bestimmt positiv überrascht sein, wie gut es schmeckt.

Bereits Mönche im Mittelalter kultivierten **Salbei** zur Behandlung von Atemwegserkrankungen, um Nerven zu entspannen und den Verstand fit zu halten. Hildegard von Bingen empfahl Salbei gegen „schlechte Säfte" und „Verschleimung des Körpers". Sein Name leitet sich von dem lateinischen Wort salvare ab, zu Deutsch heilen, gesund sein. Eine wertvolle Hilfe gegen jede Art von Erkältung, etwa mit Halsschmerzen, Halsentzündungen, Heiserkeit, Kehlkopfentzündungen, Husten, Reizhusten, ist Salbei. Die Inhaltsstoffe haben zusammenziehende, desinfizierende, antibakterielle und entzündungshemmende Wirkung. Salbei stärkt die Schleimhäute und kann chronische Ermüdungserscheinungen beseitigen. Als Heilpflanze wird ausschließlich der Echte Salbei verwendet.

Übergießen Sie einen Teelöffel zerkleinerte Salbeiblätter mit 200 bis 300 Millilitern heißem Wasser (90 °C) und lassen Sie es zugedeckt fünf bis zehn Minuten ziehen. Trinken Sie zwei bis drei Tassen über den Tag verteilt. Während einer Erkältung vergessen Sie bitte nicht, auch warmes Wasser zu trinken. Salbeitee aus frischen Salbeiblättern schmeckt natürlich am besten. Je nach Größe übergießen Sie sie mit zwei oder drei Salbeiblättern mit 80 bis 90 Grad heißem Wasser und lassen es 15 Minuten ziehen. Ein Schuss Preiselbeermuttersaft macht Salbeitee übrigens zu einem gesunden, fruchtigen Genuss, optional mit etwas Honig oder Ahornsirup. Es ist zudem ein gutes Getränk bei Harnweginfekten, Blasenleiden und Reizblase.

Während Schwangerschaft und Stillzeit sollten Sie allerdings lieber auf Salbeitee verzichten. Ebenso ist Salbei für kleine Kinder nicht geeignet.

Thymian ist ein sanftes natürliches Antibiotikum. Seine heilenden Vorzüge sind seit Jahrtausenden bekannt. Der Echte Thymian (Thymus vulgaris) ist der reinste Tausendsassa voller heilkräftiger Inhaltsstoffe. Thymian hat sich besonders bei Atemwegserkrankungen bewährt. Aber auch bei depressiven Verstimmungen, generell bei trüben Gedanken und Erschöpfungszuständen, ist er zu empfehlen. Der sehr aromatisch duftende Echte Thymian wirkt antiseptisch (keimtötend), desinfizierend, schleimlösend, schmerzlindernd, schweißtreibend, entzündungshemmend, krampflösend und wurmtreibend. Mit anderen Kräutern gekreuzter Thymian besitzt nicht dieselben medizinischen Eigenschaften.

Übergießen Sie zwei bis drei frische Thymianzweige oder einen Teelöffel getrockneten Thymian mit 300 Millilitern heißem Wasser (90 °C), lassen es 15 Minuten ziehen und geben nach Belieben eine Scheibe Zitrone dazu. Trinken Sie zwei bis drei Tassen über den Tag verteilt.

Ein Tee aus Fenchelsamen und Thymian ist eine wohltuende Kombination. Fenchel-Thymian-Tee hat sich wegen seines angenehm kräftigen Geschmacks auch bei Kindern bewährt.

Übergießen Sie dazu einen Teelöffel Fenchelsamen und zwei bis drei Thymianzweige mit etwa 400 Millilitern kochendem Wasser und lassen alles 15 bis 20 Minuten ziehen. Geben Sie nach Bedarf Honig oder Ahornsirup dazu.

Die **Zitronenmelisse** (Melissa officinalis), kurz Melisse genannt, ist wahrhaft ein Geschenk des Himmels, ein echtes Kraftpaket gegen Viren, Bakterien und Parasiten. Schon die Kräutermedizin des Mittelalters setzte bei Entzündungen auf die Melisse. Auch wenn Sie nicht schlafen können oder ein schwaches Nervenkostüm haben, kann Ihnen Melissentee mit frischer Melisse aus dem Kräuterbeet oder getrockneten Blättern helfen. Die Melisse ist ein altbekanntes Mittel bei Nervosität und Einschlafstörungen. Melisse beruhigt ebenso einen nervösen Magen und wirkt sehr positiv bei Darmstörungen.
Hildegard von Bingen bezeichnete Melisse als Herztrost: „Die Melisse ist warm. Ein Mensch, der sie isst, lacht gerne, weil ihre Wärme die Milz berührt und daher das Herz fröhlich macht."
Auch Paracelsus ging davon aus, dass Melisse die beste Pflanze für das Herz sei und alle Kräfte des Körpers erneuere.
Kurz: Überall dort, wo die rhythmischen Abläufe gestört sind, kommt diese wunderbare Heilpflanze als Tee, Extrakt oder

Tinktur zur Anwendung. Es ist schon lange bekannt und inzwischen wissenschaftlich bewiesen, dass Melissenöl effektiv Infektionen mit verschiedenen Bakterien, Erkältungs- und Herpesviren sowie Hefepilzen eindämmen kann.
Wertvolles ätherisches Melissenöl (Melissenhydrolat) stellt eine wirksame Alternative zu synthetischen Virustatika gegen Lippenherpes dar. Sobald sich erste Anzeichen bemerkbar machen, tragen Sie einen Tropfen des Öls auf die betroffene Stelle auf und wiederholen das mehrmals. Beim Kauf von Melissenöl ist darauf zu achten, dass es wirklich reines Melissenöl ist!

Sanddornbeeren helfen uns, gesund durch den Winter zu kommen. Sie besitzen antibakterielle, entzündungshemmende, zellschützende, immunsystemstärkende, stressmindernde Eigenschaften. Die kleinen orange-roten Früchte gehören aufgrund ihres erstaunlich hohen Vitamingehalts und ihrer zahlreichen sekundären Pflanzenstoffe zu den antioxidativ wirksamsten Heilmitteln. Sanddorntee wirkt sehr positiv auf Seele und Körper. Kombiniert mit Apfel, Ingwer und Orangenschale, schmeckt er besonders köstlich.

Auf ein Liter kochendes Wasser brauchen Sie:

- 2 Esslöffel Sanddornbeere (tiefgekühlt oder frisch, alternativ getrocknet),
- 2 Esslöffel getrocknete Apfelstücke,
- 2-3 cm Ingwerknolle (frisch),
- ½ Schale frische Orange (zu viele Orangenschalen machen den Tee bitter),
- 1 Esslöffel Linden- oder Holunderblüten (getrocknet) und
- Honig nach Geschmack.

Zerdrücken Sie die Sanddornbeeren zu einem Brei, schälen die halbe Orange (Orangen vor dem Schälen unter warmem Wasser waschen) und schneiden den Ingwer klein. Geben Sie alle Zutaten in eine Kanne, lassen sie eine Stunde ziehen, geben nach Geschmack einen Esslöffel Honig, Ahornsirup oder frisch gepressten Orangensaft dazu und seihen alles durch ein Sieb ab. Sanddorntee lässt sich auch gut mit Gewürzen wie Zimt, Nelke und Vanille kombinieren. Es lohnt sich unbedingt, selbst gemachten Sanddorntee zu probieren.

Gurgeln ist nicht nur ein Teil der Mundhygiene, sondern ein altbewährtes Hausmittel gegen Halsschmerzen und Erkältungen. Dafür benötigen Sie keine speziellen Lösungen aus der Apotheke. Kräutertees, Apfelessig, ätherische Öle, Salzwasser, Gurgellösungen mit Hausnatron oder Wasserstoffperoxid sind bewährte Hausmittel beim Gurgeln gegen Mandelentzündung und Erkältungen.

- Mit Salzwasser zu gurgeln, ist ein traditionelles Hausmittel bei Halsschmerzen und Erkältungen. Lösen Sie einen Teelöffel Salz in einem Becher lauwarmem Wasser auf. Vier- bis sechsmal am Tag gurgeln!
- Gurgeln Sie mit warmem, kräftigem Salbei- oder Thymiantee und etwas Salz mehrmals täglich.
- Die Wirkung des Thymians und Salbeis zeigt sich besonders bei Erkältungen durch einen schleimlösenden und somit förderlichen Effekt auf den Auswurf. Außerdem wirken die beiden Kräuter antibakteriell und antiviral. Die krampflösende und entzündungshemmende Wirkung führt zur Entspannung der Atemwegsmuskulatur. Mit Thymian oder Salbei können Sie generell die Symptomatik jeder Erkältung, aber auch jeder bakteriellen Entzündung therapieren.
- Für eine Gurgellösung bei Mandelentzündung oder einer Erkältung geben Sie einen Teelöffel Salz und zwei Tropfen Thymianöl in ein Glas lauwarmes Wasser. Gurgeln Sie mehrmals täglich damit. Statt Thymianöl können Sie ebenso andere ätherische Öle nehmen wie Salbei-, Weißtannen-, Eukalyptus-, Edeltannen- und Oreganoöl.
- Olivenöl kann ebenfalls Entzündungen mildern. Das Antioxidans Polyphenol können Sie sogar schmecken: Es sorgt

für das typische Kratzen im Hals. Bei Halsschmerzen hilft oft ein Teelöffel Olivenöl pur. Bitte gleich danach nicht trinken, lassen Sie es erst wirken. Wiederholen Sie das Prozedere zwei- bis viermal am Tag. Olivenöl regt zudem den Blutfluss an, wirkt Verkalkungen entgegen und hilft der Gallenblase, sich zu entgiften, natürlich nur mit einem hochwertigen kaltgepressten Olivenöl (nativ extra).

Eine **Öl-Auflage** (kleine Auflagen werden oft als Kompressen bezeichnet) zählt schon seit Jahrhunderten zu den bewährten Hausmitteln bei Erkältungen und grippalen Infekten. Kompressen können auf natürliche Weise viele Beschwerden lindern und körpereigene Selbstheilungskräfte aktivieren. Bei hartnäckigem, krampfartigem, trockenem Reizhusten oder festsitzendem Bronchialschleim, bei Hals- und auch bei Kopfschmerzen ist es eine sinnvolle Maßnahme. Es gibt unzählige verschiedene Arten von Kompressen und Wickeln für alle möglichen Beschwerden. Eine Auflage selbst zu machen, ist gar nicht so schwer. In der Regel besteht eine Auflage oder ein Umschlag aus drei Schichten:

- Innentuch (Baumwolle oder Leinen): Wenn Sie nichts Passendes haben, können Sie einfach große Wattepads benutzen, zum Beispiel Reinigungspads für Babys.
- Zwischentuch (Molton): Es soll verhindern, dass die Flüssigkeit des Innentuchs nach außen dringt. Das kann auch ein Waschlappen sein oder ein Plastikfolienstück, darf aber nur ein, zwei Zentimeter größer als das Innentuch sein, alternativ Küchenpapier.
- Außentuch (Wolle oder Frottee): Es soll die Temperatur der Kompresse halten und das Bett vor Nässe schützen.

Auflagen und Kompressen sind einfach anzuwenden. Es gibt viele Arten von Kompressen aus verschiedensten Wickelmaterialien. Aus meiner langjährigen Erfahrung beschreibe ich hier meine Lieblingsvariante.

Hals-Ölkompresse (Auflage)

Tränken Sie zwei Maxi-Baumwollwattepads (Größe: etwa 9 auf 5-6 cm) mit Senf- oder Schwarzkümmel-, alternativ Olivenöl, sodass es richtig nass wird, aber nicht tropft. Geben Sie auf jedes Wattepad je einen Tropfen Edeltannen- und Lavendelöl (insgesamt also 4 Tropfen). Legen Sie sie von vorne ungefaltet an beide Seiten des Halses. Bei Auflagen ist es wichtig, dass das Innentuch eng am Körper liegt. Darüber legen Sie ein etwas größeres Zwischentuch aus Molton oder Mull. Fixieren Sie das Ganze mit einem Schal. Lassen Sie die Kompresse zwei bis drei Stunden wirken. Sie können das zweimal am Tag über mehrere Tage machen. Nach der Kompressenanwendung werden die Wattepads weggeworfen und Ölreste mit einem Papierküchentuch entfernt. Halten Sie den Hals warm, indem Sie ihn mit einem Schal abdecken. Eine Ölkompresse führt dem Körper Wärme zu, fördert die Durchblutung, regt den Stoffwechsel an, wirkt entzündungshemmend, krampflösend und schmerzlindernd. Natürlich können Sie Ölkompressen auch bei Kindern ab sechs Jahren anwenden. Aber die Dosierung der ätherischen Öle muss viel geringer oder ganz ohne sein. Für Säuglinge und kleinere Kinder sind Kompressen mit ätherischen Ölen hingegen nicht geeignet.

Schwarzkümmelöl gehört zu den bekanntesten Naturarzneien, die aus arabischen Ländern zu uns gekommen ist. Im Orient und in den Mittelmeerländern hat der Einsatz von Schwarzkümmelöl lange Tradition. „Schwarzkümmelöl heilt jede Krankheit – außer den Tod“, lautet eine entsprechende Überlieferung aus dem Islam.

Senföle sind pflanzliche Antibiotika. Sie bestehen aus dem kaltgepressten Fett der Senfkörner und verhindern, dass sich Bakterien vermehren. Sogar gegen Viren wirken sie. Seine Inhaltsstoffe machen es zu einem kraftvollen Heilöl. Das Senföl selbst schmeckt nicht scharf. Erst vermischt mit Wasser, ergibt sich der typisch scharfe Geschmack.

Brust-Ölauflage

Tränken Sie ein Maxi-Baumwollwattepad (Größe: 11 auf 9 cm) mit Senf- oder Schwarzkümmel-, alternativ Olivenöl, sodass es richtig nass wird, aber nicht tropft. Darauf geben Sie ein, zwei Tropfen Thymian- oder Edeltannen- und einen Tropfen Lavendelöl (insgesamt 2-3 Tropfen). Legen Sie dies auf den oberen Brustbeinbereich eng an den Körper, ohne es zu falten und ohne Luftblasen. Darüber legen Sie ein größeres Zwischentuchstück aus Molton oder Mull. Dann wickeln Sie ein Außentuch um die Brust. Da der Wickel eine Weile braucht (2-4 Stunden), um seine Wirkung zu entfalten, machen Sie es sich gut zugedeckt bequem. Nach der Anwendung werfen Sie das Wattepad weg, entfernen die Ölreste mit einem Papierküchentuch und wiederholen das Ganze nach Bedarf mehrere Tage. Das Innentuch mit der Ölkompresse dürfen Sie nicht wiederverwenden. Werfen Sie es nach der Anwendung immer weg.

Rücken-Ölauflage (Kompresse)

Tränken Sie für beide Seiten Maxi-Baumwollwattepads (Größe: 11 auf 9 cm) mit Senf- oder Schwarzkümmel-, alternativ Olivenöl, sodass es richtig nass wird, aber nicht tropft. Geben Sie auf jedes Wattepad zwei Tropfen Thymian- oder Edeltannenöl und einen Tropfen Lavendelöl (insgesamt 6 Tropfen). Legen Sie es ohne Luftblasen von hinten auf den Rücken links und rechts von der Wirbelsäule eng an den Körper. Darüber legen Sie ein großes Zwischentuch aus Molton oder Mull. Fixieren Sie das Ganze mit einem großen Schal, am besten aus Wolle, oder einer Tagesdecke. Machen Sie es sich für zwei bis vier Stunden bequem. Nach der Anwendung werfen Sie die Wattepads weg, entfernen die Ölreste mit einem Papierküchentuch und halten dann den Rücken mit einem Schal oder einer Decke weiter warm. Nach Bedarf wiederholen Sie das Ganze zweimal am Tag mehrere Tage lang. Tipp: Wenn Sie etwas fettes Öl sparen wollen, können Sie zuerst ein paar Tropfen Wasser aufs Wattepad geben und danach das Öl. Sie können auch Öle nach Wunsch mischen, zum Beispiel Senf- mit Olivenöl oder Schwarzkümmel- mit Olivenöl.

Bei Kopfschmerzen während einer Erkältung oder eines grippalen Infekts, bei Überanstrengung oder steifem Nacken ist es sinnvoll, eine Ölauflage (Kompresse) auf Nacken und Schulter anzuwenden.

Nacken-Ölauflage

Tränken Sie für beide Seiten zwei Maxi-Baumwollwattepads mit Senf- oder Schwarzkümmel-, alternativ Olivenöl, sodass es richtig nass wird, aber nicht tropft. Auf jedes Wattepad geben Sie ein bis drei Tropfen ätherisches Öl Ihrer Wahl: Weißtannen-, Edeltannen-, Thymian-, Lavendel- oder Fichtenöl. Legen Sie es ohne Luftblasen von hinten auf Nacken und Schulter rechts und links der Wirbelsäule eng an den Körper. Darauf kommt ein Zwischentuch aus Molton oder Mull. Fixieren Sie das Ganze mit einer warmen Tagesdecke oder einem Schal. Lassen Sie die Kompresse zwei bis vier Stunden wirken und wiederholen das über mehrere Tage. Nach der Anwendung werfen sie die Wattepads weg und entfernen die Ölreste einfach mit einem Papierküchentuch. Nach der Anwendung halten Sie Schulter und Nacken mit einem Schal oder einer Decke weiter warm.

Eine Tasse Tee mit ausgesuchten Kräutern kann bei Kopfschmerzen ebenfalls für Linderung sorgen: Gut sind Weidenrinde, Wacholderbeeren, Mädesüß, Rosenblüten, Melisse, Kamillenblüten, Petersilie und Ingwer. Auch der Einsatz von ätherischen Ölen ist sinnvoll, beispielsweise Pfefferminz- oder Lavendelöl. Kopfschmerzen entstehen nicht im Gehirn, denn das Gehirn selbst besitzt keine Schmerzrezeptoren, sondern in den Hirnhäuten beziehungsweise den darin verlaufenden Nervenbahnen. Diese Nervenfasern reagieren auf Druck, zum Beispiel durch verhärtete Muskulatur, auf verminderte Durchblutung oder Entzündungen. Alkohol und Nikotin, seelische Belastungen, Flüssigkeitsmangel, Medikamente, schlechte Luft, Lärm, zu intensive Sonneneinwirkung auf den Kopf, Virusinfekte und zu wenig Schlaf können Kopfschmerzen hervorrufen.

Schon wieder Kopfschmerzen und Sie fragen sich warum? Um die Schmerzen verstehen zu können, hilft es, mögliche Ursachen zu kennen. Laut dem bekannten Fachautor und Heilpraktiker Hans-Dieter Bach ist dabei die Stelle, an der der Schmerz sitzt, von großer Bedeutung:

- rheumatisch: wandernde Kopfschmerzen, oft kombiniert mit Muskel- und Gelenkbeschwerden
- HWS-Prozesse (Beschwerden im Bereich der Halswirbelsäule): Schmerz zieht vom Nacken nach vorne und setzt sich hinter die Augen. Häufig treten dabei Verspannungen und Schwindel auf.
- Nieren: Anhaltender, dumpfer Schmerz strahlt von hinten nach vorne, Schwellungen an Augenlidern (Tränensäcke) im Gesicht.
- Leber/Galle: Kopfschmerz über der rechten Augenbraue und der Stirn
- Magen: Schmerz über der linken Augenbraue und der Stirn
- Darm: breitsitzender Stirnkopfschmerz. Neueste Studien belegen, dass schwere Kopfschmerzen, die sich häufig bemerkbar machen, auch von einer krankhaft veränderten Darmflora ausgelöst werden können.
- Venen: Gesicht rosa, rot oder zyanotisch (bläulich) verfärbt.
- Hirntumore: neurologische Ausfälle, oft Krampfanfälle, skandierende Sprache, Bewusstseinsstörungen, Persönlichkeitsveränderungen

Genug Schlaf in gut belüfteten Räumen, gesunde, einfache, ausgewogene Ernährung, regelmäßige Bewegung, am besten an der frischen Luft, können Kopfschmerzen vorbeugen beziehungsweise heilen.

Ohrenschmerzen können unterschiedliche Ursachen haben und machen sich auf verschiedene Weise bemerkbar. Sie können drückend, ziehend, stechend oder brennend sein. Mitunter entzünden sich im Zuge einer Erkältung oder eines grippalen Infektes auch die Schleimhäute im Mittelohr. Dieser Teil des Ohres hat eine direkte Verbindung zum Nasen-Rachen-Raum. Eine Mittelohrentzündung kann zudem Folge einer ständig verstopften Nase sein.

Die Hausapotheke von Mutter Erde hält auch etwas gegen Ohrschmerzen bereit:

- 15 Tropfen Lavendelöl
- 10 Tropfen Cajeput
- 5 Tropfen Edeltannenöl

Geben Sie die ätherischen Öle in 50 Milliliter Johanniskrautöl und schütteln etwas. Reiben Sie die Ohrmuschel innen und den Gehörgang mehrmals täglich damit ein. Die Ölmischung wird durch das Gewebe rasch zum Entzündungsherd vordringen.

Ohrauflage

Geben Sie diese Ölmischung auf einen Wattebausch und legen diesen aufs Ohr auf. Darauf kommt ein Zwischentuch (kann auch einfach ein Waschlappen sein), fixiert mit einem Schal oder einer Mütze. Lassen Sie es zwei bis vier Stunden wirken und entfernen dann die Ölreste mit einem Papierküchentuch.

Bei einer Mittelohrentzündung behandeln Sie die verstopfte Nase bitte unbedingt mit!

„Gesundheit: Immer auf die Signale deines Körpers hören. Wenn's im Ohr pfeift, dann den Teekessel von der Herdplatte nehmen."
Elmar Hörig, deutscher Radio- und Fernsehmoderator

Auch homöopathische Mittel sind bei einer unkomplizierten Mittelohrentzündung oft erfolgreich. Es gibt auch kombinierte Komplexmittel. Aber um das passende (richtige) homöopathische Mittel zu finden, müssen Sie zunächst einige Charakteristika Ihrer Ohrenschmerzen erkennen. Besprechen Sie das mit Ihrem Heilpraktiker oder Arzt. Bei sehr starken oder lange anhaltenden Ohrenschmerzen ziehen Sie bitte einen HNO-Arzt zurate. Denn aufgrund der anatomischen Gegebenheiten können fortschreitende Ohrenkrankheiten zu schweren Komplikationen führen. Und noch einmal: Nur kaltgepresste fette Öle haben therapeutische Effekte! Verwenden Sie nur zu 100 Prozent naturreine ätherische Öle! Es ist entsprechend ungesund, Niesen zu unterdrücken. Wenn wir niesen, entlädt sich die Luft mit beeindruckender Geschwindigkeit aus unserer Nase und dem Mund. Diese Geschwindigkeit kann bis zu 160 km/h erreichen. Denn der Körper will die Atemwege von Viren, Bakterien, Staub und Pollen befreien. Unterdrückt man das Niesen, können kleine Blutgefäße platzen, auch das Trommelfell kann verletzt werden. Es sind sogar schwere Verletzungen möglich.

Nasenspülungen mit Salzwasser (9 g auf 1 l lauwarmes Wasser) sind gut zur Vorbeugung und bei Beschwerden.

Eine laufende oder verstopfte Nase ist unangenehm. Manche Menschen neigen in dieser Situation dazu, den Schleim hochziehen. Die Nase hochzuziehen, schadet nur dann nicht, wenn

Sie den Auswurf gleich ausspucken können. Das „Zeug" muss weg! Die Nase richtig zu putzen, kann man lernen.
Versuchen Sie nun jedoch nicht, bei einer Erkältung oder Grippe alle obigen genannten Hinweise gleichzeitig umzusetzen. Der Mensch soll seinen eigenen Fähigkeiten und der Kraft der menschlichen Natur vertrauen. In ihr liegen viele Heilmittel verborgen. Krankheiten fühlen sich unangenehm an, das ist nichts anderes als der Heilungsprozess. Ein Sprichwort besagt, dass eine Erkältung mit Arzt sieben Tage dauert und ohne eine Woche. Ja, jede Krankheit braucht Zeit.

„Nichts beschleunigt die Genesung so sehr wie regelmäßige Arztrechnungen."

Alec Guinness, britischer Schauspieler

Macht der Gedanken und Worte

„Im Anfang war das Wort,
Und das Wort war bei Gott.
Und das Wort war ein Gott.
Alle Dinge kamen durch ihn ins Dasein.
Und ohne ihn kam auch nicht ein Ding ins Dasein."

Die Bibel, Johannes 1:1,3

Natürlich sind menschliche Worte nicht so mächtig wie Gottes Wort. Und keiner steht über Gottes Wort! Aber auch menschliche Worte können die Welt bewegen und verändern. Das Wort „Wort" kommt von dem Urwort „Vort":

„Die Reden des Freundlichen sind Honigseim, trösten die Seele und erfrischen die Gebeine"

Die Bibel, Sprüche 16:24

Ja, positive Menschen wirken mit ihrer herzlichen Art hochgradig ansteckend und lösen mit ihrer positiven Stimmung ein erstaunliches Wohlbefinden aus.

„Die Worte mancher Leute sind wie Messerstiche, die Worte weiser Menschen bringen Heilung."

Die Bibel, Sprüche 12:18

Wer kennt das nicht: In der Gegenwart mancher Menschen fühlen wir uns ausgelaugt, leer oder unter Druck. Sie missbrauchen uns als emotionale Mülleimer oder erpressen uns mit Schuldgefühlen.

Die Fähigkeit zur Sprache ist ein sehr wichtiger Punkt hinsichtlich der Ähnlichkeit zwischen Gott und Mensch, den kein anderes Lebewesen aufweist. Gedanken haben tatsächlich große Macht über unsere Gefühle, unser Befinden und natürlich unser Handeln. Wer die Macht der Gedanken unterschätzt, hat keine Kontrolle über sein Leben. Wie viel Beachtung schenken Sie den Worten, die Sie denken oder aussprechen? Es spielt eine große Rolle, was wir denken oder sagen. Es erschafft unsere Realität. „Worte haben Macht ... gib immer auf sie acht."

Sie haben es bestimmt schon bemerkt: Wenn ein Gedanke aufkommt, mit dem man wenig anfangen kann, dann ist er schnell wieder weg. Wenn aber ein Gedanke auftaucht, mit dem man sich sofort identifiziert, wird er sehr stark und nimmt viel Raum ein.

Wir bekommen im Leben oft nicht das, was wir wollen, sondern das, worauf wir uns konzentrieren. Ja, das ist doch logisch: Wenn wir unsere Aufmerksamkeit immer wieder auf die Probleme richten, auf die Schwächen und die Ängste, erschaffen wir noch mehr schwierige Lebensumstände. Doch wenn wir es schaffen, unsere Gedanken bewusst zu steuern, können wir dieses große Potenzial nutzen, um unser Leben positiv zu beeinflussen. Nur das, was der Mensch sät, kann er im direkten und weitesten Sinne ernten.

Wie gesagt: Durch positives Denken können Sie das Leben positiv ändern. Das bedeutet vor allem eines: in jeder Situation die positiven Aspekte wahrnehmen – alles hat letzten Endes eine positive und eine negative Seite –, anstatt sich auf das Negative zu versteifen. Dies bedeutet auch, sich seine eigenen Stärken bewusst zu machen und sich Dinge zuzutrauen.

Positive Gedanken und ermutigende Worte lösen Hoffnung aus, weil sie Perspektiven eröffnen. Dies spielt eine wichtige Rolle für ganzheitliches Wohlbefinden.

„Das Glück deines Lebens hängt von der Beschaffenheit deiner Gedanken ab."

Marc Aurel

Der berühmte japanische Politikwissenschaftler, Forscher und Autor Masaru Emoto beschäftigte sich viele Jahre mit dem Einfluss von positiven und negativen Gedanken, Worten und Musik auf das Wasser. Seine Experimente sind weltberühmt. Er füllte Wasser in Flaschen, die er mit positiven Begriffen wie „Danke" und „Liebe" oder mit negativen Begriffen wie „Krieg" und „Hass" beschriftete und schließlich einfror. So entstandene Eiskristalle fotografierte er unter dem Mikroskop. Ergebnis: Mit positiven Begriffen beschriftetes Wasser bildete jedes Mal schöne und symmetrische Eiskristalle, das negativ markierte hingegen beschädigte. Ebenfalls ist sein Experiment mit Reis eine berühmte Demonstration der Macht des negativen Denkens und natürlich umgekehrt: Emoto platzierte gekochten Reis in zwei Behältern. Auf einen schrieb er „Liebe/Dankbarkeit" auf den anderen „Ärger/Wut/Hass". Mehrere Tage lang holte er täglich den „Liebe"-Behälter vor und sagte liebevolle Worte zu ihm. Dasselbe tat er mit dem „Hass"-Behälter – nur dass er ihm negative Energie sendete. Nach einigen Tagen hatte sich der Reis in dem Behälter mit den positiven Worten kaum verändert, während der andere verfaulte und verschimmelte.

Emoto hat durch seine Experimente nachgewiesen, dass Wasser ein Gedächtnis hat, auf Informationen wie Gefühle, Worte, Bilder und Musik reagiert und deren heilenden oder zerstörenden Schwingungen annimmt. Jeder Gedanke, den wir denken, hat also eine Schwingung und erzeugt ein Gefühl, das unseren Körper in jeder Zelle schwingen lässt.

Indem wir gut mit uns selbst und unsere Mitmenschen umgehen, das Positive mit Dankbarkeit bedenken, können wir ein gesünderes und glücklicheres Leben fördern und uns zu einem schönen Eiskristall entwickeln.

„Achte auf deine Gedanken, denn sie werden Worte.
Achte auf deine Worte, denn sie werden Handlungen.
Achte auf deine Handlungen, denn sie werden Gewohnheiten.
Achte auf deine Gewohnheiten, denn sie werden dein Charakter.
Achte auf deinen Charakter, denn er wird dein Schicksal."

Altes chinesisches Sprichwort

Unsere Vergangenheit ist der Weg, den wir gegangen sind, um dorthin zu gelangen, wo wir heute sind. Aber wir sind nicht unsere Vergangenheit, auch wenn die Vergangenheit ein wichtiger Teil von uns ist. Der Mensch ist niemals fertig, sondern ist stets im Werden. Wir Menschen verändern uns, das tun wir von Sekunde zu Sekunde; heute sind wir ein anderer als gestern und Morgen werden wir ein anderer sein als heute. Wir verwandeln uns ständig durch Atmung, durch die Nahrung, mit jeder neuen Information, mit allem, was wir lernen, mit jedem neuen Sinneseindruck und Gedanken. Das Leben ist ein Fluss, alles ändert sich. Die Vergangenheit ist eigentlich nicht mehr real, im direkten und weiteren Sinne. Deshalb verletzt es uns, wenn wir ständig daran denken. Wenn wir in unserem Herzen an irgendetwas festhalten wie Wut, Angst, Hass, Neid oder Besitz, können wir nicht frei sein. Doch die Freiheit ist eine wichtige Bedingung für Glück. Loszulassen gibt uns Freiheit. Nur dann können wir das Leben leben und genießen.
Loszulassen bedeutet nicht, den Dingen gegenüber gleichgültig gegenüberzustehen. Vielmehr bedeutet es zu akzeptieren, anzunehmen und zuzulassen, was ist, und die Verantwortung zu übernehmen. Loszulassen bedeutet letztlich, fließen zu lassen.
Ich lese viel und gerne. Eines der Bücher mit vielen schönen Geschichten zum Aufwachen und Nachdenken ist vom argentinischen Autor und Psychotherapeuten Jorge Bucay. Es heißt: „Komm, ich erzähle dir eine Geschichte". Ich kann sie nur wei-

terempfehlen. Seine Kurzgeschichte vom Elefanten, der an einem kleinen Pflock angekettet ist, eine traurige und zugleich mutmachende Parabel, passt sehr gut zu diesem Hintergrund: „Als ich ein kleiner Junge war, war ich vollkommen vom Zirkus fasziniert, und am meisten gefielen mir die Tiere. Vor allem der Elefant hatte es mir angetan. Wie ich später erfuhr, war er das Lieblingstier vieler Kinder. Während der Zirkusvorstellung stellte das riesige Tier sein ungeheures Gewicht, seine eindrucksvolle Größe und seine Kraft zur Schau. Nach der Vorstellung aber und auch in der Zeit bis kurz vor seinem Auftritt blieb der Elefant immer am Fuß an einen kleinen Pflock angekettet. Der Pflock war allerdings nichts weiter als ein winziges Stück Holz, das kaum ein paar Zentimeter tief in der Erde steckte. Und obwohl die Kette mächtig und schwer war, stand für mich ganz außer Zweifel, dass ein Tier, das die Kraft hatte, einen Baum mitsamt der Wurzel auszureißen, sich mit Leichtigkeit von einem solchen Pflock befreien und fliehen könnte.
Dieses Rätsel beschäftigt mich bis heute. Was hält ihn zurück? Warum macht er sich nicht auf und davon?
Als Sechs- oder Siebenjähriger vertraute ich noch auf die Weisheit der Erwachsenen. Also fragte ich einen Lehrer, einen Vater oder Onkel nach dem Rätsel des Elefanten. Einer von ihnen erklärte mir, der Elefant mache sich nicht aus dem Staub, weil er dressiert sei.
Meine nächste Frage lag auf der Hand: Und wenn er dressiert ist, warum muss er dann noch angekettet werden?
Ich glaube nicht, je eine schlüssige Antwort darauf bekommen zu haben. Mit der Zeit vergaß ich das Rätsel um den angeketteten Elefanten und erinnerte mich erst wieder daran, als ich auf Menschen traf, die sich dieselbe Frage irgendwann auch schon einmal gestellt hatten. Vor einigen Jahren endlich fand ich heraus, dass zu meinem Glück doch schon jemand weise genug gewesen war, die Antwort auf meine Frage zu finden: Der Zirkuselefant flieht nicht, weil er schon seit frühester Kindheit an einen solchen Pflock gekettet ist. Da schloss ich die Augen und stellte mir den wehrlosen neugeborenen Elefanten am Pflock vor. Ich war mir sicher, dass er in diesem Moment

schubst, zieht und schwitzt und sich zu befreien versucht. Und trotz aller Anstrengung gelingt es ihm nicht, weil dieser Pflock für ihn zu fest in der Erde steckt. Ich stellte mir vor, dass er erschöpft einschläft und es am nächsten Tag gleich wieder probiert und am nächsten Tag wieder und am nächsten ... bis er eines Tages, eines für seine Zukunft verhängnisvollen Tages, seine Ohnmacht akzeptiert und sich in sein Schicksal fügt. Dieser riesige mächtige Elefant aus dem Zirkus flieht also nur deshalb nicht, weil der Ärmste glaubt, dass er es nicht kann! Allzu tief hat sich die Erinnerung daran, wie ohnmächtig er sich kurz nach seiner Geburt gefühlt hat, in sein Gedächtnis eingebrannt. Das Schlimmste ist, dass er diese Erinnerung nie wieder ernsthaft hinterfragt hat. Nie wieder hat er versucht, seine Kraft auf die Probe zu stellen".

Negative Gedanken beeinflussen unser Leben enorm. Sie breiten sich im Kopf wie eine Lawine aus und haben einen hohen Generalisierungsgrad. Im Ergebnis fühlen wir uns schlapp, übel gelaunt, verkrampft und überfordert. Dabei ist oft nichts von dem, was sich im Kopf abspielt, real oder tritt tatsächlich so ein. Denn wir verwechseln die Gefühle gern mit Realität.

Selbstbewusstsein ist die tiefe Überzeugung von den eigenen Fähigkeiten, Eigenschaften und von unserem Urteilsvermögen. In dem Begriff Selbstbewusstsein ist es ja schon versteckt: sich selbst (stärken-)bewusst zu sein. Verwandte Wörter wie Selbstvertrauen und Selbstwertgefühl sind somit Ausdruck mentaler Stärke.

„Wer weiß, wie wichtig er ist, braucht sich nicht mehr wichtigzumachen."

Ernst Ferstl

Dabei ist Selbstbewusstsein nicht mit Arroganz zu verwechseln. Diesen Unterschied kannte übrigens schon Konfuzius: „Der edelgesinnte Mensch ist selbstbewusst, doch nicht hochmütig. Der gewöhnliche ist hochmütig, doch nicht selbstbewusst." Auch mit Äußerlichkeiten hat Selbstbewusstsein wenig zu tun. Es handelt sich vielmehr um eine innere Haltung, die weder vererbbar ist noch gekauft werden kann. Negative Gedanken und Ängste machen das Leben klein und eng, sind oft tief verwurzelt und rauben innere Kraft. Ein geringeres Selbstbewusstsein liegt zu einem großen Teil in den Erfahrungen. Gene, Eltern und enge Bezugspersonen prägen unsere ersten Vorstellungen davon, wie wir durchs Leben gehen. Aber das Selbstbewusstsein lässt sich in späteren Jahren noch entwickeln, also verbessern, wenn wir auf unsere Stärken setzen und unsere Grenzen akzeptieren. Unser Selbstbewusstsein ist nicht angeboren, sondern wird erworben.

„Lass dich nicht von deinem Schmerz definieren.
Lass dich nicht von deiner Angst besiegen.
Lass dich nicht von deiner Unsicherheit aufhalten.
Lerne zu akzeptieren, was du nicht ändern kannst.
Alles, was du brauchst, ist Glaube und Vertrauen."

Alte Weisheit

Wenn vieles in uns nicht mehr stimmt, sind eine oder mehrere Um-Stimmungs-Therapien dringend nötig, zum Beispiel in Form

- von Reisen in unbekannte Landschaften und Länder: Die äußere Veränderung von Ort, Luft, Klima und Menschen schafft oft eine neue Stimmung und kann heilsame Wirkung erzielen;
- von einer Kur, die Sie auf Ihrem Weg zu einem neuen Gesundheitsniveau begleiten kann und hilft, wieder in die eigene Mitte zu kommen;
- von Seminaren, Lektüre, Vorträgen oder Psychotherapie, die allesamt innere Veränderungen fördern, Kraft und nicht selten viel Energie geben.

Eine der letztlich einfachsten und bewährtesten körperlichen Umstimmungstherapien ist eine Ernährungsumstellung von einem Tag auf den anderen. Oder Sie legen einen Fastentag fest als Startpunkt für ein gesünderes Essverhalten. Ernährung hat starken Einfluss auf das körperliche und psychische Wohlbefinden. Genau deshalb sollten Sie auf einen gesunden Speiseplan achten.

„Frei ist nicht, wer viel hat, sondern wer wenig braucht."

Massagen, Schröpfen, barfuß durch den Schnee zu laufen, kalte Duschen oder im Freien eisbaden – all das kann ebenso der Umstimmung dienen und die Abwehrkräfte stärken.

„Eine Kur im Winter ist so wirksam wie zwei Kuren im Sommer"
Sebastian Kneipp, Priester und Naturheilkundler

Sie selbst können ganz bewusst Ihr Selbstbewusstsein stärken, müssen dazu aber aktiv werden. Beim Sport brauchen wir nicht nur die Kraft der Muskeln, sondern auch die des Geistes, also mentale Stärke, durch die Willenskraft hervorgerufen wird. Regelmäßiges Sporttraining steigert Motivation, Disziplin und Konzentrationsfähigkeit. Sie werden spüren, wie viel Energie eigentlich in Ihnen steckt. Laufen, tanzen, wandern, Basketball, schwimmen, Yoga – machen Sie einfach das, was Ihrem Körper und Ihrer Seele guttut. Sie werden sehen: Es lohnt sich! Sport erhöht das physische und psychische Wohlbefinden ebenso wie Ihr Durchhaltevermögen.

„Übung macht aus Schwierigkeiten Routine."

Laut zahlreicher Studien können Depressionen, Stress, Müdigkeit und Kopfschmerzen durch regelmäßiges Tanzen gelindert oder gar geheilt werden. Probieren Sie es einfach aus! Tanzen kann im Prinzip jeder. Und wer kann schon beim Tanzen traurig bleiben? Es ist eine gute Möglichkeit, seine Gefühle auszudrücken. Manche sagen: Tanzen macht süchtig. Aber dann ist es eine Gute-Laune-Droge. Es gibt Tänze für jeder Geschmack: Cha-Cha-Cha, Samba, Rumba, Salsa, Bauchtanz, Foxtrott, Wiener Walzer. Oder drehen Sie einfach Ihre Lieblingsmusik auf und tanzen wild und ausgelassen durch den Raum.

Vor einer Depression kann man buchstäblich weglaufen. Joggen gilt als besonders effektiv gegen Depression, egal in welcher Intensität man es betreibt. Es geht nicht um Wettkampf und Bestzeiten. Sich fürs Joggen zu entscheiden, scheidet allerdings für viele von vorneherein aus. Dabei haben wir alle die Freiheit der Entscheidung: Wie viel bin ich bereit, mir zuzumuten? Joggen hat viele positive Auswirkungen auf den Körper: Es stärkt das Immunsystem, festigt Gelenke und Muskeln, trainiert Herz und Lunge, verbessert die Darmtätigkeit, setzt Glückshormone frei und hilft, den Kopf frei zu bekommen. Laufen ist die vielleicht beste Möglichkeit, um sich zu entspannen und abzuschalten. Überschüssige Reize werden ausgeblendet und eine meditative Wirkung setzt ein. Durchs Joggen können wir effektiv Stresshormone abbauen.

Dies gilt natürlich für fast alle Ausdauersportarten wie Radfahren, Schwimmen, Nordic Walking und Wandern. Machen Sie das, was Ihnen Freude bereitet, und sagen Sie Tschüss zur schlechten Laune! Auch Yoga könnte Ihr persönlicher Schlüssel zum Glück sein. Ihren Ursprung hat die Yogalehre vor Tausenden von Jahren in Indien. Ziel ist es, eine Harmonieeinheit zwischen Geist, Seele und Körper zu bilden. Übersetzt bedeutet Yoga passenderweise Verbindung. Den eigenen Stärken zu vertrauen und sich selbst anzunehmen, ist nicht immer einfach. Mit gezielten Yogaübungen indes nehmen wir unseren Körper von Kopf bis Fuß intensiv wahr, stärken Selbstbewusstsein und Körper gleichermaßen. Denn Yoga hilft uns dabei, unsere innere Balance wiederzufinden. Yoga ist für fast jeden geeignet.

Egal ob man jung oder im fortgeschrittenen Alter, sogar wenn man schwach und nicht so sportlich ist – jeder kann mit Yoga beginnen. Es gibt mittlerweile zwar viele gute Bücher und Videos über Yoga. Trotzdem empfehle ich Ihnen, Yoga in einem Kurs unter Anleitung eines guten Lehrers zu lernen. Richtig angewandte Yogaübungen bewirken körperliche und geistige Reinigung, Flexibilität und Stabilität. Es gibt keine magische Pille für geistige Gesundheit. Sie selbst sind Ihr eigener Erlöser und Retter. Bitte geben Sie dem Gefühl von mangelndem Selbstvertrauen nicht länger Raum. Ab auf die Yogamatte! Selbstbeherrschung schafft Selbstvertrauen. Selbstvertrauen wächst durch Mut.

Mit dem Alter oder bei Depressionen kann es vorkommen, dass man mit dem eigenen Gedächtnis zu kämpfen hat oder bestimmte Dinge nicht mehr so einfach versteht. Dem kann man entgegenwirken: Lebenslanges Lernen erhält nicht nur unsere Fähigkeiten und Erfahrungen, sondern bildet gleichzeitig neue Nervenvernetzungen.

„Neuigkeiten, die interessant und gut für uns sind, aktivieren tief im Hirn das Glückszentrum (Nucleus accumbens). Dort wird der Neurotransmitter Dopamin ausgeschüttet. Bei einem Erfolgserlebnis oder Sex funktioniert das übrigens ganz genauso. Wir fühlen uns gut und wollen mehr davon“, sagt Neurowissenschaftler und Psychiater Prof. Dr. Manfred Spitzer

Was haben Sie als Letztes gelernt? Welche Schritte haben Sie heute gemacht? Leider überschätzen manche Menschen mit wenig Wissen oft ihre eigenen Fähigkeiten; Selbstwahrnehmung kann ganz schön tricky sein!

Leider verhalten wir uns nicht selten wie der Brunnenfrosch Kup-Manduk aus einer alten indischen Geschichte: In den kleinen Brunnen, in dem der Frosch sein ganzes Leben zugebracht und gedacht hat, dass der Brunnen die ganze Welt sei, springt eines Tages ein anderer Frosch und erzählt ihm, er komme vom Ozean.

„Was ist der Ozean?“, fragt der Brunnenfrosch.

„Der Ozean ist ein Ort, ein großer Ort“, antwortet der Gast.

„Wie groß?“

„Sehr, sehr groß.“

Der Brunnenfrosch macht einen Hopser, um die Größe anzudeuten. „So groß?"
„Nein. Viel, viel größer."
Der Brunnenfrosch zeichnet einen großen Kreis. „So groß?"
„Nein. Noch viel, viel größer", antwortet der Frosch vom Ozean.
„Lügner!", ruft der aufgeblasene Brunnenfrosch und will nichts mehr von dem anderen wissen.
Kaum jemand bleibt sein Leben lang beschwerdefrei. Jeder von uns durchlebt von Zeit zu Zeit schwierige Phasen, schwache Momente, eine Krise. Doch wenn Sie Probleme bekommen, betrachten Sie diese nicht nur als negativ! Denn jede Krise birgt auch Chancen. Entdecken Sie neue Möglichkeiten und denken Sie in Goethes Sinn: „Ei, bin ich denn darum achtzig Jahre alt geworden, dass ich immer dasselbe denken soll? Ich strebe viel mehr, täglich etwas anderes, Neues zu denken, um nicht langweilig zu werden. Man muss sich immerfort verändern ..."
Machen Sie Fortbildungen. Sorgen Sie dafür, dass Ihr Glücks- und Lernzentrum anspricht. Denn Neues zu entdecken, tut einfach gut. Die Natur belohnt uns dafür mit Glücksgefühlen.
Wir achten leider sehr gerne auf negative Dinge. Genauso ist es mit der Krankheit: Wenn wir krank sind, beschäftigen wir uns meist mit den Aussichten und dem Zustand der Erkrankung und nicht mit dem, was wir erreichen möchten, nämlich Gesundheit. Wenn ich gesund werden will, muss ich mich gedanklich mit meinem Ziel beschäftigen und nicht damit, was ich jetzt gerade bin. Ich muss mir sagen: „Ja, im Moment bin ich krank, aber ich werde gesund!" Lenken wir unseren Fokus auf die Chancen und Möglichkeiten, unseren Geist zu erweitern. Das stärkt unser Immunsystem und wir werden handlungsfähiger. Auf lange Sicht stärkt das unser Selbstbewusstsein und verbessert die Lebensqualität.
Also, ab jetzt richten Sie Ihre Gedanken auf die Gesundheit.
Der Augenblick der Schwierigkeiten ist immer so, wie wir sie sehen: Die Umstände sind immer so schwer oder so leicht, wie wir sie sehen oder wahrnehmen. Zweifeln Sie nicht zu sehr! Mit Zweifeln blockieren wir unsere Kraft, Aktivität und Kreativität.

„Betet aber im festen Vertrauen und zweifelt nicht; denn wer zweifelt, ist wie eine Welle, die vom Wind im Meer hin- und hergetrieben wird.“

Die Bibel, Jakobus 1:6

Nicht umsonst heißt es: Der Glaube versetzt die Berge.
Nur wenige leiden wirklich unter den Umständen. Meist leiden Menschen aufgrund ihrer Fantasie und negativer Gedanken. Das wusste schon Aristoteles. Er meinte, dass der Mensch aufgrund seiner Vorstellungskraft in der Lage sei, sich gedanklich in Situationen hineinzuversetzen, die in Wirklichkeit gar nicht existieren.
Das Leben ist schön Von Leichtigkeit war nicht die Rede ...

Schlafhygiene

Wir alle brauchen gesunden Schlaf, um geistig und körperlich fit zu bleiben. Leider sind Schlafstörungen in unserer Gesellschaft weit verbreitet. Unter Schlafstörungen leidet mittlerweile ein großer Teil der Bevölkerungen westlicher Industrieländer. Gründe gibt es dafür viele: Stress, falsche Ernährungsweise, Alkohol, Übergewicht, Bewegungsmangel, Überstimulation durch Aktivitäten auf Social Media, Depressionen, Angststörungen, hormonelle Schwankungen, organische Erkrankungen oder ein chaotischer Schlafrhythmus. Jeder von uns schläft mal schlecht. Doch wenn Ein- und Durchschlafstörungen zum Alltag werden, ist das ein ernstzunehmendes Problem. Wenn Sie häufig nachts stundenlang wachliegen, ist es dringend angeraten, auf eine gute Schlafhygiene zu achten, eventuell mit individuellen Ritualen.

Hier sind einige gute Tipps, die Ihnen helfen können:

- Gehen Sie jeden Abend ungefähr zur selben Zeit ins Bett und stehen Sie ebenfalls zur stets selben Zeit auf.
- Um den Teufelskreis von schlechtem Schlaf und chronischer Müdigkeit zu durchbrechen, sollten Sie auf Mittagsschlaf komplett verzichten, ungeachtet des schlechten Nachtschlafs. Bewegen Sie sich viel und möglichst im Freien.
- Guter Schlaf „beginnt“ am Tag!
- Treiben Sie täglich mindestens 30 Minuten Ausdauersport: Joggen, Schwimmen, Yoga, Wandern, lange Spaziergänge usw.
- Machen Sie Ihr Schlafzimmer zu einer Schlafoase. Das wichtigste Möbelstück ist ein bequemes Bett mit einer guten Matratze und schöner Baumwollbettwäsche. Auch wenn die kaum jemand sieht, sollten Sie hier investieren. Halten Sie Ordnung in Ihrem Schlafzimmer. Unordnung (Chaos) überfordert unser Hirn.

- Seit Langem ist es schon ein Streitthema, ob das Fenster beim Schlafen offen oder geschlossen bleiben sollte. Für viele Menschen ist das offene Fenster in der Nacht ein Garant für guten, erholsamen Schlaf durch ausreichend frische Luft. Schon seit vielen Jahren stelle ich das Fenster im Schlafzimmer auf Kipp. Das gehört für mich zur Abendroutine. Ich kann es nur weiterempfehlen.
- Schlafmangel verändert den Stoffwechsel. Bestimmt haben Sie es schon an sich selbst beobachtet: Nach einer schlaflosen Nacht bekommen Sie plötzlich Heißhunger auf etwas Fettiges und/oder Süßes. Studien beweisen, dass Schlaf unser Essverhalten beeinflusst und umgekehrt. Wer sich oft von Fast Food und fettigen Fleischgerichten ernährt, den ganzen Tag auf der Couch sitzt, muss sich über Schlafstörungen nicht wundern. Wer Probleme beim Schlafen hat, sollte seinen Speiseplan kritisch betrachten und seine Ernährung (insbesondere sein Abendessen) unter die Lupe nehmen. Verzichten Sie auf Koffein, Alkohol, Süßigkeiten, Fertig- und Weißmehlprodukte sowie Fast Food oder reduzieren dies radikal. Denn alles, was wir essen und trinken, hat einen großen Einfluss auf unsere Schlafqualität.

Die Bedeutung der gesunden Ernährung wird verständlich, wenn Sie sich klarmachen, dass ihr Organismus nicht immer gleich ist, sondern ein System im Fluss, in ständiger Veränderung. In der Naturheilkunde ist das schon seit einigen Tausend Jahren bekannt und heute sogar wissenschaftlich bestätigt. Gesunde, ausgewogene Ernährung sorgt auf Dauer für einen guten Nachtschlaf.

Nehmen Sie ein leicht verdauliches Abendessen zu sich, vielleicht Buchweizenbrei mit einer schönen Portion Blattsalat dazu, zum Naschen einen kleinen Naturjoghurt mit Walnüssen und etwas Honig oder ein Gläschen sogenannte Goldene Milch. Sie ist ein echter Kurkuma-Klassiker und wirkt wie ein kleiner Zaubertrank, weil Kurkuma Curcumin enthält, ein starkes Antioxidans, das Entzündungen reduzieren und Ihren Schlaf verbessern kann.

- 200-300 ml Pflanzenmilch (Hafer, Mandel)
- 1 Teelöffel Kurkumapulver
- ¼ Teelöffel Zimtpulver
- etwas Muskatpulver
- 1 Prise gemahlener schwarzer Pfeffer
- 2 Datteln oder 1 Teelöffel Honig oder 1 Teelöffel Ahornsirup

Geben Sie alle Zutaten in einen Mixer und zerkleinern sie so lange, bis eine feine Konsistenz entsteht. Warm genießen! Die gelbe Mischung wird auch als Pulver in Dosen oder Gläsern angeboten. Achten Sie dabei bitte auf Qualität und nicht auf Quantität.

Tipp: Bei Angstzuständen ist der regelmäßige Konsum von tierischen Milchprodukten nicht empfehlenswert.

Kalte Füße können das Einschlafen ebenfalls verhindern. Eine Wärmeflasche hilft wunderbar dagegen, sorgt für eine wohlige Wärme und entspannt den ganzen Körper. Oder nehmen Sie ein warmes Salzfußbad. Trocknen Sie die Füße danach gut ab, ziehen warme Socken an – und ab unter die Decke!

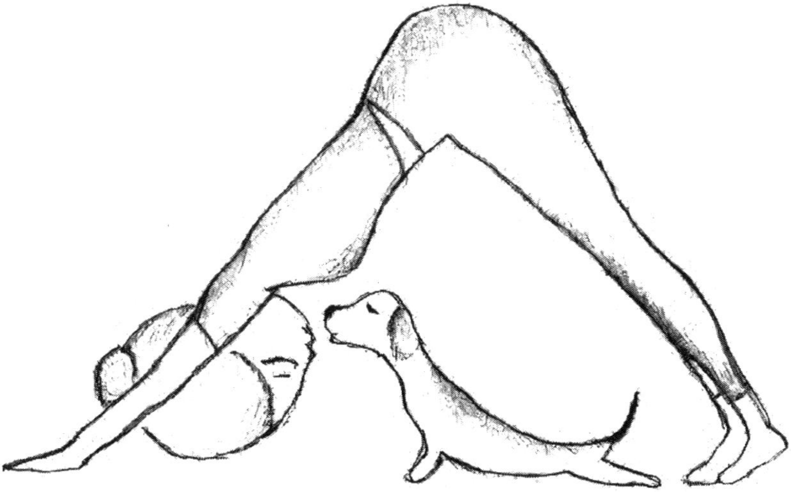

Yoga ist wie ausgeführt eine gute Möglichkeit, Körper und Geist immer wieder in Einklang zu bringen und damit einen hyperaktiven Geist und einen verspannten Körper zu entspannen. Viele Menschen, die Yoga regelmäßig ausüben, verbessern deutlich ihre Schlafqualität. Yoga gibt uns durch Asanas, Pranayamas (Atemübungen), Meditations- und Achtsamkeitsübungen die effektivsten Techniken gegen körperliche und psychische Probleme an die Hand. Es ist wahrscheinlich das älteste Übungssystem der Welt und viel mehr als das reine Üben von Körperstellungen, nämlich eine umfassende Philosophie. Yoga ist eines der sechs orthodoxen Systeme indischer Philosophie und hält Techniken vor, die helfen, unser verborgenes Potenzial zu erschließen und den Geist zur Ruhe kommen zu lassen. Yogahaltungen wie Sonnengruß, herabschauender Hund, Dreieck, Krieger, Baum und Lotussitz führen bei den meisten zu einer Verbesserung des körperlichen und psychischen Befindens. Selbst das Gedächtnis wird durch Yoga trainiert. Inzwischen setzen auch viele Mediziner und Psychotherapeuten in ihren Praxen auf die heilsame Wirkung von Yoga. Sogar meine Hündin ist eine begeisterte Yogaanhängerin. Mit jedem tiefen Atemzug und jeder sanfter Bewegung strahlt sie eine Zufriedenheit aus, die ansteckend ist. Man könnte fest meinen, sie wisse, dass das Geheimnis zu einem glücklichen Leben in der Achtsamkeit und im Einklang mit sich selbst liegt. Sie zeigt mir jeden Tag, dass es oft die einfachen Dinge im Leben sind, die uns wirklich glücklich machen.

Bei Yoga kann man allerdings viel falsch machen. Deswegen suchen Sie sich unbedingt einen kompetenten Yogalehrer, dem Sie vertrauen können.
Yogastile und -haltungen (Asanas), die sich zum Einschlafen eignen, beeinflussen tiefliegende Schichten des Körpers positiv. Dazu gehören das fasziale Gewebe und das Nervensystem. Alles, was vom Parasympathikus gesteuert ist, wird gestärkt.
Yin Yoga ist ein ruhiger Yogastil, bei dem die Asanas mehrere Minuten lang gehalten werden. Schmetterling, Happy Baby, Schulterbrücke, Sphinx, Kind, Raupe, liegender Twist, Shavasana, das Reh – regelmäßige beziehungsweise tägliche Yin-Yogaübungen, die rund 30 Minuten dauern, können schon einen enormen Einfluss auf Ihre Schlafqualität haben. Üben Sie Yin Yoga am besten eine Stunde vor dem Schlafengehen aus.
Yoga Nidra indes ist eine Form der Meditation, die Körper und Geist auf allen Ebenen entspannt. Das Wort Nidra stammt aus dem Sanskrit und bedeutet Schlaf. Entsprechend pendelt der Geist während einer Yoga-Nidra-Übung zwischen entspanntem Wachzustand und Dämmerschlaf hin und her. Dabei werden Konzentrationsfähigkeit, Loslassen und die innere Unabhängigkeit von den äußeren Einflüssen geübt. Dies und insbesondere die Bauchatmung hilft vielen Menschen dabei, wieder einzuschlafen, wenn sie mitten in der Nacht oft aufwachen. Sie gilt als die natürliche Atmung des Menschen und wird doch von den wenigsten angewendet. In den Bauch bewusst zu atmen, hilft uns, schnell wieder vom Kopf in den Bauch zurückzukehren. Es entspannt das ganze System, sodass Geist und Körper zur Ruhe kommen können. Die Bauchatmung können Sie auch im Bett praktizieren. Und so geht es:

- Begeben Sie sich in Rückenlage.
- Kreuzen Sie die Fußgelenke.
- Achten Sie darauf, dass die Haltung ganz bequem ist.
- Legen Sie eine Hand auf den Bauch.
- Atmen Sie tief (nicht zu angestrengt) und langsam durch die Nase. Spüren sie, wie sich Ihre Bauchdecke nach vorne wölbt und beim Ausatmen wieder senkt.
- Konzentrieren Sie sich auf Ihren Atem. Der Fokus auf den Atem wirkt beruhigend und entspannt. Die Betonung der Ausatmung wirkt zusätzlich stressreduzierend.

Die Wechselatmung ist eine der Grundatemformen beim Yoga. Sie atmen abwechselnd über das eine und dann das andere Nasenloch aus und ein. Sie ist der Klassiker unter den Atemübungen und hilft gegen Nervosität, Schlaflosigkeit und emotionale Verspannungen. Die Wechselatmung bringt viele Vorteile für Körper und Geist: Sie verbessert den Atemfluss, die Aufnahme von Lebensenergie und die Abgabe verbrauchter Energie, gleicht die Körperhälften energetisch aus und synchronisiert die Gehirnhälften. Durch die Wechselatmung werden energetische Blockaden gelöst, sodass die Energie wieder frei fließen kann. Mithilfe der Wechselatmung können wir unser inneres Gleichgewicht wiederherstellen. Sie können sie zu jeder Zeit anwenden. Sie kann ihre positive Wirkung immer entfalten, insbesondere wenn Sie gestresst sind oder nicht zur Ruhe kommen können.

Die Übung

Nehmen Sie in einem aufrechten, bequemen Sitz Ihrer Wahl Platz. Achten Sie darauf, dass der Atem frei fließen kann. Beugen Sie den Zeige- und Mittelfinger der rechten Hand zu sich. Halten Sie sich abwechselnd ein Nasenloch zu und atmen Sie durch das andere ruhig und tief aus. Dazu nutzen Sie Daumen und Kuppe des Ringfingers einer Hand. Schließen Sie das rechte Nasenloch mit dem Daumen und atmen Sie links ein. Schließen Sie das linke Nasenloch mit der Kuppe des Ringfingers und atmen Sie rechts aus, dann rechts wieder ein. Nun schließen Sie das rechte Nasenloch und atmen durch das linke aus, dann links einatmen, linkes Nasenloch wieder schließen und rechts ausatmen. Und so weiter. Sie beginnen mit dem Einatmen immer links und beenden die Übung mit Ausatmen links. Fahren Sie damit so lange fort, wie es Ihnen angenehm ist. Üben Sie mehrere Runden und nehmen Sie sich danach noch Zeit, in meditativer Ruhe zu sitzen. Es klingt zunächst vielleicht kompliziert, ist aber ganz einfach. Denn: „Alles ist schwierig, bevor es leicht wird."

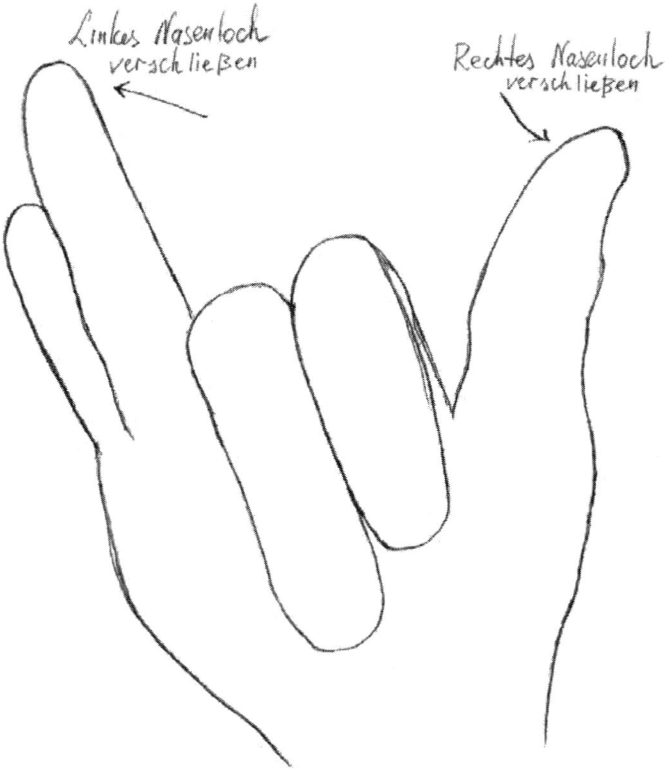

Durch Yogaatemtechniken, die sogenannten Pranayama-Übungen (Prana = Lebensenergie, Ayama = Kontrolle), können Energieblockaden in Geist und Körper gelöst werden. Insbesondere durch langes Ausatmen stellt sich eine Beruhigung des Nervensystems ein, wodurch Schlafstörungen und Stress vorgebeugt werden kann. Durch die Pranayama-Übungen können Sie somit unangenehme Emotionen besser loslassen und zu innerem Frieden finden.
Die Kehlatmung, das rauschende (Aus-)Atmen, auch Meeresrauschen genannt, ist eine weitere sehr wirksame Atemübung, um sich zu entspannen und Ruhe zu finden. Atmen Sie tief (nicht zu angestrengt) durch die Nase ein und durch den Mund aus. Beim Ausatmen erzeugen Sie ein „Hhhhaaaaaaaa"-Hauchen.

Durch das fließende Ausatmen mit „Hhhhaaaaaaaa"-Geräusch öffnet sich der Geist und macht die Gedanken frei. Fahren Sie damit so lange fort, wie es Ihnen angenehm ist, etwa drei bis zehn Atemzüge lang. Nehmen Sie sich danach Zeit, in meditativer Ruhe zu bleiben. Spüren Sie nach.
Das langsame Rauschen der Kehlatmung kann sogar Kinder zum Einschlafen bringen.

Nicht alle Kräutertees wirken schlaffördernd. Es gibt Teesorten, die sogar das Gegenteil bewirken und Schlafprobleme verstärken können. Daher sollten Sie Jasmin-, Mate-, Rosmarin-, Schwarz- und Grüntee bei Schlafproblemen lieber meiden.

Die wirksamsten Pflanzen zur Bekämpfung von Schlafstörungen:

- **Baldrian** wirkt beruhigend bei nervösen Störungen und gehört zu den wichtigsten, nicht abhängig machenden Beruhigungspflanzen.
- **Hopfen** ist nicht nur für Bier zu gebrauchen, auch als Tee hat die Pflanze ihre Funktion. Seine Inhaltsstoffe beruhigen den Geist und wirken schlaffördernd. Hopfenextrakt kann den Stresslevel senken und Depressionen lindern.
- **Zitronenmelisse** wirkt entkrampfend und beruhigend. Überall dort, wo die rhythmischen Abläufe gestört sind, kommt diese wunderbare Pflanze zur Anwendung. Melisse lindert innere Unruhe und stärkt ihre Nerven.
- **Weißdorn,** auch als Baldrian des Herzens bekannt, wird traditionell als Herzstärkungsmittel verwendet. Seine magische Kraft soll alles Negative fernhalten. Bei Nervosität, innerer Unruhe und Schlafstörungen wirkt Weißdorn beruhigend und entspannend. Die Pflanze kann Stress und Angst klammern, sodass der Körper Druck ablassen kann.
- **Lavendel** gilt ebenfalls als Heilpflanze und findet vielseitige Anwendung in der Naturheilkunde. Lavendeltee wirkt krampflösend, nervenstärkend und durchblutungsfördernd. Er hat eine entspannende, beruhigende Wirkung auf den gesamten Organismus. Der feine Geruch von Lavendel versetzt

uns sofort in ein blühendes Feld aus violetten Halmen in die französische Provence, wunderschön und stimmungsvoll. Deshalb wirken Lavendelkissen so nah an der Nase auch so entspannend und fördern das Durchschlafen.

- **Kamille** ist die perfekte Blüte, um Muskeln zu entspannen und Ruhe zu finden. Sie beruhigt zudem den Bauch und hilft bei Halsschmerzen.
- **Fencheltee** zählt aufgrund seiner heilenden Wirkung zu den beliebtesten Kräutertees. Fenchel ist übrigens eine der ältesten und meistgenutzten Arzneipflanzen der Welt. Er wird bei über 40 Krankheiten angewendet. Fenchel schützt unseren Körper nicht nur vor Erkältungen, sondern unsere Nerven auch vor Stress. Er ist ein Universalmittel gegen alle Magen-Darm-Leiden und hilfreich bei Erschöpfungszuständen.
- **Passionsblume** als Tee kann das Einschlafen erleichtern und Unruhe lindern. Sehr häufig wird sie mit ähnlich wirkenden Heilkräutern in Kombination angewendet. Das Extrakt der Passionsblume kann die Konzentration an GABA erhöhen und bei nervöser oder ängstlicher Unruhe hilfreich sein.

Hiermit erkläre ich diesen Tag für beendet. Gute Nacht, träumen Sie was Schönes. Schlafen Sie gut, sammeln Sie Kraft und neuen Mut!

Im Einklang mit den Jahreszeiten

Zyklische Abläufe der Natur: Die Planetenbahnen, der Sonnen- und Mondzyklus sowie die wechselnden Jahreszeiten prägen die Natur, haben unterschiedliche Eigenschaften und Auswirkungen auf Körper, Geist, Seele und Psyche. Die Natur folgt festgelegten Rhythmen. Durch das bewusste Erleben der Jahreszeiten, die richtige Lebensweise und entsprechende Ernährung können wir die besonderen Qualitäten der Jahreszeiten verstehen, schätzen und für unsere Gesundheit nutzen.
Durch die Industrialisierung haben viele verlernt, auf den Rhythmus der Jahreszeiten und den Tag-Nacht-Rhythmus zu hören. Für viele gibt es keine Pause, das Leben zieht wie ein reißender Strom an einem vorbei, Wachzeiten werden bis zur Schmerzgrenze ausgereizt, die Leistung sinkt, die Motivation nimmt ab. Wir ignorieren den natürlichen Ablauf, der in unseren Genen gespeichert ist – leider nicht selten bis zur körperlichen und psychischen Erschöpfung.
Achtsamkeit dient unterdessen der Selbstwahrnehmung. Dazu ist es sehr wichtig, unser Leben anzupassen. Wir sollten den natürlichen Tagesablauf mit dem Sonnenaufgang beginnen und mit dem Sonnenuntergang beenden. Gehen Sie früher schlafen und stehen Sie früher auf. Regelmäßiger und gesunder Schlaf sollte zwischen 22 und sechs Uhr erfolgen. Wer früher aufsteht, hat mehr vom Tag. Und es ist so schön, den Tag erwachen zu sehen. Wenn es Ihnen möglich ist, schlafen Sie mit dem Kopf nach Osten. So richten Sie sich auf den natürlichen Energiefluss aus, da dies der Rotationsrichtung der Erdkugel entspricht. Es ist sehr ungesund, nachts wach zu bleiben. Geist und Körper werden dann unruhig, verlieren Energie, altern schneller und geraten aus dem natürlichen Gleichgewicht. Ein kurzer Mittagsschlaf ist gesund, von einem langen Mittagsschlaf raten viele Forschung und alte Weisheiten ab.
Rhythmen bestimmen unser Leben und unsere Gesundheit. Auch unsere Zellen, Organe und unser komplettes Organsys-

tem haben ihre Biorhythmen. Jedes unserer Organe folgt dem Rhythmus der Natur. Der Atemzyklus, der Herzschlag und die Verdauungstätigkeit folgen einer eigenen inneren Uhr. Wenn wir gesund bleiben beziehungsweise werden möchten, müssen wir lernen, die Rhythmen der Natur zu respektieren und uns wieder in Einklang mit der kosmischen Ordnung zu bringen. Gehen Sie achtsam durch den Alltag. Leider ist dies für die meisten Menschen kein Normalzustand. Viele hängen mit Gedanken in der Vergangenheit fest, beschäftigen sich mit ihren Sorgen oder denken zu viel über die Zukunft nach. Um unseren Daseinszweck zu erfüllen, können wir lernen, aus dem Gedankenkarussell auszusteigen und mehr ins Fühlen zu kommen. Leben wir im Hier und Jetzt, schaffen wir uns über das Jahr, über die Monate jeden Tag bewusste Momente.
Die Jahresuhr steht niemals still. Schaffen wir es, in diesem ständigen Tanz des Jahreszeitenwechsels im völligen Einklang mit der inneren und äußeren Natur zu leben, kommen wir voller Balance und Energie durchs Jahr. Die Welt ist ein großes Miteinander.

Winter

Der Winter mit kürzeren Tagen und längeren Nächten ist die ruhigste Jahreszeit. Durch die Bewegung nach ihnen entsteht Schutz vor der kommenden Kälte. Mutter Erde ist infolge der Kälte erstarrt und sammelt all ihre Kräfte für das nächste Frühjahr. Die Umstellung der Temperaturen und des Tag-Nacht-Rhythmus sind für viele Menschen anstrengend. Sie fühlen sich mit der Dunkelheit und der Schwere des Winters nicht wohl, vor allem, wenn die Tage von Kälte und Wind geprägt sind. In der kalten Jahreszeit können vermehrt Sorgen und Ängste auftreten, die zu Depressionen oder Schlafstörungen führen können. Alles in die Natur wird durch die Kälte verlangsamt. Auch bei uns Menschen werden bestimmte Hormone ausgeschüttet und alle Stoffwechselprozesse verlangsamt. Im Winter haben wir daher ein erhöhtes Ruhe- und Schlafbedürfnis. Es ist Zeit loszulassen.

Kennzeichnend für den Winter ist das Speichern und Bewahren. Befolgen wir diese Prinzipien nicht, wird die Nieren-Energie geschädigt.
Die Bäume lassen im Winter ihre alten Blätter los. So schützen sie sich vor dem Vertrocknen. Auch bei uns Menschen schafft Loslassen wertvolle Freiräume. Kleiderschränke können mit kritischem Blick aufgeräumt werden, unnötiger Ballast verschenkt oder verkauft.
Im Winter haben wir mehr Zeit, uns mit bestimmten Lebensthemen zu beschäftigen: Was brauche ich, um zufrieden und glücklich zu sein? Welche Bedürfnisse habe ich? Was ist wichtig für mich? Wovon möchte ich mich verabschieden? Was brauche ich nicht mehr?
Versuchen Sie, ein, zwei Stunden in Ihrem Alltag nur für sich selbst zu reservieren. Dies versüßen Sie sich mit all den wunderbaren Dingen, die Seele und Körper guttun: Yogaübungen, einem Spaziergang, Schlittschuhlaufen, Skifahren usw. Ein Besuch im Thermalbad, in der Sauna oder im Hamam – also einem türkischen Dampfbad und anschließender Massage mit Seifenschaum – oder eine Fangopackung sind in der kalten Jahreszeit empfehlenswert. Gönnen Sie sich Pausen. Besinnliche Pausen haben positive körperliche und psychische Effekte. Anstatt es sich auf der Couch gemütlich zu machen, die Füße hochzulegen und sich vom Fernseher berieseln zu lassen, versuchen Sie es lieber mit Entspannungsübungen. Es gibt zahlreiche sanfte Methoden, um zur Ruhe zu kommen, Spannung und Stresshormone abzubauen: Yogaübungen, Meditation und Achtsamkeit, Tai-Chi, Qigong, Atemübungen oder Autogenes Training – jeder Mensch braucht andere Pausen.
Yogaübungen als Morgenroutine aktivieren nicht nur den trägen Winterstoffwechsel, sondern sorgen zudem für eine gute Durchblutung, bewirken körperliche und geistige Reinigung, Flexibilität und Stabilität. Genießen Sie die Natur, gehen Sie auch im Winter täglich spazieren und lassen Sie daraus eine erfrischende Gehmeditation werden.
Eine gesunde Ernährung im Winter ist ebenfalls sehr wichtig. Denn was wir essen, hat großen Einfluss darauf, wie wir uns

fühlen. Wenn es draußen kälter wird, helfen uns die Speisen, die uns von innen wärmen. Als Frühstück eignet sich ein frisch geschroteter Getreidebrei mit gekochten Trockenfrüchten. Als Hauptmahlzeit darf es ruhig deftiger zugehen: Eintöpfe, dicke Suppen und pikante Gerichte. Nicht umsonst haben wir im Winter mehr Appetit darauf. Aber auch knackige Salate schmecken im Winter hervorragend: Rote-Bete-, Karotten-, Blattsalat usw. Denn gerade in der kalten Jahreszeit braucht unser Körper Vitamine und Spurenelemente, die in frischem Gemüse stecken: in Rote Bete, Karotten, Pastinaken, Sellerie, Kürbissen, selbst eingelegtem Sauerkraut, Grünkohl, Wirsing, Rosenkohl, Feldsalat, Rotkohl, Zwiebel oder Knoblauch. Dies alles sind wunderbares Gemüse, die Sie in der kalten Jahreszeit gesund halten.

Nüsse sind wertvolle Lebensmittel und tragen mit ihrem Fettsäureprofil zu einer gesunden Ernährung bei. Sie haben einen hohen Anteil mehrfach ungesättigter Fettsäuren und nur ganz wenig gesättigte. Mehrfach ungesättigte Fettsäuren sind sehr wichtig für unser Herz-Kreislauf-System und einen ausgeglichenen Cholesterinspiegel. Außerdem unterstützen Nüsse die Bildung des Glückshormons Serotonin, was sehr wichtig ist, wenn die Tage kurz sind. Nüsse enthalten nämlich recht viel Tryptophan, eine Aminosäure, die der Körper benötigt, um Serotonin herzustellen. Schon zwei Paranüsse, vier bis sechs ganze Walnüsse und sieben Mandeln decken den Tagesbedarf.

„Kerngesund sein – die Redewendung kommt nicht von ungefähr, steckt doch in jedem Kern ein Stückchen Gesundheit. Sie enthalten Vitamine, Mineralstoffe, Spurenelemente, Provitamine, mehrfach ungesättigte Fettsäuren, Ballaststoffe und Linolsäure. Kürbiskerne, Sonnenblumenkerne, Leinsamen, Sesam, Pinienkerne, Hanfsamen – all diese unscheinbaren Kerne sind echte Powerpakete voller gesunder Inhaltsstoffe und sollten auf Ihrem Speiseplan nicht fehlen.

Naturbelassene pflanzliche Öle enthalten nicht nur wertvolle Fette, sondern viele weitere gesundheitsförderliche Vitalstoffe (Vitamine und Co.), die unser Immunsystem in der kalten Jahreszeit in Schwung bringen.

„Die Mysterien der Natur liegen nicht im Komplizierten verborgen, sondern in der Erkenntnis der Einfachheit des Lebens.“

Zitat aus „Charaka Samhita“

Frühling

Der Frühling ist der Anfang aller Dinge. Im Frühjahr entfaltet die Natur ihre Kraft, das Leben kommt in Bewegung. Die Temperaturen steigen wieder, die Vögel zwitschern und die ersten Blumen zeigen sich. Nach der langen Winterruhe bringen die drei Frühlingsmonate neues Leben in die Natur. Kraftvoll bringt der Frühling Bewegung in scheinbare Stille und lässt Natur, Mensch und Tier wieder zu regelrecht neuem Leben erwachen. Das schöne Wetter im Frühling weckt aber nicht bei jedem Frühlingsgefühle. Infektionsanfälligkeit, Kopfschmerzen, empfindliche Augen, Verdauungsstörungen, Blähungen, hoher Cholesterinspiegel, Arthritis, Herzerkrankungen, Müdigkeit, Schwindel, Ängste, Verspannungen, Herzrasen, Depression und Antriebslosigkeit sind meist die Folge einer überlasteten Leber. Bereits Hildegard von Bingen und Sebastian Kneipp waren große Anhänger der Fastenfrühjahrskur mit dem Ziel, das Blut zu reinigen, den Körper zu entwässern und die Organe zu stärken. Nutzen Sie die Regenerationskraft der Leber nach dem Winter. Eine Leberreinigungskur gibt dem Körper die Möglichkeit, sich selbst zu stabilisieren und die angeborene Weisheit des Körpers zu stärken. Im Frühling braucht unser Körper anregende, leichte und gut bekömmliche Lebensmittel. Der Tag sollte mit ein paar Gläsern warmem Wasser mit Zitronensaft begonnen werden. Die Farbe Grün stimuliert Organe zur Entgiftung. Chlorophyll ist auch ein Farbstoff. Viele grüne Kräuter und Wildkräuter wie Bärlauch, Petersilie, Dill, Brunnenkresse,

Sauerampfer, Brennnessel, Löwenzahn, Wermut, Gerstengras, Weizengras und viele mehr stärken die Lebensenergie. Dazu dienen uns ebenso dunkelgrüne Blattsalatsorten wie Rucola und Feldsalat und frisch gepresste Säfte, zum Beispiel aus Sellerie, Rote Bete oder Karotten. Damit lässt sich der Selbstreinigungsprozess des Körpers optimal unterstützen.
Das Entgiftungsorgan gilt als Sitz der Gefühle und Wanderseele. Eine starke Leber bietet uns ein großes Potenzial an Kreativität, Fantasie und Lebensfreude.
Ein direktes Tor zur Leber sind die Augen. Denn alles, was wir über die Augen wahrnehmen, beeinflusst die Leber. Und das Geheimrezept gegen Antriebslosigkeit ist natürlich die Sonne und möglichst viel Bewegung an der frischen Luft.

Sommer

Im Sommer ist die Natur hochaktiv. Die Kraft der Sonne erreicht ihren Höhepunkt. Die Tage sind lang und warm, wir sind aktiv und gehen besonders leichtfüßig durchs Leben. Die Energien des Sommers konzentrieren sich in Bewegung und Wachstum, in Lebensfreude und der Lust auf Vielfalt. Die Energie des Himmels steigt hinab und die Energie der Erde auf. Durch diese Energievermengung findet ein Austausch zwischen Himmel und Erde statt. Das ist der Grund, warum Pflanzen, Früchte und Blumen reifen und so reichlich erscheinen.
Haben Sie schon einmal an einem heißen Tag am Strand gelegen und von einer deftigen Mahlzeit geträumt, etwa von einem Rinderbraten mit Klößen? Wahrscheinlich nicht, denn in der heißen Jahreszeit ist unser Stoffwechsel ganz anders eingestellt als in der kalten. Um sich nicht zu überhitzen, stellt der Körper sein inneres Feuer auf ein Minimum. Intuitiv bevorzugen wir Lebensmittel und Speisen, die leicht und kühlend wirken, und haben weniger Lust auf schwer verdauliche Gerichte. Durch die richtige Lebensweise und eine bewusste Wahl der Lebensmittel können wir die höheren Temperaturen am besten überstehen. Schwere und scharfe Lebensmittel, fet-

tige und frittierte Speisen, auch Alkohol sollten wir reduzieren. Sommerrezepte sollten leicht verdaulich sein. Viel Wasser zu trinken, ist ebenfalls wichtig oder in einem See schwimmen zu gehen und in kühlen Wäldern zu spazieren. Vielleicht möchten Sie jetzt auch Perlen tragen. Denn die Perle steht in Resonanz mit der Mondenergie und hat auf uns einen kühlenden Effekt. An heißen Sommertagen ist es wichtig, unsere Grenzen zu beachten und uns Pausen zu gönnen.

Herbst

Ende August kann man bereits den ersten Herbsteinbruch spüren und wir müssen uns vom traumhaften Sommer verabschieden. Die Nächte werden länger und kälter, dann folgen weitere sonnig-warme Tage. Die bunten Blätter hängen noch an den Bäumen, bis der nächste Wind kommt …

In dieser Zeit schenken sich uns die Früchte des Herbstes, die in der Sommersonne gereift sind, in ihrer ganzen Fülle. Jeder kann von ihnen essen, was sein Herz begehrt.

Der herbstliche Jahreszeitenwechsel kann auf emotionaler Ebene allerdings zu Melancholie und Unruhe führen. Atem- und Yogaübungen, Ölmassagen und lange Spaziergänge wirken vorbeugend und ausgleichend, beruhigen das Nervensystem, bringen den Körper in Schwung und stärken die Beziehung zu uns selbst.

Der Herbst ist eine Zeit für all unsere Sinne. Er ruft in uns langsam die Sehnsucht nach Rückzug und Rückkehr nach innen hervor. Wenn wir den natürlichen Rhythmen folgen, sind wir im Einklang mit uns selbst, der gesamten Schöpfung und mit Mutter Erde.

Vielleicht kennen Sie schon die Geschichte von Frederick, geschrieben vom italienischen Autor Leo Lionni. Poetisch und einfühlsam erzählt er eine bezaubernde Mausgeschichte für Groß und Klein über das Leben, das Alltägliche, das Glück und Veränderung. Es ist die Geschichte über die Maus Frederick, die nicht wie die anderen für den Winter Körner und Nüsse sammelt. Frederick sitzt auf einem Stein und scheint nichts zu tun. Als die Mäuse fragen, warum er nicht hilft, antwortet er, dass er doch auch sammle. Er fange die Sonnenstrahlen, Farben und Worte ein. Diese Vorräte seien ebenso wichtig, meint er, denn der Winter sei lang, kalt und grau.

Als alle Vorräte mit der Zeit dahinschwinden und der Frühling noch nicht in Sicht ist, holt Frederick seine Sammlung hervor: Seine Worte werden zu einem hoffnungsvollen Gedicht, die Erinnerungen an die Sonnenstrahlen wärmen die Herzen seiner Mäusefamilie und die bunten Farben schmücken alles festlich aus.

Diese Geschichte regt uns dazu an, neue Perspektiven zu entdecken. Sie lenkt den Blick auf die Schätze, die oft übersehen werden, und auf die Träume, die gelebt werden möchten.

Hier lesen Sie Auszüge:

„Rund um die Wiese herum, wo Kühe und Pferde grasten, stand eine alte, alte Steinmauer. In dieser Mauer, nahe bei Scheune und Kornspeicher, wohnt eine Familie schwatzhafter Feldmäuse. Aber die Bauern waren weggezogen, Scheune und Kornspeicher standen leer. Und weil es bald Winter wurde, begannen die kleinen Feldmäuse, Körner, Nüsse, Weizen und Stroh zu sammeln. Alle Mäuse arbeiteten Tag und Nacht. Alle, bis auf die Maus Frederick. ‚Frederick, warum arbeitest du nicht?', fragten sie. ‚Ich arbeite doch', sagte Frederick, ‚ich sammle Sonnenstrahlen für die kalten, dunklen Wintertage.'

Und als sie Frederick so dasitzen sahen, wie er auf die Wiese starrte, sagten sie: ‚Und nun, Frederick, wir sind alle am Arbeiten, was machst du jetzt?' ‚Ich, ich sammle Farben', sagte er nur, ‚denn der Winter ist lang und grau.'

Und einmal sah es so aus, als sei Frederick halb eingeschlafen, während die anderen hart schufteten. ‚Träumst du, Frederick?', fragten die Mäuse vorwurfsvoll. ‚Aber nein', sagte er, ‚ich sammle Wörter. Es gibt lange, dunkle Wintertage und dann wissen wir nicht mehr, worüber wir sprechen sollen.'

Als nun der Winter kam und der erste Schnee fiel, zogen sich die fünf kleinen Feldmäuse in ihr Versteck zwischen den Steinen zurück. In der ersten Zeit gab es noch viel zu essen, und die Mäuse erzählten sich Geschichten, über singende Füchse und tanzende

Katzen. Da war die Mäusefamilie glücklich! Aber nach und nach waren fast alle Nüsse und Beeren aufgeknabbert, das Stroh war alle und an die Körner konnten sie sich kaum noch erinnern. Es war auf einmal sehr kalt zwischen den Steinen der alten Mauer und keiner wollte mehr sprechen. Da fiel ihnen plötzlich ein, wie Frederick von Sonnenstrahlen, Farben und Wörtern gesprochen hatte. ‚Frederick!', riefen sie, ‚was machen deine Vorräte?' ‚Macht die Augen zu', sagte Frederick und kletterte auf einen großen Stein. ‚Jetzt schicke ich euch Sonnenstrahlen. Fühlt ihr schon, wie warm sie sind? Warm, schön und golden?' Und während Frederick so von der Sonne erzählte, wurde den vier kleinen Mäusen schon viel wärmer. Ob das Fredericks Stimme gemacht hatte? Oder war es ein Zauber? ‚Und was ist mit den Farben, Frederick?', fragten sie aufgeregt. ‚Macht wieder eure Augen zu', sagte Frederick. Und als er von blauen Kornblumen und roten Mohnblumen im gelben Kornfeld und von grünen Blättern am Beerenbusch erzählte, da sahen sie die Farben so klar und deutlich vor sich, als wären sie aufgemalt in ihren kleinen Mäuseköpfen.
‚Und die Wörter, Frederick?' Frederick räusperte sich, wartete einen Augenblick und dann sprach er wie von einer Bühne herab: ‚Wer streut die Schneeflocken, wer schmilzt das Eis? Wer macht lautes Wetter, wer macht es leise? Wer bringt den Glücksklee im Juni heran? Wer verdunkelt den Tag, wer zündet die Mondlampe an? Vier kleine Feldmäuse, wie du und ich, wohnen im Himmel und denken an dich. Die erste ist die Frühlingsmaus, die lässt den Regen lachen. Als Maler hat die Sommermaus die Blumen bunt zu machen. Die Herbstmaus schickt mit Nuss und Weizen schöne Grüße. Pantoffeln braucht die Wintermaus, für ihre kalten Füße. Frühling, Sommer, Herbst und Winter sind vier Jahreszeiten. Keine weniger und keine mehr. Vier verschiedene Fröhlichkeiten.' Als Frederick aufgehört hatte, klatschten alle fröhlich, lachten und riefen: ‚Frederick, du bist ja ein Dichter!' Frederick wurde rot, verbeugte sich und sagte bescheiden: ‚Ich weiß es, ihr lieben Mäusegesichter.'"

„Folge deinen Träumen, sie kennen den Weg.“

„Ich weiß, dass mir nichts gehört als der Gedanke,
der ungestört aus meiner Seele will fließen,
und jeder günstige Augenblick,
den mich ein liebendes Geschick
von Grund aus lässt genießen.“
Johann Wolfgang von Goethe

Allgemeine Regeln zur ausgewogenen und bewussten Ernährung

„Die Selbsterkenntnis ist die Bedingung praktischer Tüchtigkeit."
Sokrates

Wir essen oft unbewusst, nebenbei, aus Langweile oder aus reiner Höflichkeit. Wir nehmen nicht wahr, was wir hinunterschlingen. Gleichgültig, ob das Gericht, das vor uns auf dem Tisch steht, nun zu süß oder zu salzig, gekocht oder gebraten ist – wir essen unseren Teller leer, weil uns die Portion so vorgegeben worden ist. Was man isst und wie man isst, findet leider meist zu wenig Beachtung.
Das Feierabendbier nach einem langen Arbeitstag, ein Glas, manchmal auch die Flasche Wein am Abend zum Runterkommen, das Anstoßen zum Geburtstag: Alkohol gehört in unserer Gesellschaft in vielen Situationen automatisch dazu.
„Der Mensch isst, um zu leben", lautet eine alte Wahrheit. Das Zitat geht auf Sokrates (470-399 v. Chr.) zurück. Obwohl der Satz so bekannt ist, machen sich nur wenige Gedanken darüber. Denn in jeder Zeit gibt es auch Menschen, die umgekehrt leben, um zu essen!
Kleinkinder hören immer auf ihren Körper. Sie verlangen nach Essen, wenn sie hungrig sind, und hören damit auf, wenn sie satt sind. Sie essen über lange Zeit nur wenige verschiedene Lebensmittel. Wir Erwachsene wissen doch eigentlich besser, wie es sein soll, und ruinieren dennoch den richtigen Umgang mit Essen mit allen Mitteln. Sätze wie „Komm, noch ein Löffel für Mama" oder „Du musst doch deinen Teller leeressen" kann man immer wieder hören. Man sieht es überall: Kleinkinder bekommen Knabbereien in die Hand gedrückt, beim Einkaufen, auf dem Spielplatz, im Wartezimmer. Manche Kinderärzte haben sogar schon ein Schild hängen mit der Aufschrift: „Achtung: Behandlungszimmer! Nicht essen!" Reiswaffeln, Gum-

mibärchen, Salzstangen, Miniwürstchen und andere Snacks sind heute immer und überall verfügbar; der Snackindustrie sei Dank. Fertig verpackt, handlich klein, nichts mehr zu schneiden oder zu belegen, nur einstecken – kein Wunder, dass die Kinder zur Hauptmahlzeit keinen Hunger mehr haben. Wir bringen unseren Kindern eine völlig falsche Esskultur bei. Sie können gar nicht mehr lernen, dass man mal etwas Hunger aushalten kann und muss!
Die Grundsteine des heutigen Ernährungsverhaltens liegen in der frühesten Kindheit. Ein erster Schritt, um falsches Essverhalten zu ändern, ist es, sich die eigenen Essgewohnheiten bewusst zu machen. Dies ist eine Anleitung, um Schritt für Schritt Ihre Essmuster zu verändern, mit individuellen Vorlieben ungeliebte Gewohnheiten loszuwerden, ohne neue mit neuen Gefahren zu schaffen:

- Die besten Mahlzeiten sind natürlich die, die Sie selbst zu Hause zubereiten, wo Sie die meiste Kontrolle über Zutaten und Garmethode haben.
- Viele Menschen können gleich in der Früh nichts herunterbekommen, ihr Appetit kommt erst im Laufe des Vormittags. Doch dass das Frühstück die wichtigste Mahlzeit des Tages darstelle, ist ein unbewiesenes Gerücht. Zahlreiche Studien haben mittlerweile bewiesen, dass das Frühstück gleich am Morgen kein Muss ist. Es wird von Experten sogar zunehmend kritisch gesehen. Morgens ohne Appetit zu frühstücken, bringt dem Körper keine Vorteile! Wer morgens keinen Hunger hat, sollte sich nicht zwingen. Viel besser ist es, gleich in der Früh viel zu trinken (siehe Kapitel „Wasser"), dann zu warten, bis der Hunger kommt, und nur dann etwas zu sich zu nehmen, vielleicht zwei frische Karotten und dazu vier Walnüsse oder sieben Mandeln. Frühstücken ohne Appetit oder ein falsches Frühstück sind wahre Energieräuber, die eher müde und schlapp als wach machen. Bestimmte Nahrungsmittel sorgen gar dafür, dass wir morgens nicht in die Gänge kommen. Verzichten Sie unbedingt auf süßes Frühstück wie zuckerhaltige Cereali-

en, Schoko- und Müsliriegel, allesamt Zuckerbomben. Der hohe Zuckerkonsum in unserer Gesellschaft hat dramatische Folgen: Übergewicht, Diabetes Typ 2, Bluthochdruck und Herz-Kreislauf-Erkrankungen etwa. Produkte für ein gesundes Frühstück gibt es viele: Statt süßem Müsli können Sie sich genauso gut einen Haferbrei vorbereiten und mit Obst verfeinern (siehe „Meine Rezepte").

- Was wir essen, wann und warum, folgt leider oft lange eingeübten Mustern ohne nachzudenken. Bewusst zu essen, ist ein wichtiger Schritt in Richtung eines gesunden Essverhaltens. Lernen Sie den wahren Hunger der Zellen und Organe kennen. Machen Sie große Pausen zwischen den Mahlzeiten. Auch im Bereich der Ernährung können Meditation, Atemübungen und Yoga ein schöner Weg sein. Denn ein zufriedener Geist hat kein Verlangen nach süchtig machenden gewohnheitsmäßigen Magenüberladungen. Dann sind auch Diäten und Fressanfälle kein Thema mehr. Alles beginnt schließlich im Kopf. Im Gehirn liegen die Bereiche für Hunger und Durst eng beieinander. Übermäßiger Appetit lässt sich oft schon vertreiben, indem man genügend zwischen den Mahlzeiten trinkt.

„Der Mensch ist nicht geboren, um zu essen,
noch sollte er leben, um zu essen."
Mahatma Gandhi

Eine ausgewogene Ernährung gilt allgemeinhin als gute Basis für ein gesundes glückliches Leben. Werden Sie sensibler dafür, indem Sie schnell zwischen ungesunden Gelüsten und wirklich gesundem Appetit unterscheiden. Wer angepasst an den biologischen Ablauf isst, beugt der Gefahr vor, dass sein Stoffwechsel aus dem Takt gerät.

- Bereits ein Fastentag pro Woche verbessert den Stoffwechsel und senkt das Risiko für so manche schwere Erkrankung. Die Erkenntnisse der Wissenschaft zeigen, dass ein Entlastungstag pro Woche, regelmäßig durchgeführt, erstaunliche Effekte mit sich bringen kann. Eintägiges Fasten wird Ihre Körpersäfte wieder in Schwung bringen und Ihre Willenskraft trainieren. Ein Fastentag pro Woche hilft uns, mehr Weitsicht zu gewinnen, mit unseren Lebensmitteln bewusst umzugehen und gesundes Essverhalten zu erlernen. So können wir unsere Nahrung wieder mehr wertschätzen. Ein Apfel oder eine Kartoffel erscheinen uns dann plötzlich wie Kostbarkeiten. Denn wenn wir hungrig sind, denken wir nicht an Süßes, Cola oder Chips. Ein-Tages-Fasten bedeutet, dass Sie an einem Tag vollständig auf feste Nahrung verzichten und nur ausreichend Wasser und etwas Kräutertee trinken. Je nach Wunsch und Laune ist zudem ein Glas Gemüsesaft, Gemüsebrühe ohne Salz oder etwas Molke erlaubt. Nehmen Sie an Ihrem Fastentag ein bis zwei Teelöffel Heilerde, Bentonit oder Flohsamenschalen, die Gifte aufsaugen, damit sie nicht wieder in die Blutbahn gelangen, sondern mit dem Stuhl ausgeschieden werden. Spazieren zu gehen und/oder Yogaübungen sind während der Fastenzeit unbedingt empfehlenswert. Auch etwas längeres Meditieren und Pranayama-Übungen wirken positiv. Eine in der Früh und am Abend durchgeführte Bauchmassage unterstützt den Körper bei der Entgiftung. Bauchmassage fördert die Peristaltik und verbessert die Mikro- und Makroblutzirkulation. Aus meiner Sicht ist Montag ein idealer Fastentag, aber Sie können im Grunde jeden Tag auswählen oder auch flexibel sein und dann fasten, wenn Sie merken, dass Ihr Organismus und Ihre Psyche es gerade brauchen. Bei regelmäßigem eintägigem Fasten werden Sie feststellen, dass Sie das Essen nicht wirklich benötigen für Ihren psychischen Gemütszustand. An den restlichen sechs Tage sollten Sie natürlich am besten auf eine ausgewogene, bewusste Ernährung setzen.

- Wichtig ist, dass Sie während der Mahlzeit nicht trinken, damit unsere Verdauungskraft nicht geschwächt wird.
- Trinken Sie über den Tag verteilt Wasser!
- Verzichten Sie auf Fast Food und Fertigprodukte. Zucker und Salz sind die beliebtesten Zutaten der Nahrungsindustrie. Außerdem enthalten Fertiggerichte sehr viele Kalorien, die

zum größten Teil aus ungesunden Fetten bestehen. Konservierungsstoffe, Geschmacksverstärker, Stabilisatoren und künstliche Aromen sind oft weitere Bestandteile. In vielen Fertigartikeln wird außerdem Phosphat verarbeitet. Phosphat schadet den Blutgefäßen und sollte nicht auf dem Speiseplan auftauchen. Gesunde Vitamine und Ballaststoffe sind darin hingegen kaum enthalten.

- Lernen Sie gesunde Snacks für den kleinen Hunger zwischendurch kennen. Aus meiner Sicht sind das insbesondere Äpfel. Denn der Apfel ist der König unter den Obstsorten. Das Kernobst ist voller Vitamine, Mineralstoffe und Spurenelemente. Besonders die Schale ist voll davon. Der Apfel ist die einzige Frucht, die sich mit praktisch allen Gemüse- und Obstarten gut verträgt. Zahlreiche Studien empfehlen Äpfel zur Gefäßreinigung, um Arterienverkalkung vorzubeugen, zur Senkung des Cholesterinspiegels, Stärkung des Herzens und der Nerven. Bei Wassersucht, Fettsucht, Darmerkrankungen, Appetitlosigkeit, Nervenerkrankungen und Blutarmut ist täglicher Apfelverzehr empfehlenswert. Zwei bis drei Äpfel am Tag schützen bereits vor vielen Krankheiten. Im Grunde genommen könnte man ihn als echtes Superfood bezeichnen. Äpfel sind für mich immer ein willkommener Zwischensnack.
- Alles hängt mit dem Universum zusammen. Das gesamte Universum unterliegt den Naturgesetzen. Ähnlich ist es bei unserem Körper. Er wird bis die kleinste Zelle vom sogenannten zirkadianen Rhythmus beeinflusst. Auch bei der Zusammensetzung der Ernährung gibt es bestimmte Ordnungen, die man auf Dauer nicht ohne Schaden missachten kann. Fast alle unsere Verdauungsorgane vollbringen ihre beste Leistung zwischen Vor- und Nachmittag. Daher sollte in dieser Zeit die Hauptmahlzeit eingenommen werden. Gesundheitsbewusste Menschen verzichten auf ein üppiges, deftiges, spätes Abendessen. Denn es kann sich auf die natürlichen Abläufe unseres Stoffwechsels negativ auswirken.
- Garen Sie Lebensmittel so lange wie nötig und so kurz wie möglich. Bei besonders hohen Temperaturen gehen viele

Nährstoffe verloren. Vermeiden Sie Verbrennen. Dadurch wird das Leben zerstört und es können zum Teil schädliche Substanzen wie Acrylamid entstehen.

- Jeder Mensch braucht täglich Ballaststoffe in ausreichenden Mengen. Da viele mit dem Begriff Ballast etwas Negatives verbinden, werden sie neuerdings Nahrungsfasern genannt. Es handelt sich um die unverdaulichen Teile pflanzlicher Lebensmittel. Ballaststoffe finden sich fast ausschließlich in pflanzlicher Kost, tierische Lebensmittel sind dagegen meist völlig ballaststofffrei. Ballaststoffe beugen zahlreichen schweren Krankheiten vor und helfen beim Abnehmen.
- Softdrinks und pure Fruchtsäfte nur in Maßen genießen! Denn die Umwandlung von Früchten in Fruchtsaft erfordert eine industrielle Verarbeitung. Entlang des Weges wird die Frucht pasteurisiert, püriert, pulverisiert, gefiltert und in massiven Fasern gelagert. Viele wertvolle Nährstoffe wie Vitamine, Enzyme, Mineralien, sekundäre Pflanzenstoffe (Polyphenole) sind danach weg. Industriell hergestellte Fruchtsäfte sind in der Folge nicht viel gesünder als Limonaden, auf Dauer machen auch sie krank und dick. Ein großer Nachteil von Fruchtsäften ist auch ihr hoher Zuckergehalt ohne jedwede Ballaststoffe. Wenn es schon Fruchtsaft sein soll, gilt: je trüber, desto besser. Ab und zu dürfen sie natürlich getrunken werden, sofern kein künstlicher Zucker zugesetzt ist. Aber der beste Saft ist und bleibt frisch gepresster. Bei Gemüsesäften haben wir das Problem mit dem schnellen Blutzuckeranstieg übrigens nicht. Sie enthalten deutlich weniger Zucker als Fruchtsäfte. Aufgrund ihres hohen Mineralstoff- und Vitamingehalts leisten sie einen sehr wertvollen Beitrag zur Ernährung. Frisch gepresste Gemüsesäfte wirken außerdem entzündungshemmend und unterstützen eine gute Darmflora.
- Exotische Früchte sollten lieber die Ausnahme und etwas Besonderes bleiben.
- Wissenschaftler haben zudem verschiedenste Drogen auf ihre Zerstörungskraft hin untersucht. Das Ergebnis: Alkohol ist am gefährlichsten, mehr noch als Tabak und Kokain,

die auf den Plätzen folgen. Unerklärliche Unzufriedenheit, zunehmende Motivationslosigkeit, Schlaflosigkeit, Übergewicht, Bluthochdruck, Depressionen – allzu oft ist Alkohol der Grund dafür. Ein Mensch, der auf alkoholische Getränke vollständig verzichtet, entbehrt gar nichts, er gewinnt an Lebensglück. Seine gesamte körperliche und psychische Gesundheit verbessert sich, die geistige Klarheit und die Gedächtnisleistung werden stärker. Schon nach sechs Wochen ohne Alkohol können sich die Blutwerte enorm verbessern. Der Schlaf wird besser und tiefer. Man verliert an Gewicht, denn Alkohol enthält große Mengen an Kalorien. Dabei müssen wir nicht zu fanatischen Antialkoholikern werden. Ein Verzehr in Maßen, ab und zu ein Glas Wein oder Bier, kann Körper und Seele durchaus guttun. Dennoch hat eine Alkoholpause zahlreiche positive Effekte, in der Sie sich bewusst machen sollten, welche Bedeutung Alkohol in Ihrem Leben hat.

- In vielen Haushalten und Büros steht sie, stets bereit zum schnellen Aufwärmen: die Mikrowelle. Es ist ja auch praktisch: Knopf drücken und einige Minuten später kommt warmes Essen heraus. Denn eine Mikrowelle kann in minutenschnelle Speisen erhitzen. Dazu regt elektromagnetische Strahlung die Wassermoleküle in den Speisen zu starken Schwingungen an. Aufgrund dieser Schwingung und Reibung entsteht Wärme, die wiederum das Essen erhitzt. Die Wassermoleküle in Lebensmitteln sind jedoch ihre wichtigsten Informationsträger. Durch die Bestrahlung mit der „schnellen Welle", also hochfrequenter Strahlung, wird diese Struktur verändert. Dabei entstehen starke Energie- und Informationsstörungen, ja -zerstörungen. Auch viele Bestandteile des Essens werden durch die Strahlung zerstört, aus Protein wird Matsch. Das kann für ein gefährliches Chaos in unserer Körper-Seele-Einheit sorgen. Das Problem ist mit bloßem Auge leider nicht zu erkennen. Zahlreiche Lobbyisten von Großkonzernen, die sich weltweit immer mehr zusammenschließen, erzählen uns, die Schädlichkeit von Mikrowellen sei noch nicht bewiesen. Ihr

Ziel ist ein Mikrowellenherd in jeder Küche. Nur noch wenigen wissenschaftlichen Instituten und Ernährungswissenschaftlern gelingt es, den Zugriff dieser Weltlobby abzuwehren, sie werden deshalb mit allen Mitteln bekämpft. Es geht schließlich um ein Milliardengeschäft auf Kosten der menschlichen Gesundheit.

- Essen Sie mit Genuss. Ein gesundes Essen, das Sie nicht genießen, tut Ihnen nicht gut. Genuss steht für die Kunst, ein gesundes und leckeres Essen zubereiten. Essen Sie nicht zu viel, zu oft, zu hastig, zu spät. Die Kunst der bewussten, ausgewogenen Ernährung besteht gleichzeitig darin, den Ernährungsstil zu finden, der zu unserem eigenen Leben passt, glücklich macht und uns zu Wohlbefinden verhilft. Hören Sie also auf Ihr Bauchgefühl Ihre Intuition. Denn Ihr Leben mit all seinen Facetten lässt sich niemals in für alle gültige Regeln zwängen. Jeder is(s)t anders!

Meine Rezepte

„Eure Nahrungsmittel sollen Heilmittel sein."
Hippokrates

Es ist kein Geheimnis, dass eine falsche Ernährungsweise krank macht. Wer über Jahre falsch isst, wird sehr wahrscheinlich irgendwann unter einer oder mehreren der zahlreichen ernährungsbedingten Zivilisationskrankheiten leiden. Damit möchte ich Ihnen nicht den Appetit verderben und die Lust am Essen nehmen, sondern durch meine leckeren und einfachen Rezepte zeigen, wie mühelos es sein kann, gesunde Lebensmittel in den Alltag zu integrieren. Mit diesen Rezepten wird es Ihnen leichtfallen, gesundes Essen zu genießen, ohne dabei auf Geschmack verzichten zu müssen.
Unsere Welt ist hektisch. Das Leben ist geprägt von Terminen, Zeitdruck und Stress. Wir essen im Stehen, im Gehen, vor dem Fernseher, während der Arbeit. Das ist weder gut für die Gesundheit noch für die Figur. Eine Mahlzeit ist mehr als nur Nahrungsaufnahme – sie ist eine Zeit des Genusses, in der wir uns bewusst Zeit nehmen sollten. Statt hastig zu schlingen, sollten wir die Gelegenheit nutzen, jeden Bissen zu schätzen, die Aromen zu genießen und unserem Körper die Ruhe zu gönnen, die er braucht.

„Schlinge das Essen nicht einfach nur hinunter. Schmecke es ohne Eile und werde selbst zum Geschmack."
Osho

Essen sie bitte langsam, ebenso bewusst. Glückliches Leben fängt mit gutem, gesundem Essen an. Sie können durch eine Umstellung Ihrer Essgewohnheiten mehr Energie bekommen und Krankheiten vorbeugen. Und ja, natürlich erfordert jede Umstellung im Leben zunächst Motivation und Überwindung, auch Disziplin.

Getreide ist ein wahres Geschenk der Natur, das uns seit Jahrtausenden begleitet und ernährt. Es gehört seit jeher zu den Grundnahrungslebensmitteln der Menschheit und hat sie über Tausende Generationen geprägt wie kein anderes Lebensmittel. Die Kraft des Getreides bleibt uns über Jahre hinweg nahezu ohne Energieverlust erhalten. Getreide ist die Grundlage vieler unserer Lieblingsgerichte und liefert wertvolle Nährstoffe, die unseren Körper stärken und uns Energie für den Tag schenken.

Hafer – vom Pferdefutter zum Superfood

Bereits seit Jahrhunderten sind Haferflocken ein beliebtes Grundnahrungsmittel. Es gibt viele Gründe dafür, Hafer öfter zu essen. Dass Haferflocken supergesund sind, ist unumstritten. Die Haferflocken sind glutenarm, was für Menschen mit Glutenunverträglichkeit wichtig zu wissen ist. Sie sind ein Vollkornprodukt mit sehr guter Nährstoffzusammensetzung. Denn sie enthalten reichlich Mineralstoffe wie Magnesium und Phosphor, viel pflanzliches Eisen und Zink, ebenso Kalium, Kalzium, Kupfer, Selen und Mangan. Sie sind äußerst reich an Vitaminen der B-Gruppe; von allen Getreidearten hat Hafer am meisten Vitamin B1 (wichtig für die Nerven!) und B6. Sie sind ferner Lieferanten von Folsäure, das normalerweise eher in Gemüse vorkommt. Außerdem findet sich in Hafer in erheblicher Menge Vitamin K, was sehr wichtig für die Blutreinigung ist. Darüber hinaus enthalten Haferflocken besonders wertvolles Eiweiß. Prägend ist auch der hohe Anteil an Ballaststoffen und Enzymen. Hafer wirkt daher stark regulierend auf einen gestörten Fettstoffwechsel. Das Beta-Glucan in Hafer sorgt dafür, dass der Blutzuckerspiegel nach dem Essen nicht so extrem ansteigt. Hafer ist generell ein bewährtes Hausmittel bei jeglichen Magen-Darm-Beschwerden. Unter den Getreidesorten wirkt Hafer am stärksten erwärmend. Er erhöht die körperliche Leistungsfähigkeit und die geistige Konzentrationsfähigkeit. Schön zu wissen: Damit fertige Flocken längere Lagerzeiten überstehen können, müssen sie hitzebehandelt werden, sonst würden sie schnell ranzig. Durch die mechanische und thermische Vorbehandlung sind sie allerdings nicht mehr ganz so wertvoll für die Ernährung. Bei industriell hergestellten Flocken wird Getreide auf bis zu 100 Grad erhitzt, damit es geschmeidiger wird und zu formschöneren Flocken gepresst werden kann. Die gute Nachricht: Mit einem Flockgerät können Sie alle Getreidearten (außer Mais) zu Hause wieder jederzeit in frische, leckere und wirklich gesunde Getreideflocken verwandeln, indem Sie sie mit dem Gerät quetschen. Flocken Sie Ihre Getreide aber bitte nicht auf Vorrat, nur frisch gequetschte Getreideflocken haben noch alle Vitamine, Mineralien, Fettsäuren und Enzyme. Nicht umsonst gibt es schon seit gut 30 Jahren Flockgeräte für den Heimgebrauch. Besonders schön: Frisch geflockte Getreidekörner entfalten auch ein herrlich natürliches Getreidearoma.

Ein Frühstücksbeispiel

- 2 Esslöffel Haferflocken
- 1 Esslöffel frisch geschrotete Leinsamen
- 1 Esslöffel Kürbiskerne
- 1-2 Datteln (kleingeschnitten)
- 1 Feige (kleingeschnitten)

Übergießen Sie alles mit Hafer- oder Mandelmilch und lassen es ein bis zwei Stunden einweichen. Danach schneiden Sie eine halbe Banane in dünne Scheiben und geben eventuell noch frische Heidelbeeren dazu. Das schmeckt köstlich. Guten Appetit! Wenn Sie ein bisschen Zeit haben, können Sie noch etwas ausprobieren: Mit einem Stabmixer pürieren Sie die Hälfte einer Banane mit ein wenig Zitronensaft und vermischen Sie mit Ihrem Müsli. Das macht wirklich einen geschmacklichen Unterschied. Wenn Sie Getreide kochen möchten, sollten Sie den Kochprozess so kurz wie möglich zu halten. Kochen Sie es am besten ganz vorsichtig auf und lassen es dann nachquellen. Diese Quellmetode ist die schonende Alternative zum regulären Kochen und abschließenden Abgießen des Kochwassers mit sämtlichen gesunden Nährstoffen darin.

Grundrezept Haferbrei

- 250 ml Pflanzendrink z. B. Hafermilch
- 50 g Haferflocken
- 2 Datteln (kleingeschnitten) oder 1 Esslöffel Rosinen
- 1 Teelöffel Ahornsirup
- Zimt nach Geschmack

Kochen Sie alle Zutaten (außer Zimt) in dem Pflanzendrink vorsichtig auf und lassen es zehn Minuten quellen. Danach leeren Sie den Brei in eine Schüssel und bestreuen ihn mit Zimt. Ihre Haferflocken, Sir! Guten Appetit!

Dinkel

Wussten Sie schon, dass Dinkel als echtes Superfood gilt und zurzeit eins der beliebtesten Brotgetreidesorten ist? Dinkel ist ein Urgetreide und wurde schon von den Kelten und Ägyptern geschätzt. Er ist vermutlich aus Emmer und Einkorn entstanden, zwei Urweizenarten, und ein Vorläufer des heutigen Weizens. Eine maßvolle, gesunde Vollwertkosternährung verhindert laut Hildegard von Bingen (1098-1179) die Bildung schlechter Säfte und Schleime und somit die Entstehung von Krankheiten. Als Ernährungsgrundlage empfahl sie insbesondere Dinkelgetreide: „Dinkel ist das beste Getreide, fettig und kraftvoll und leichter verträglich als alle anderen Körner. Es verschafft dem, der es isst, ein rechtes Fleisch und bereitet ihm gutes Blut. Die Seele des Menschen macht er froh und voll Heiterkeit. Und wie immer zubereitet man ihn isst, sei es als Brot, sei es als andere Speise, ist er gut und lieblich und süß." Als die sogenannte Hildegard-Medizin immer bekannter wurde und sich mehr und mehr verbreitete, wurde auch der Dinkel als Heilnahrung immer geschätzter. Dinkel ist wasserlöslich, das macht die Verdauungsarbeit deutlich weniger anstrengend. Seine Eiweißmolekülstruktur ist für den Menschen unter den Getreiden anscheinend die bekömmlichste. Dinkel gilt bei Nahrungsmittelallergien als äußerst verträglich und hat eine harmonisierende Wirkung auf den Körper. Dinkel enthält viele Vitamine, Mineralstoffe, Spurenelemente, alle acht essenziellen Aminosäuren und die Ballaststoffe fördern gesunde Abläufe im Darm, weshalb es oft bei Darmerkrankungen empfohlen wird.

Ein Rezeptbeispiel

- 2 Esslöffel Dinkelflocken
- 1 Esslöffel frisch geschrotete Leinsamen oder Sesamsamen oder beides
- 1 Esslöffel Kürbiskerne oder Sonnenblumenkerne
- 1 Esslöffel Rosinen
- 1-2 Datteln oder Feigen

Weichen Sie alle Zutaten in 100 bis 150 Milliliter Hafer- oder Mandelmilch für ein bis zwei Stunden ein. Danach schneiden Sie eine halbe Banane in dünne Scheiben und geben sie nach Geschmack noch kleingeschnittene Apfelchips, eine Prise Zimt und eine Handvoll ungezuckerte Cornflakes dazu.
Finden Sie Ihr eigenes Rezept für Ihr ganz persönliches Lieblingsmüsli, seien Sie kreativ! Mischen Sie nicht zu viel auf einmal, da dies disharmonisch wirkt. Ein ungesundes Frühstück macht schlapp und müde, ein richtiges, bewusstes Frühstück hingegen gibt Energie für den ganzen Tag.
In meiner Kindheit hasste ich Breie in allen Formen. Sie schmeckten mir einfach nicht. Es mussten viele Jahre vergehen, bis sie jetzt in meiner Küche ihr Revival feiern durften. Und wie köstlich man die alle zubereiten kann!

Hirse-Buchweizen-Morgenstund-Brei (1 Portion)

- 2 Esslöffel Hirse
- 1 Esslöffel Buchweizen
- 125 ml Mandel- oder Hafermilch
- 100 ml Wasser
- 1 Esslöffel geschälte Sonnenblumenkerne
- 1 Esslöffel geschälte Kürbiskerne
- 2 Datteln
- ½ bis 1 Esslöffel Rosinen

Sie brauchen ein Flockgerät, da ein Mixer das Korn eher sprengt als presst.
Flocken Sie die Hirse und den Buchweizen im Flockgerät. Geben Sie die pflanzliche Milch, das Wasser und die vorbereiteten Flocken in einen Topf, rühren, kochen es vorsichtig auf und lassen es bei geringer Hitze fünf bis zehn Minuten quellen. Beachten Sie: Hirse darf man nicht roh essen. Mischen Sie nun die kleingeschnittenen Datteln und Rosinen dazu.
Währenddessen flocken Sie die Ölsamen. Anschließend rühren Sie die Masse in den Brei. Optional können Sie den Brei noch mit frischen Früchten oder Beeren nach Belieben garnieren. Guten Appetit! Probieren Sie diesen leckeren vollwertigen Frühstücksbrei unbedingt. Das Rezept gehört zu meinen absoluten Favoriten.

Knuspermüsli Rezept

Haben Sie Lust auf veganes Knuspermüsli? Dann zaubern Sie doch einfach in zehn Minuten leckeres Granola ohne industrielle Zucker und Zusatzstoffe:

- 300 g Haferflocken (ggf. grobe und feine Haferflocken mischen oder wie ich frischgeflockten Hafer verwenden)
- 130 g Sonnenblumenkerne
- 100 g Pekannuss- oder Cashewkerne (grob gehackt)
- 100 g Mandeln
- 3 Esslöffel Kokos- oder Bratöl
- 70 g Ahornsirup (4 Esslöffel) oder Agavendicksaft
- ½ Teelöffel Zimt nach Belieben
- 1 Teelöffel Vanilleextrakt (alternativ: ein Päckchen Bourbonvanillezucker) oder 1-2 Teelöffel Kakao
- 70 g Rosinen oder ungesüßte getrocknete Kirschen

Heizen Sie den Backofen auf 170 Grad Ober- und Unterhitze vor (nicht höher, wenn Sie sich nicht über schwarzes Müsli freuen). Mischen Sie Haferflocken, Kerne, Nüsse und Vanille in einer Schüssel. Erwärmen Sie das Kokosöl in einem Topf. Geben Sie das geschmolzene Kokosöl und den Ahornsirup dazu und vermengen alles fleißig. Belegen Sie ein Blech mit Backpapier. Wenn Sie es extra knusprig haben wollen, backen Sie ohne Backpapier. Verteilen Sie die Masse auf dem Backblech und backen Sie für 20 bis 25 Minuten. Nach der Hälfte der Backzeit mischen Sie alles durch. Nach dem Herausnehmen mischen Sie Rosinen und Zimt hinein, lassen alles auskühlen, fertig! Achtung: Rosinen nie direkt mitbacken, da sie verbrennen würden!

Schön zu wissen: Die Milch ist an sich ein vollkommenes Lebensmittel. Das kann jeder ohne wissenschaftliche Analyse erkennen. Menschen und alle (anderen) Säugetiere leben in der ersten Phase ihres Lebens ausschließlich von dem weißen Saft ihrer Mütter. Milch enthält Proteine, Vitamine und Mineralstoffe. Aber Milch ist nicht gleich Milch. Bei Tieren gilt: Die Lebensbedingungen und die Fütterung wirken sich auf die Qualität der Milch aus. Stressfrei auf einer Weide lebend, ausschließlich mit frischem Gras versorgt, gibt eine Kuh ganz andere Milch als eine, die, statt auf sonnigen Wiesen zu grasen, ständig angebunden und stressbelastet in großen Milchfabriken auf engstem Raum mit Getreide oft schlechter Qualität gefüttert wird.

Eine Volksweisheit rät davon ab, die Milchprodukte bei Erkältungen aller Art zu konsumieren. Insbesondere in der TCM und im Ayurveda wird davon abgeraten, da sie verschleimt. Das Milchfett der Kuh ist ebenfalls problematisch für Menschen. Denn es enthält einen höheren Anteil gesättigter Fettsäuren (rund 70 %) und wenige wertvolle ungesättigte Fettsäuren. Gesättigte Fettsäuren können bei regelmäßigem Verzehr die Blutfettwerte erhöhen, vor allem das „böse“ LDL-Cholesterin, was sich ungünstig auf Herz- und Blutgefäße auswirkt. Zu welchen Beschwerden ein regelmäßiger Konsum von Milchprodukten führen kann und warum Käse süchtig macht, erklärt der Ernährungsexperte Dr. Neal Barnard, Medizinprofessor an der George Washington University, in seinem Bestseller „Raus aus der Käsefalle“. Aber wenn Sie gesund sind, können Sie natürlich Milchprodukte ab und zu genießen. Sie sollten aber eben nicht jeden Tag auf ihrem Speiseplan stehen. Achten Sie auf Qualität und nehmen möglichst nur Milch von „glücklichen Kühen“.

Ein Frühstücksrezept

- 2 Esslöffel Hafer- oder Dinkelflocken
- 2 Esslöffel Knuspermüsli
- 1 Esslöffel frisch geschrotete Leinsamen oder Sesam oder beides
- 1 Esslöffel Sonnenblumenkerne
- 1-2 Esslöffel Rosinen
- 1 Teelöffel Bienenpollen (für Kinder ½ Teelöffel)
- 1 Becher Naturjoghurt mit 3,8 Prozent Fett

Mischen Sie alle Zutaten mit Joghurt und süßen sie nach Bedarf mit Honig.
Viele machen sich zum Frühstück immer noch das klassische Butterbrot. Doch gerade Weißbrot mit Butter und Käse oder Wurst ist für eine gesunde, ausgewogene Ernährung nicht geeignet. Doch ungesunde Varianten waren gestern; die Zeit ist mehr als reif für leckere gesunde Stullen.

Gesunde Stullen mit Banane

Toasten Sie Dinkelvollkorn-, Hafer- oder Roggenbrot. Bestreichen Sie die Brotscheibe mit zuckerfreiem Erdnuss- oder Mandelmus und legen sie die Banane in Scheiben darauf. Nach Belieben können Sie noch ein bisschen Honig darauf verteilen. Sehr lecker, schnell und kinderleicht!

Hirse

Hirse gehört zu den ältesten kultivierten Getreidearten. Das kleine, meist goldene Getreidekorn ist ein ausgesprochenes Sonnenwesen, das sehr viel Wärme spendet. Hirse ist die wunderbare Winternahrung. Ich esse sie gerne an kalten Tagen. Denn sie stärkt die körperliche und die psychische Gesundheit, weil sie viele Mineralstoffe und Vitamine enthält. Das Eiweiß darin liefert alle acht essenziellen Aminosäuren. Mit 7 mg pro 100 Gramm enthält Hirse überdies recht viel Eisen. Die goldene Farbe erhält sie durch ihren besonders hohen Anteil an Beta-Carotin. Mit ihrem hohen Gehalt an Kieselsäure avanciert die Hirse zu einem regelrechten Schönheitselixier. Neben der Kieselsäure enthält Hirse ausreichende Mengen an Mineralstoffen wie Zink, Kalium und Kalzium. Hirse liefert ferner viel Magnesium, und zwar 123 Milligramm pro 100 Gramm, das sehr gut für Muskeln und Nervensystem ist. Hirse ist das mineralstoffreichste Getreide überhaupt. Dazu kommen die Vitamine A, B, C und E, die Hirse zu einer der gesündesten Getreidesorten überhaupt machen. Hirse ist darüber hinaus glutenfrei. Für Menschen mit einer Glutenunverträglichkeit und Magen-Darm-Problemen ist Hirse somit ein optimales Nahrungsmittel. Sie schmeckt mild und leicht nussig. Doch sie darf nur gekocht oder geröstet gegessen werden.

Hirsebrei (für eine Portion)

- 40 g Hirse
- 180 ml Haselnuss-, Hafer- oder andere Milch Ihrer Wahl
- 1 Teelöffel Ahornsirup
- 1 Esslöffel Rosinen oder andere Trockenfrüchte
- 1 Teelöffel frisch geschrotete Leinsamen
- ½ Teelöffel Kokosöl nach Belieben

Ich empfehle Ihnen, die Hirse zunächst gründlich mit heißem Wasser zu waschen (80 °C). Dadurch werden Gerbstoffe beseitigt, sodass die Hirse nicht ranzig schmeckt. Fügen Sie nun Milch Ihrer Wahl dazu und bringen Sie das ganze vorsichtig zum Kochen. Sobald die Milch kocht, stellen Sie den Herd auf die kleinste Hitzestufe. Lassen Sie die Hirse 20 Minuten quellen. Wenn die Hirse fertig ist, Kokosöl, Ahornsirup, Leinsamen und Rosinen auf der Hirse verteilen.

Das folgende Rezept ist eine von vielen Variationen. Doch es ist eine meiner Lieblingsvarianten.

„Hirsotto“ – Hirse mit Gemüse

- 1 Zwiebel (klein)
- 1 Knoblauchzehe
- 1 Karotte
- 2 Esslöffel Öl
- 150 g Hirse
- 350-400 ml Gemüsebrühe
- 1 Lorbeerblatt
- 100 g Erbsen (tiefgekühlt)
- 200 g Blattspinat (frisch oder tiefgekühlt)
- 1 Esslöffel Balsamico hell oder 2 Esslöffel Zitronensaft
- Pfeffer
- Petersilie
- bis zu 10 g Butter

Schälen Sie Zwiebeln, Knoblauch und Karotte, würfeln Sie sie klein und dünsten sie sie im Öl an. Waschen Sie die Hirse heiß, geben Sie sie zum Gemüse und lassen sie kurz anschwitzen. Nun fügen Sie Gemüsebrühe und Lorbeerblatt hinzu und garen alles 20 Minuten bei schwacher Hitze. Mischen Sie Erbsen, Blattspinat, Balsamico hell oder Zitronensaft unter und lassen sie es auf niedrigster Hitze weitere 15 Minuten quellen. Schmecken Sie Ihr Hirsotto nun mit Pfeffer, Petersilie, Öl und Butter ab und verteilen es auf Teller.

Buchweizen

Buchweizen gehört zur Familie der Knöterichgewächse und ist daher kein klassisches Getreide, aber in seiner Zusammensetzung und Verwendbarkeit dem Getreide sehr ähnlich. Buchweizen ist ein Retter all derjenigen, die unter Glutenunverträglichkeit leiden. Frei von Gluten und Lektinen, reich an Nährstoffen, ist Buchweizen ein echtes Power-Korn. Schon Alfred Vogel erwähnte im „Kleinen Doktor" den hohen Nähr- und Heilwert von Buchweizen. Und das gesunde Pseudogetreide schmeckt so köstlich. Auf meinem Speiseplan steht Buchweizen nicht selten; gekocht wie roh ist es eine Delikatesse. Buchweizen liefert hochwertiges Eiweiß und alle 8 essenziellen Aminosäure, ist reich an lebendigen Enzymen und Mineralien. Buchweizen enthält hohe Mengen sekundärer Pflanzenstoffe, also Flavonoide, was auf Herz und Gefäße positiv wirkt. Das Flavonoid Rutin im Buchweizen stärkt Blutgefäß- und Kapillarwände. Viele Naturheilkundige empfehlen Buchweizen bei Venenschwäche und schlechter Durchblutung. Die kleinen Körner beinhalten wertvolles Beta-Carotin, Folsäure, Kalium, Kalzium, Eisen, Zink, Mangan, Selen und Fluor. Er enthält alle B-Vitamine außer B12 (B1, B2, B3, B5, B6) und beträchtliche Mengen der Vitamine A, E und K, zudem Chiro-Inositol – und kann damit den Blutzuckerspiegel regulieren. Buchweizen ist leicht verdaulich, enthält viele Ballaststoffe, was die Verdauung anregt und belastende Stoffe schneller aus dem Körper spült. Es ist das vielleicht beste Lebensmittel bei körperlicher und geistiger Erschöpfung und eignet sich gut als Schonkost für Kranke. Bei Buchweizen gibt es nicht die eine richtige Zubereitungsmethode, er lässt sich vielseitig einsetzen und kann geröstet, gekocht oder gekeimt werden. Gemahlen ist er eine gute Alternative zu Weizenmehl. Das naturbelassene Lebensmittel versorgt den Körper mit allen wichtigen Nährstoffen und tut viel für die Gesundheit. Geröstet wird der nussige Geschmack verstärkt. Gekeimt lässt es den Nährstoffgehalt explodieren. Aus diesem Grund werden die Körner dabei letztlich noch wertvoller.

Ich bevorzuge gerösteten Buchweizen und finde ihn besonders lecker. Es kann problemlos übers Internet gekauft oder selbst hergestellt werden:
Rösten Sie den Buchweizen (nicht waschen!) fünf Minuten in einer trockenen Pfanne auf mittlerer Hitze, bis die Körner gelb bis braun werden. Beim Rösten sollten Sie regelmäßig die Pfanne schwenken, damit der Buchweizen nicht anbrennt.

Zum Grundrezept

Waschen Sie eine Tasse Buchweizen gründlich. Lassen Sie den Buchweizen mit einem Wasserverhältnis von eins zu zwei (2 Tassen Wasser) vorsichtig aufkochen. Sobald das Wasser beginnt zu kochen, stellen Sie auf die kleinste Hitzestufe und köcheln bei geschlossenem Deckel so lange (ca. 20 Minuten), bis der Buchweizen das ganze Wasser aufgenommen hat. Naturbelassenen Buchweizen kocht man ein bisschen länger: 30 bis 40 Minuten. Nach dem Garen schmecken Sie ihn mit ein bisschen Salz, ein bis zwei Esslöffeln Sahne und ein wenig Butter ab. Mit Margarine statt Butter und ohne Sahne ist Buchweizen sogar vegan. Es eignet sich als Hauptgericht, vielleicht mit Blattsalat, als Beilage zum Bohneneintopf oder mit Gemüseragout.
Damit Ihr Speiseplan abwechslungsreich bleibt, zeige ich Ihnen nun meine Lieblingssuppen mit Buchweizen.

Herzhafte gesunde Buchweizensuppe mit Steinpilzen

- 1 Karotte
- 1 mittelgroße Zwiebel
- 1 Knoblauchzehe
- 3 Esslöffel Öl
- 100 g braune Champignons
- 10 g getrocknete Steinpilze
- 3 mittelgroße Kartoffeln
- 80 g geröstete Buchweizen
- 1,5 bis 2 Liter Gemüsebrühe
- 2 Lorbeerblätter
- 1-2 Esslöffel Balsamico weiß
- Pfeffer aus der Mühle
- Petersilie
- Salz
- nach Belieben griechischer Naturjoghurt

Schälen Sie Karotte, Zwiebeln und Knoblauchzehe, würfeln Sie sie fein und schwitzen sie in Öl an. Schneiden Sie die Champignons klein und geben Sie sie dazu, bis sie gold-braun braten. Schälen Sie die Kartoffeln und schneiden Sie sie klein. Spülen Sie die Buchweizenkörner ab und hacken die getrockneten Steinpilze klein. Nun geben Sie Kartoffeln, Buchweizen, Steinpilze und Lorbeerblatt in einen möglichst steinbeschichteten Topf und gießen mit Gemüsebrühe auf. Bei mittlerer Hitze lassen Sie das Ganze 20 bis 30 Minuten garen und geben Balsamico, Pfeffer und Salz dazu.
Wer es nicht unbedingt vegan haben muss, serviert die Suppe mit griechischem Naturjoghurt oder saurer Sahne und bestreut sie mit Petersilie.
Wenn Sie ein bisschen mehr Zeit haben, können Sie auch die Gemüsebrühe selbst machen. Da können Sie alles nehmen, was Sie wollen. Ich kaufe immer Gemüsemix von „Wacker“ ohne Zusatzstoffe und ohne Salz.

Linsen-Buchweizen-Suppe

- 1 Karotte
- 1 Zwiebel
- 1-2 Knoblauchzehen
- 1 rote Paprika
- 2 Esslöffel Tomatenmark
- 2 Kartoffeln
- 70 g rote Linsen
- 70 g geröstete Buchweizen
- 2 Esslöffel Pesto rosso
- 2 Lorbeerblätter
- 2 Liter Gemüsebrühe
- ½ Teelöffel Kräuter der Provence
- 1 Teelöffel Edelpaprika süß
- 1 Esslöffel Balsamico weiß
- 1 gestrichener Teelöffel Vollrohrzucker
- Pfeffer, frisch gemahlen
- Salz
- Petersilie
- nach Belieben griechischer Naturjoghurt

Hacken oder raspeln Sie die Karotten, Zwiebel, Knoblauchzehen und Paprika kleinwürfelig und rösten Sie sie in einem Topf leicht an, geben Sie das Tomatenmark hinzu und braten alles zwei Minuten. Schälen Sie die Kartoffeln und schneiden Sie sie in kleine Würfel. Nun spülen Sie die Linsen und den Buchweizen ab. Geben Sie Kartoffeln, Linsen, Buchweizen, Pesto rosso und Lorbeerblätter in den Topf und gießen mit der Gemüsebrühe auf. Jetzt lassen Sie es bei mittlerer Hitze 15 Minuten garen. Geben Sie dann Balsamico, Kräuter der Provence, Edelpaprika süß, Pfeffer, Zucker und etwas Salz dazu und lassen sie es weitere 15 bis 20 Minuten auf kleinster Stufe quellen. Am Schluss bestreuen Sie die Suppe mit Petersilie. Die spezielle Mischung der Zutaten gibt dieser Suppe einen besonders guten Geschmack. Diese Suppe müssen Sie probieren!

Wer es nicht unbedingt vegan haben will, serviert die Suppe mit griechischem Naturjoghurt. Aber auch ohne schmeckt sie sehr köstlich.

Eine bewusste Ernährung ist ohne Buchweizen aus meiner Sicht nicht möglich. Ja, ich bin ein großer Buchweizenfan ... Vielleicht haben Sie noch kein Buchweizensalatrezept? Ich verrate Ihnen eins. Dieser feine Buchweizensalat schmeckt würzig, aromatisch, authentisch mediterran und einfach köstlich:

Buchweizensalat mediterran

- 1 Glas (170 g) Buchweizen (geröstet)
- 1 Paprika
- 10 Cocktail- oder Cherrytomaten
- 10 schwarze oder grüne Oliven, entsteint
- 6-8 getrocknete eingelegte Tomaten
- 1-2 Knoblauchzehen
- 1 Bund Petersilie
- 2 Esslöffel Kapern
- 2-3 Esslöffel Pinienkerne
- Fürs Dressing:
- 3 Esslöffel Zitronensaft
- 1 Esslöffel Balsamico hell
- 2 Esslöffel Olivenöl
- 2 Esslöffel Rapsöl
- 1-2 Esslöffel Ahornsirup
- 1 Teelöffel Salatkräuter
- 1-2 Teelöffel Edelhefeflocken
- 1 Teelöffel Dijon-Senf

Mischen Sie die Dressing-Zutaten. Kochen Sie den Buchweizen in der doppelten Menge Wasser (nicht mehr!) auf. Dann garen Sie auf niedriger Temperatur, bis das Wasser verdampft. Der Buchweizen ist fertig, wenn er noch leichten Biss hat. Würfeln Sie die Paprika, halbieren sie die Cherrytomaten, schneiden sie die Oliven in Scheiben, die getrockneten Tomaten in kleine Stücke und hacken Sie den Knoblauch und die Petersilie ebenfalls fein. Jetzt vermengen Sie alle Zutaten in einer großen Schüssel mit dem Dressing. Die Pinienkerne können Sie fettfrei geröstet oder einfach so (naturbelassen) dazugeben. Bei Bedarf schmecken Sie mit Salz ab. Ich mache das nicht; es ist eigentlich schon genug Salz drin! Denn eingelegtes Gemüse ist sehr salzig. Dekorieren können Sie den Buchweizensalat mit essbaren Blüten, bevor sie ihn mit einem Blattsalat Ihrer Wahl servieren. Ein supergesundes Mittagessen!

Tipp: Weil der nussige Geschmack von Buchweizen so schön zu Pilzen passt, können Sie gut Champignons oder Mischpilze dazugeben. Schneiden Sie sie einfach in Scheiben, braten sie sie mit eventuell etwas gehackter Zwiebel in Öl an und geben sie sie dann ebenfalls in die Schüssel.

Tipp: Mais oder grüne Erbsen lassen sich sehr gut mit Buchweizen kombinieren.
Und noch ein Tipp: Buchweizen schmecken hervorragend mit Pesto. Ich bevorzuge grünen, aber auch mit Pesto rosso schmeckt er sehr gut. Rühren Sie ihn einfach mit etwas Öl ein.

Keimlinge spielen für ausgewogene Ernährung eine wichtige Rolle. Sie sind voller Vitamine, Mineralien und Spurenelemente. Gekeimter Buchweizen ist ein sehr bequemes Superfood für die schnelle und gesunde Küche. Durch den Keimvorgang werden wichtige Nährstoffe leichter verfügbar. Die Sprossen haben einen höheren Vitalstoffgehalt und lassen sich vielseitig einsetzen. Sie können gekeimten Buchweizen prima als Rohkost ungekocht genießen, beispielsweise ein paar Löffel in einem bunten Salat, im Müsli oder im Smoothie. Um Buchweizen keimen zu lassen, brauchen Sie ein Keimglas oder ein Küchensieb, das so fein ist, dass die Buchweizenkörner nicht hindurch fallen. Spülen Sie den Buchweizen (naturbelassen) in einem Küchensieb kurz unter Wasser ab. Weichen Sie ihn für ein bis zwei Stunden in kaltem Wasser ein. Dann wird das Wasser abgeschüttet und die Körner erneut abgespült. Anschließend gießen Sie die Samen durch ein Sieb, in dem sie verbleiben, und decken es mit einem Tuch ab, bis es keimt. Wichtig ist, es dreimal an diesem Tag mit kaltem oder lauwarmem Wasser abzuspülen. Je nach Umgebungstemperatur beginnt die Keimung nach 16 bis 24 Stunden. Sobald an den Körnern eine Art kleiner Schwanz zu sehen ist, können Sie den Buchweizen verwenden. Der beste Erntezeitpunkt ist erreicht, wenn der Keimling 0,5 bis 1 Millimeter lang ist. Er hält zwei bis drei Tage im Kühlschrank ohne Qualitätsverlust; die Keimlinge leben im Kühlschrank weiter.

Tipp: Umwickeln Sie die Keimlinge mit einem trockenen Tuch.

Grünkern

Eigentlich resultiert diese köstliche Dinkelvariante aus der Not der Menschen. In einem sehr kalten Jahr mit viel Regen und Hagel wurde unreifer Dinkel zu Boden gedrückt und drohte zu verderben. Da wurde er schon im Stadium der Milchreife geerntet. Es war die Geburtsstunde des Grünkerns. Grünkern ist nichts anderes als an sich zu früh geernteter Dinkel, der geröstet und getrocknet wird. Ich bin begeistert von seinem herzhaft-würzigen Geschmack. Dabei steckt der Grünkern voller gesunder Nährstoffe. In 100 Gramm sind 11 Gramm Eiweiß und etwa 4,2 Milligramm Eisen enthalten, deshalb ist er für die vegetarische und die Sportlerküche von Vorteil. Im Grünkern finden sich zudem jede Menge Kalium (445 mg), Kalzium (20 mg), Magnesium (130 mg) und Phosphor (410 mg). Er ist reich an Vitaminen, vor allem der B-Gruppe, die wir zur Konzentration und Stärkung unseres Nervensystems benötigen. Mit 8,8 Gramm Ballaststoffen ist der Grünkern eine hervorragende Eiweißquelle und ein Lebensmittel, das die Verdauung gut in Schwung bringt. Denn Dinkel und somit der Grünkern gilt als leicht verdaulich. Zu deftigen Gerichten stellt Grünkern eine hervorragende Erweiterung dar. Superfood muss also nicht unbedingt aus exotischen Ländern kommen!
Weiteres Plus: Dinkel ist wetterunempfindlich und kommt nahezu ohne Dünger und Pflanzenschutzmittel aus. Er wird beim Anbau somit mit weniger Schadstoffen belastet als Weizen.

Grünkernsuppe

Diese wärmende, gesunde Suppe ist einfach in der Zubereitung und schmeckt sehr gut.

- 1 kleine Zwiebel
- 1 Zehe Knoblauch
- 1 Karotte
- 3 Esslöffel Öl
- 6 Esslöffel Grünkern
- 2 Kartoffeln
- 1,5 bis 2 Liter Gemüsebrühe
- 1-2 Lorbeerblätter
- 1-2 Esslöffel Balsamico hell
- 2 Prisen gemahlene Muskatnuss
- 1-2 Prisen Pfeffer
- etwas Salz
- 3-4 Esslöffel Naturjoghurt
- Schnittlauch, Petersilie

Schälen Sie Zwiebel, Knoblauch, Karotte und Kartoffeln und würfeln Sie sie klein. Mahlen Sie den Grünkern in einer Kaffee- oder Getreidemühle. Geben Sie Öl in einen steinbeschichteten Topf, um Zwiebel, Knoblauch und Karotte darin anzudünsten. Geben Sie den geschroteten Grünkern und die Kartoffeln dazu, löschen Sie mit Gemüsebrühe ab und rühren Sie um. Nun kommen Lorbeerblätter und Balsamico dazu und 20 Minuten bei mittlerer Hitze köcheln gelassen. Zum Schluss rühren Sie den Naturjoghurt oder Crème fraîche unter, schmecken mit Muskatnuss, Pfeffer und Salz ab und lassen es weitere zehn Minuten quellen. Richten Sie die Suppe, mit Schnittlauch und Petersilie garniert, jetzt auf Tellern an.

Reis

In Asien ist Reis Grundnahrungsmittel von Milliarden Menschen, steht täglich auf dem Speiseplan und spielt eine zentrale Rolle im kulturellen und religiösen Leben. Er gilt als Symbol für Fruchtbarkeit und Glück. Die TCM sieht Reis als wichtiges Lebensmittel bei Hitzesymptomen, da er kühlend auf das Blut wirke. Hitze im Körper äußert sich durch Schweißausbrüche oder schnelles Schwitzen, Sodbrennen, Gastritis und Pickel. Reis ist keine Winternahrung in kalten Regionen, am allerwenigsten für Fröstler. In den letzten Jahren ist er auch im westlichen Kulturkreis immer beliebter geworden. Dabei ist Reis nicht gleich Reis, es gibt mehrere Tausend Sorten – ein Erfolg von Züchtungen. Am häufigsten wird leider weißer Reis konsumiert, der aber nicht so gesund ist, wie viele denken. Unter Weißreis versteht man polierten Braunreis. Er wird mehrmals eingeweicht, mit heißem Dampf bearbeitet, danach getrocknet, geschält und poliert. Das führt dazu, dass die nährstoffreiche Silberhaut und die Samenschale mit den wertvollen Nährstoffen entfernt werden. Zahlreichen Studien belegen: Weißer Reis fördert bei häufigem Verzehr das metabolische Syndrom. Zu den gesunden Reissorten gehören schwarzer Reis, Wildreis, Naturreis, Vollkorn-Basmatireis und roter Reis.

Schwarzer Reis

Schwarzer Reis ist eine echte Mineralstoffbombe. Verwechseln Sie ihn bitte nicht mit Wildreis, es handelt sich dabei um zwei völlig unterschiedliche Gattungen. Schwarzer Reis ist besonders gesund. Er wird nur entspelzt und nicht geschliffen, deshalb schmeckt er leicht nussig. In der Getreideart sind viele Ballaststoffe, Antioxidantien und jede Menge Proteine enthalten. Das dunkle, volle Korn enthält viel Eisen (3,5 mg pro 100 g), Zink, Magnesium, Mangan, Kupfer und Phosphor. Vollkornreis ist ein wichtiger Vitamin-B-Lieferant, er versorgt Sie sogar mit dem selten vorkommenden Vitamin B9. Das enthaltene Anthozyan kann den Cholesterinspiegel niedrig

halten. Studien belegen: Schwarzer Reis wirkt entzündungshemmend und senkt das Risiko, Zivilisationskrankheiten wie Diabetes, Krebs, Alzheimer und Herz-Kreislauf-Erkrankungen zu bekommen.
Schwarzer Reis ist in China auch unter dem Namen „verbotener Reis" bekannt, weil er früher sehr selten war und nur von der Herrscherdynastie genossen werden durfte. Die Kräfte, die er freisetzt, sollten nur im Kaiser wirken. Schwarzer Reis ist somit für anspruchsvolle Genießer ein absolutes Muss.
Zubereiten können Sie ihn wie Naturreis auch. Nehmen Sie die gewünschte Menge Reis und spülen Sie ihn gründlich ab. Pro Tasse Reis fügen Sie zwei Tassen Wasser bei. Lassen Sie ihn bei mittlerer Hitze 45 bis 60 Minuten lang köcheln und schmecken Sie ihn mit etwas Salz und Butter ab.

Wildreis

Wildreis ist botanisch gesehen kein Reis, sondern das Korn des Wassergrases. Er ist ein sehr hochwertiges Lebensmittel, reich an Mineralstoffen und Spurenelementen, enthält besonders viele Ballaststoffe und Aminosäuren sowie einen sehr hohen, hochwertigen Eiweißanteil. Wildreis ist eine wirklich edle Beilage. Lecker nussig, angenehm bissfest und überzeugend mit kräftigem Aroma, lässt er sich prima mit anderen Reissorten und/oder Gemüse kombinieren.

Naturreis

Naturreis, auch Vollkornreis oder brauner Reis genannt, ist ein Naturprodukt. Er ist sehr gesund und enthält besonders viele wertvolle Inhaltsstoffe. Im Reiskorn befindet sich ein Keimling inklusive nährstoffreichem Silberhäutchen mit allen Mineralien und Vitaminen, insbesondere der B-Gruppe. Er enthält viele Ballaststoffe, komplexe Kohlenhydrate, essenzielle Eiweiße und wird daher gerne in der Vollwertküche eingesetzt. Außerdem hilft er beim Abnehmen. Denn dank seines geringen Natriumgehalts und viel Kalium eignet er sich gut zur Entwässerung des Körpers. Achten Sie aber darauf, ihn nicht zu stark zu salzen.

Vollkorn-Basmatireis

Basmati bedeutet auf Hindi duftend. Basmatireis überzeugt in der Vollkornvariante durch seine vielen essenziellen Aminosäuren, Vitamine, Ballaststoffe und viel Kalium. Außerdem behält auch der Duftreis das Silberhäutchen, die dünne Schicht auf dem Korn, die alle wertvollen Nährstoffe bewahrt und dafür sorgt, dass sie auch beim Kochen beziehungsweise schonenden Quellen nicht verloren gehen.

Roter Reis

Roter Reis ist eine Spezialität aus der südfranzösischen Camargue. Seit den 1980er-Jahren baut man ihn auch in ein paar italienischen Provinzen an, bevorzugt in sehr tonhaltiger Erde. Dadurch erhält er seine besondere Farbe. Der mineralienreiche Boden versorgt den Reis zudem mit zahlreichen gesunden Inhaltsstoffen: mit besonders vielen A-, B-, D- und E-Vitaminen sowie wichtigen Mineralstoffen wie Zink, Eisen und Magnesium. Da das Korn nicht poliert wird, behält er seine Silberhäutchen und somit seine vielen Ballaststoffe. Das verbessert die Sättigung und hilft, den Blutzuckerspiegel konstant zu halten. Außerdem weist er einen hohen Anteil an guten Fetten, wodurch er aber nur begrenzt haltbar ist.

Verwechseln Sie rotschaligen Reis bitte nicht mit Rotschimmelreis, den roten fermentierten Reis aus China. Leider forcieren einige Anbieter im Internet solche Verwechslungen. Roter Reis nämlich ist eine wahre Delikatesse, der mit seinem kräftigen, erdigen Eigenaroma überzeugt und auch optisch eine Besonderheit ist. Kochen sollte Sie roten Reis wie auch den schwarzen bei niedrigen Temperaturen, damit die Schale nicht platzt. Roter Reis neigt nach dem Kochen übrigens nicht zum Verkleben, bleibt locker und fest.

GABA-Reis

Gekeimten Reis nennt man GABA-Reis. GABA steht für Gamma-Aminobutyric-Acid, zu Deutsch Gamma-Aminobuttersäure. Durch den Keimprozess wird der GABA-Gehalt auf ganz natürliche Weise um das Fünffache erhöht. Der Stoff ist der wichtigste hemmende Neurotransmitter im Gehirn und hat deshalb ganz

besondere Auswirkungen auf den menschlichen Körper: Er gilt als angstlösend, hemmt Stresshormone, entspannt die Muskulatur und fördert besseren Schlaf. Auch blutsenkende Eigenschaften werden ihm zugeschrieben. Menschen mit Angststörungen können von GABA-Reis erheblich profitieren. Denn die Forschung hat ergeben, dass die richtige Ernährung ein sehr wichtiger präventiver Schritt gegen Angst ist. Auch bei ADHS und Depressionen ist es sinnvoll, GABA-Reis auf den Speiseplan zu setzen. Schließlich vermehrt sich beim Keimen nicht nur die Aminobuttersäure, sondern auch Vitamine, Mineralstoffe, Eiweiß und die gesunden sekundären Pflanzenstoffe. Und ganz abgesehen von diesen gesundheitlichen Vorteilen ist gekeimter Reis weicher, süßer und leichter verdaulich als Vollkornreis. In Japan trägt GABA-Reis den Namen „Hatsuga Genmai" und ist aufgrund seiner medizinischen Eigenschaften voll im Trend. Viele Reiskocher dort haben Extraprogramme, um die Keimlinge zu ziehen. Das dauert zwei bis vier Stunden. In Deutschland ist so etwas bisher weniger bekannt.
GABA-Reis wird ausschließlich mit Vollkornreis zubereitet. Ich empfehle Ihnen, Bio-Reis in guter Qualität zu kaufen. Denn nur wenn die Reiskörner unbeschadet sind, lassen sie sich gut keimen. Der Reis wird zweimal gut durchgespült und über Nacht für 12 Stunden in eine Schüssel mit klarem Wasser gelegt. Sodann gießen Sie das Wasser ab und halten ihn bis zu 24 weitere Stunden feucht, zum Beispiel in einem Sieb, mit Küchentuch bedeckt, und spülen ihn alle drei bis vier Stunden durch. Am besten garen Sie ihn in einem Reiskocher mit GABA-Programm oder in einem Topf mit der Quellmethode.

Grundsätzlich gilt für Reis: Auf den riesigen Plantagen kommt leider häufig viel Chemie zum Ansatz. Achten Sie daher unbedingt auf gute Qualität. Weil Reis häufig mit Arsen belastet ist, das in großen Mengen Krebs auslösen kann, warnt die Verbraucherzentrale davor, zu viel Reis zu essen. Lassen Sie daher auch Ihre Kinder Reiswaffeln nur in Maßen genießen. Der Arsengehalt lässt sich immerhin reduzieren, indem Sie Reis über mehrere Stunden einweichen.

Spinatreis

Dies ist ein sehr einfaches, aber raffiniertes und superköstliches Reisgericht.

- 1 Tasse (200 g) Vollkorn-Basmati- oder Naturreis
- Wasser
- 100 g Blattspinat (frisch oder tiefgekühlt)
- Fürs Dressing:
- 1 Knoblauchzehe
- 3 Esslöffel Zitronensaft
- 1 Esslöffel Balsamico hell
- 2 Esslöffel Olivenöl
- 2 Esslöffel Rapsöl
- 1 Esslöffel Ahornsirup oder Agavendicksaft
- 1 Teelöffel mittelscharfer Senf
- 1 Teelöffel Salatkräuter
- etwas Salz

Schälen Sie fürs Dressing die Knoblauchzehe, pressen Sie sie oder hacken Sie sie klein. Mischen Sie sie mit den anderen Zutaten und schlagen sie zu einem Dressing auf. Weichen Sie – Ihrer Gesundheit zuliebe – den Reis für ein paar Stunden ein. Danach gießen Sie das Wasser ab und spülen den Reis gründlich ab. Bringen Sie den Reis nun mit der anderthalbfachen Menge Wasser im geschlossenen Topf vorsichtig zum Kochen. Dann stellen Sie den Herd auf kleinste Flamme und lassen 20 Minuten nachquellen. Geben Sie den Spinat dazu und lassen alles weitere 15 Minuten quellen. Danach rühren Sie das Dressing ein, lassen alles mit geschlossenem Deckel für 15 Minuten stehen und servieren es mit Pinienkernen. Guten Appetit!

Reissalat

Dieser tolle Reissalat ist super ausgewogen, ein absolutes Allroundtalent und Sattmacher. Da er ohne leicht verderbliche Zutaten zubereitet wird, können Sie ihn gut mit zur Arbeit nehmen.

- 200 g Vollkornreis (Natur- oder Basmatireis)
- 300 ml Wasser
- 1 rote Paprikaschote
- 1 gelbe Paprikaschote
- 1 Knoblauchzehe
- 1 Glas/Dose Kapern (100 g mit einem Abtropfgewicht von 60 g)
- 250 g Mais aus der Dose
- Schnittlauch oder Frühlingszwiebel
- 50 g Pinienkerne
- Für die Marinade:
- 2 Esslöffel Olivenöl
- 2 Esslöffel Rapsöl
- 1 Esslöffel Agavendicksaft oder Ahornsirup
- 1 Teelöffel mittelscharfer Senf
- 1-2 Teelöffel Salatkräuter
- 3 Esslöffel Zitronensaft
- 2 Esslöffel Balsamico bianco

Nur die wenigsten denken daran, den Reis vorher einzuweichen. Dabei ist dies wie gesagt ein wichtiger Schritt unter gesundheitlichen Aspekten, aber auch für Konsistenz und Geschmack (siehe unter GABA-Reis). Weichen Sie den Reis also Ihrer Gesundheit zuliebe für zwölf Stunden über Nacht ein, gießen Sie dann das Wasser ab und spülen Sie den Reis gründlich ab. Kochen Sie ihn mit Wasser in einem geschlossenen Topf vorsichtig auf. Stellen Sie nun auf kleinste Flamme, um den Reis nachquellen zu lassen. Bei Bedarf fügen Sie noch ein wenig Wasser hinzu. Aber bitte Vorsicht: Überschüssiges Wasser macht den Reis matschig. Heizen Sie den Backofen auf 190 bis 200 Grad Umluft vor. Waschen Sie die Paprika, halbieren Sie sie und entfernen Sie das Gehäuse. Geben Sie die Paprikastücke für 15 bis 20 Minuten in den Backofen.

Sodann entfernen Sie verbrannte Hautstellen und schneiden die Stücke klein. Lassen Sie Kapern und Mais abtropfen. Schneiden Sie Schnittlauch oder Frühlingszwiebel in Ringe. Legen Sie nun die Zutaten für die Marinade in eine Schüssel und schlagen Sie sie auf. Jetzt geben Sie den gekochten Reis, geschnittene Paprika, Kapern, Mais, Pinienkerne und Schnittlauch oder Frühlingszwiebel in eine größere Schüssel, übergießen alles mit der Marinade, rühren um und lassen es für eine halbe Stunde ziehen, bevor sie den Reissalat mit Dill oder Petersilie servieren.
So einfach und supergesund. Guten Appetit.

Mediterraner Tomatenreis

Als Beilage oder Hauptgericht schmeckt Tomatenreis sehr delikat. Es ist ein einfaches, geschmackvolles veganes Rezept.

- 2 Knoblauchzehen
- 1 Zwiebel
- 1 Karotte
- 1 rote Paprikaschote oder 2 rote Spitzpaprika
- 3-4 Esslöffel Bratöl Ihrer Wahl
- 1 Tasse Natur- oder Vollkorn-Basmatireis
- 1 Tasse Weißreis Ihrer Wahl
- ½ Tasse Wildreis
- 1 Tasse passierte Tomaten
- 3 Tassen Wasser
- Als Gewürze:
- 1 Teelöffel Gewürzmischung „Chmeli-Suneli“ oder Gyrosgewürz
- ½ Teelöffel Kräuter der Provence
- 1 Teelöffel Paprikapulver edelsüß
- 1 Esslöffel Balsamico bianco
- 1 Teelöffel Vollrohrzucker
- 1 Teelöffel Salz
- 1 Glas Pesto rosso (130 g)
- Pfeffer

Nur die wenigsten denken daran, den Reis vorher einzuweichen. Dabei ist dies wie gesagt ein wichtiger Schritt unter gesundheitlichen Aspekten, aber auch für Konsistenz und Geschmack (siehe unter GABA-Reis). Weichen Sie den Vollkornreis also Ihrer Gesundheit zuliebe für zwölf Stunden über Nacht ein, gießen dann das Wasser ab und spülen den Reis gründlich ab. Weichen Sie den Weiß- und den Wildreis ein bis zwei Stunden ein. Waschen Sie die Paprika, halbieren Sie sie, entfernen Sie das Gehäuse und schneiden Sie sie klein. Schälen Sie Knoblauch, Zwiebel und Karotte und schneiden sie klein. Geben Sie das Öl in eine steinbeschichtete Pfanne und dünsten Sie das Gemüse darin an, bis es eine schöne Farbe hat. Geben Sie Reis und passierte Tomaten dazu und gießen Sie mit Wasser auf. Nun fügen Sie alle Gewürze hinzu, rühren um, kochen auf und lassen es zugedeckt auf kleiner Flamme 30 Minuten garen. Jetzt schalten Sie den Herd aus und lassen es weitere 20 Minuten quellen, gegebenenfalls mehr Wasser dazugeben, wenn der Reis zu schnell die Flüssigkeit aufsaugt. Wer eine schärfere Variante bevorzugt, fügt noch Chilipulver hinzu.

Ich nutze eine Kombination aus passierten Tomaten und Pesto rosso für einen intensiven Geschmack. Pesto rosso können Sie natürlich auch weglassen und mit zwei Esslöffeln Rapsöl ersetzen.

Tomatenreis lässt sich appetitlich in Edelstahlringen portionsweise servieren. So können Sie den Reis perfekt präsentieren. Bestreuen Sie ihn nach Belieben mit Petersilie. Tomatenreis können Sie als Hauptgericht, vielleicht mit einem Blattsalat, essen. Es passt ebenso perfekt als Beilage zu einem Bohneneintopf.

Bohnen

Es gibt über 500 Sorten Bohnen in unterschiedlichen Farben und Größen, entstanden durch Züchtung. Bohnen sind sehr lecker und eignen sich als hervorragende Basis für viele interessante Speisen. Sie enthalten eine Kombination aus Proteinen, Ballaststoffen, Mineralien (Kalium, Magnesium, Kalzium, Eisen, Phosphor, Mangan), Vitaminen (B1, B2, B6, E, C, Beta-Carotin) und gleichzeitig wenig Fett.

„Jedes Böhnchen gibt ein Tönchen“, sagt der Volksmund. Damit es also gar nicht erst zu Blähungen kommt, sollten Sie getrocknete Bohnen vor dem Kochen unbedingt einweichen, am besten über Nacht. Schütten Sie danach das Einweichwasser weg und kochen Sie die Bohnen in frischem Wasser.

Weiße-Riesenbohnen-Eintopf

Weiße Bohnen zählen zurecht zur Veggie-Küche. Sie enthalten reichlich Eiweiß (mehr als Fleisch) und ziemlich viel Eisen.

- 500 g weiße Riesenbohnen, getrocknet
- 1 große Zwiebel
- 2-3 Knoblauchzehen
- 2-3 Karotten
- 4 Esslöffel Öl
- 400 g passierte Tomaten
- 2-3 Teelöffel getrockneter Gemüsemix
- 1 Teelöffel Kräuter der Provence
- 3 Esslöffel Balsamico-Essig
- 3 Lorbeerblätter
- 1 Teelöffel Paprikapulver edelsüß
- 2 Teelöffel Vollrohrzucker
- etwas Pfeffer aus der Mühle
- 1 Teelöffel Salz
- Wasser

Weichen Sie die Bohnen über Nacht in reichlich Wasser ein. Schütten Sie das Einweichwasser ab und spülen Sie die Bohne ab. Sie brauchen einen großen Schmor- oder einen steinbeschichteten Topf. Es geht aber natürlich auch mit jedem anderen Topf. Schälen Sie Zwiebel, Knoblauchzehe und Karotten und hacken Sie sie in kleine Würfel. Erhitzen Sie das Öl im Topf, fügen Sie das Gemüse hinzu und rühren Sie ab und zu um, bis sie eine schöne Farbe haben. Geben Sie die Bohnen in den Topf und füllen Sie ihn mit frischem Wasser auf, sodass die Bohnen vollständig bedeckt sind. Kochen Sie alles auf, geben Sie dann gleich die restlichen Zutaten außer Salz dazu und garen Sie es auf kleiner Flamme 1,5 bis zwei Stunden, bis die Bohnen fertig sind. Zum Schluss schmecken Sie mit Salz ab.

Bohneneintopf muss schön dickflüssig sein. So schmeckt er viel besser; Sie kochen je gerade keine Suppe! Als Beilage zu Bohneneintopf passen hervorragend Buchweizen und Reis. Dieser Eintopf lässt sich problemlos mindestens eine Woche im Kühlschrank in Einmachgläsern lagern. Damit haben Sie gleich noch ein perfektes Unter-der-Woche-Essen.

Trotz Stress müssen Sie also auf leckere, gesunde Mahlzeiten nicht verzichten. Sind Sie unter Zeitdruck? Dann probieren Sie unbedingt auch diesen leckeren schnellen Bohneneintopf.

Ruckzuck-Bohnen-Eintopf

- 1 Zwiebel
- 2 Knoblauchzehen
- 1 rote Paprikaschote
- 1 Karotte
- 3 Esslöffel Öl
- 200 ml Tomatensoße, z. B. von Alnatura Klassik
- 200 ml Wasser
- 2 Lorbeerblätter
- 1 gestrichener Teelöffel Kräuter der Provence
- 2 Esslöffel Balsamico-Essig
- 1 Teelöffel Paprikapulver edelsüß
- 1 Teelöffel Vollrohrzucker
- etwas Pfeffer aus der Mühle
- 4-6 Teelöffel Pesto rosso
- ½ Teelöffel Salz
- 1 Dose Kidneybohnen (Abtropfgewicht: 250 g)
- 1 Dose weiße Bohnen (Abtropfgewicht: 250 g)
- 1 kleine Dose Mais (Abtropfgewicht: 140 g)
- Petersilie

Schälen Sie Zwiebel, Knoblauchzehen und Karotte und schneiden Sie sie in kleine Stücke. Halbieren Sie die Paprikaschote, entfernen Sie das Gehäuse und schneiden Sie sie in kleine Würfel. Erhitzen Sie das Öl im Topf, fügen Sie das Gemüse hinzu und dünsten Sie es an, bis es eine schöne Farbe hat. Geben Sie Tomatensoße, Wasser, Lorbeerblätter, Kräuter der Provence, Balsamico, Paprikapulver, Vollrohrzucker, Pfeffer, Pesto rosso und Salz dazu und rühren um. Lassen Sie Bohnen und Mais abtropfen, fügen Sie es in den Topf hinzu, rühren Sie um und lassen Sie alles 15 bis 20 Minuten ziehen. Mit Petersilie servieren!

Rote Bete

Heute erlebt dieses leckere Wintergemüse eine wahre Renaissance. Ursprünglich war die Rote Bete an den Küsten des Mittelmeeres zu finden. Heute ist sie jedoch in ganz Europa heimisch geworden. Die Rote Bete gehört ganz bestimmt zu unserem heimischen Superfood. Äußerlich fällt sie zwar nicht sonderlich auf. Schneidet man aber eine ganz dünne Scheibe ab und betrachtet sie gegen das Licht, erstrahlt die Schönheit ihres Wesens. Die feinen Strukturen ähneln einem Stern, der in ihrem Inneren leuchtet. Es wird deutlich, dass diese Wurzel mehr ist als nur Nahrung – sie ist ein Symbol für die stille, aber kraftvolle Harmonie der Natur, die sich in ihrer schlichten, doch überwältigenden Schönheit offenbart. Die Rote Bete gilt als sogenannte blutbildende Heilpflanze. Der hohe Anteil an Folsäure beugt Gefäßerkrankungen vor. Ihr roter Farbstoff ist unter allen Pflanzenfarbstoffen unserem Blut am ähnlichsten. Sie enthält wertvolle, unserem Blut verwandte Salze. Zudem enthält sie viel Zucker. Beide, Salz und Zucker, stehen hier in einer ungewöhnlichen Harmonie zueinander. Knolle und Blätter dieser tiefroten Frucht sind sehr gesund. Rote Bete ist reich an Vitamin A und C sowie Vitaminen der B-Gruppe, Mineralstoffen wie Kalium, Kalzium, Magnesium, Natrium, Phosphor, Eisen, Jod und Zink. Viele der Inhaltsstoffen sind hitzeempfindlich. Daher empfiehlt es sich, Rote Bete roh zu verzehren, möglichst in Bioqualität. Wie aktuelle Studien zeigen, kann täglicher Konsum von Roter Bete:

- dank Antioxidantien für optimalen Zellschutz sorgen,
- die Leistung steigern,
- das Immunsystem stärken,
- sich positiv auf Blutdruck und Blutbildung auswirken,
- bei Menschen mit schwachem Herz die Ausdauer stärken,
- Galle, Leber und Blase stärken,
- anregend auf Magen und Darm wirken,
- Muskeln und Nerven stärken sowie
- ein schöneres Hautbild schaffen.

Rote-Bete-Salat

- 500-600 g Rote Bete
- 2 Esslöffel schwarzer Sesam
- 80 g Walnüsse
- 2 mittelgroße Äpfel
- Fürs Dressing:
- 5 Esslöffel Zitronensaft
- 3 Esslöffel Balsamico-Essig
- 2 Teelöffel Salatkräuter
- 1 Teelöffel Agavendicksaft
- 2 Teelöffel Senf mittelscharf (z. B. von Maille)
- 3 Esslöffel Olivenöl
- 3 Esslöffel Rapsöl
- etwas Kreuzkümmel

Waschen Sie die Rote Bete, schälen Sie sie dünn mit einem Sparschäler und raspeln Sie sie roh. Entkernen Sie die Äpfel. Mit Schale grob raspeln. Schlagen Sie alle Zutaten fürs Dressing in einer Schüssel auf. Geben Sie Rote Bete, Äpfel, Sesam und Nüsse in eine größere Schüssel, übergießen Sie es mit dem Dressing, rühren Sie um und lassen Sie es eine halbe Stunde ziehen. Der Salat lässt sich problemlos im Einmachglas eine Woche im Kühlschrank lagern.
Übrigens: Zitronensaft und Zitronenschale entfernen die roten Flecken vom Zubereiten sicher von den Händen.

Winigret

Der Wintersalat Winigret ist eine der beliebtesten kalten Vorspeisen der russischen Küche. Er schmeckt lecker, macht satt, ist gesund und vegan.

- 3 mittelgroße Rote Bete
- 2-3 Karotten
- 3-4 mittelgroße Kartoffeln
- 4-5 eingelegte Gurke (150-200 g)
- 300 g Sauerkraut (z. B. von Thüringer Landgarten)
- 1 Zwiebel
- Für die Marinade:
- 3 Esslöffel Sonnenblumenöl
- 2 Esslöffel Rapsöl
- 1 Teelöffel Agavendicksaft
- 2 Esslöffel Zitronensaft
- 1 Teelöffel mittelscharfer Senf
- bunter Pfeffer
- etwas Salz

Bereiten Sie Rote Bete, Karotten und Kartoffeln im Dampfgarer zu und lassen Sie es abkühlen. Alternativ können Sie sie auch kochen. Schneiden Sie das Gemüse in kleine Würfel und geben Sie es in eine größere Salatschüssel. Schneiden Sie Gurke und Zwiebel ebenfalls klein und fügen Sie es zum Gemüse in der Salatschüssel hinzu. Das Sauerkraut können Sie etwas auspressen, sodass überschüssige Flüssigkeit austreten kann. Spülen Sie es aber nicht mit Wasser ab. Schneiden Sie es auf Wunsch klein und geben Sie es in die Schüssel. Schlagen Sie nun alle Zutaten für die Marinade in einer Schüssel auf, übergießen Sie das Gemüse damit und rühren Sie um. Schon ist der Salat fertig. Lassen Sie ihn aber noch ein, zwei Stunden ziehen. Guten Appetit!

Rote-Bete-Salat mit Joghurtsoße

- 400-500 g Rote Bete
- 15 getrocknete Pflaumen
- 80 g Walnüsse
- 2 Esslöffel Rosinen
- Für die Joghurtsoße:
- 150-200 g Naturjoghurt griechischer Art
- 2 Esslöffel Zitronensaft
- 1 Teelöffel Agavendicksaft
- 1 Teelöffel Salatkräuter
- gemahlene bunter Pfeffer
- 1 Knoblauchzehe

Geben Sie die Rote Bete je nach Größe etwa 60 Minuten lang in den Dampfgarer. Alternativ können Sie sie kochen. Lassen Sie sie abkühlen, schälen und raspeln Sie sie mithilfe einer mittleren Reibe und geben Sie sie in eine größere Salatschüssel. Geben Sie nun die grob gehackten Walnüsse dazu. Schneiden Sie die Trockenpflaumen klein und mischen Sie sie zusammen mit den Rosinen ebenfalls unter. Jetzt mischen Sie alle Zutaten für die Joghurtsoße, drücken den Knoblauch durch eine Knoblauchpresse oder hacken ihn klein hacken und geben ihn zur Soße. Übergießen Sie alles mit der Joghurtsoße und rühren Sie um. Eine Stunde ziehen lassen, fertig!

Tipp: Den Knoblauch können Sie auch weglassen. Der Salat schmeckt wunderbar mit und ohne Knoblauch.

Rote-Bete-Suppe

- 2 mittelgroße Rote Bete
- 2 mittelgroße Karotten
- 1 rote Paprikaschote
- 1 Zwiebel
- 2 Knoblauchzehen
- 2-3 Esslöffel Öl
- 3-4 Esslöffel Tomatenmark
- 1 Apfel, süß-sauer
- 4 Esslöffel gerösteter Buchweizen
- 2 Esslöffel trockener Gemüsemix für Suppen (z. B. von Wacker)
- 1,5-2 Liter Wasser
- 2 Lorbeerblätter
- ½ Teelöffel Paprikapulver edelsüß
- 2 Esslöffel Balsamico bianco
- Gemahlener bunter Pfeffer
- 1 Teelöffel Salz

Schälen Sie Rote Bete, Karotten und Zwiebel und würfeln Sie alles. Halbieren Sie die Paprikaschote, entfernen Sie das Gehäuse und würfeln Sie es ebenfalls. Nun geben Sie den geschälten, klein gehackten Knoblauch dazu. Erhitzen Sie Öl in einem steinbeschichteten Topf und dünsten Sie das Gemüse darin, bis es schöne Farbe bekommt. Jetzt geben Sie das Tomatenmark dazu und braten alles noch zwei bis drei Minuten unter Rühren an. Spülen Sie den Buchweizen in einem Sieb ab, halbieren Sie den Apfel, entfernen Sie das Gehäuse und hacken Sie ihn mit Schale klein. Mischen Sie nun Buchweizen, Apfel, trockenen Gemüsemix, Lorbeerblätter, Paprikapulver, Balsamico und Wasser zusammen, lassen Sie es zugedeckt aufkochen und 20 Minuten bei kleiner Hitze köcheln. Geben Sie die gut abgetropfte Bohne ebenfalls dazu, schmecken Sie mit Pfeffer und Salz ab und lassen Soe es zehn bis 15 Minuten quellen. Schnell, einfach, lecker und gesund – guten Appetit!

Tipp: Den Buchweizen können Sie auch durch Rote Linsen oder geschroteten Grünkern ersetzen.

Karotten

Karotten sind ein kostbares Geschenk der Natur. In ihrem leuchtenden Orange steckt die Essenz des Lebens, und sie gehören zu den wertvollsten Schätzen unter den Gemüsesorten. Karotte, Möhre, Mohrrübe: Es gibt viele Namen für das beliebte Wurzelgemüse. Kalorienarm, lecker und sehr gesund. Sie ist ein wichtiges Lebensmittel für Gesunde und Kranke gleichermaßen. Ein paar Karotten am Tag reichen bereits, um den Vitamin-A-Bedarf zu decken und Ihre Gesundheit sehr positiv zu beeinflussen.

Carotinoide geben den Karotten ihre typische orange Farbe. Da sie eine hohe antioxidative Aktivität haben und das Immunsystem stärken, verringern sie das Risiko für Herz-Kreislauf-Erkrankungen und bestimmte Krebsarten. Carotin ist eng mit Chlorophyll verwandt. Karotten passen ideal für ihr Entgiftungsprogramm, da sie die Leber von allen darin angesammelten Toxinen befreien. Der hohe Beta-Carotin-Gehalt hat direkten Einfluss auf die Sehkraft. Vitamin A ist in seiner Wirkung viel mehr als nur ein Augenvitamin, denn es leistet zusätzlich einen Beitrag zu einem optimalen Eisenstoffwechsel. Doch Karotten versorgen Ihren Körper nicht nur mit Beta-Carotin, sondern auch mit vielen weiteren Nährstoffen. Sie sind eine hervorragende Quelle für Vitamine und Mineralien und enthalten Provitamin A, Folsäure, Vitamin C und E, Kalium (330 mg pro 100 g), Natrium, Kalzium, Phosphat, Magnesium, Eisen, Kupfer, Mangan, Zink und Schwefel. Bei Darmerkrankungen aller Art sind Karotten die beste Nahrung. Denn sie gelten als wahres Wundermittel gegen Verdauungsbeschwerden bei Erwachsenen wie Kindern. Regelmäßiger Konsum vermindert das Risiko, an Krebs zu erkranken; das bestätigen dänische Forschungen. Die Wirkung ist am stärksten, wenn sie roh verzehrt werden. Regelmäßiger Genuss hat eine ähnliche Wirkung wie eine natürliche Sonnencreme und verbessert das Hautbild.

Karottensalat

- 600-700 g Karotten
- 4-5 Scheiben Ananas (frisch oder aus der Dose)
- 80 g Walnüsse
- 2 Esslöffel getrocknete Petersilie
- 1 Knoblauchzehe
- 2 Esslöffel Sesam

Zutaten fürs Dressing:

- 3 Esslöffel Olivenöl
- 2 Esslöffel Rapsöl
- 4-5 Esslöffel Zitronensaft
- 2 Esslöffel Balsamico bianco
- 1 Esslöffel Agavendicksaft oder Ahornsirup
- 1 Teelöffel Senf mittelscharf
- 2 Teelöffel Salatkräuter

Schälen Sie die Karotten, raspeln Sie sie in Streifen und geben Sie sie in eine große Schüssel. Schälen Sie die Ananas großzügig und schneiden Sie sie in kleine mundgerechte Stücke. Hacken Sie die Walnüsse grob, schälen Sie den Knoblauch und hacken Sie ihn ebenfalls sehr klein. Ananas aus der Dose müssen Sie vorher unbedingt gut abtropfen lassen. Ananas, Walnüsse, Petersilie, Knoblauch und Sesam geben Sie nun zu den Karotten und vermischen alles gut. Die Zutaten fürs Dressing schlagen Sie in einer Schüssel auf, geben es über den Karottensalat, vermengen alles und lassen es eine Stunde ziehen.
Dieser Karottensalat ist gesund, lecker und passt perfekt in allen Jahreszeiten. Guten Appetit!

Tipp: Ananas können Sie durch einen großen süß-sauren Apfel ersetzen, natürlich kleingeschnitten.

Karotten-Mais-Salat

In nur wenigen Schritten entsteht aus Karotten und Mais ein Salat, der köstlich schmeckt und aufgrund des Apfels ein fruchtiges Aroma hat.

- 500-600 g Karotten
- 1 Dose Mais
- 1 kleiner Bund Schnittlauch oder 3 Stängel Frühlingzwiebeln
- 1-2 Äpfel, süß-sauer
- 1-2 Esslöffel getrocknete Petersilie
- Fürs Dressing:
- 3 Esslöffel Olivenöl
- 2-3 Esslöffel Rapsöl
- 4 Esslöffel Zitronensaft
- 2 Esslöffel Balsamico bianco
- 1 Esslöffel Agavendicksaft oder Ahornsirup
- 1 Teelöffel mittelscharfer Senf
- etwas bunter Pfeffer aus der Mühle
- 1-2 Teelöffel Salatkräuter

Schälen und raspeln Sie die Karotten und geben Sie sie in eine große Schüssel. Halbieren Sie die Äpfel, entfernen Sie das Gehäuse, raspeln Sie sie mit der Schale oder schneiden Sie sie in kleine Stücke und geben sie zu den Karotten. Hacken Sie nun Schnittlauch oder Frühlingszwiebeln. Den Mais aus der Dose lassen sie abtropfen. Geben Sie Schnittlauch, Mais und Petersilie ebenfalls zu den Karotten und vermengen Sie alles miteinander. Rühren Sie alle Zutaten fürs Dressing cremig, geben es über den Karottensalat und mischen alles. Etwas ziehen lassen – fertig. Guten Appetit!

Tipp: Der süßlich-würzige Geschmack von Karotten lässt sich gut mit vielen Gemüsearten kombinieren. Die beliebte Wurzel ist so vielseitig einsetzbar wie kaum ein anderes Gemüse. Zum Beispiel ist Karotte mit Sellerie eine sehr gesunde Kombination.

Sellerie

Sellerie enthält ätherische Öle, Kalium, Kalzium, Magnesium, Eisen, Phosphor, Provitamin A, Vitamin C und E sowie Vitamine der B-Gruppe. Er ist natürlicher Fitmacher, gehaltvolle Vitaminbombe und galt schon im alten Ägypten als wichtiges natürliches Heilmittel. Es lohnt sich, Sellerie regelmäßig auf den Speiseplan zu setzen. Um alle Nährstoffe aufnehmen zu können, empfiehlt es sich allerdings, Sellerie roh zu essen. Zu den vielen Vorteilen gehört, dass:

- die Abwehrkräfte des Körpers gefördert werden,
- Herz und Kreislauf gestärkt werden,
- das Verdauungssystem in Schwung kommt,
- er eine stark entzündungshemmende Wirkung hat,
- reichlich Antioxidantien mitbringt,
- seine ätherischen Öle beruhigen und direkt aufs Nervensystem wirken,
- er wie ein Diuretikum wirkt,
- dank seiner entwässernden Eigenschaften den Körper von Schadstoffen befreit,
- regelmäßiger Verzehr rheumatischen Beschwerden vorbeugen kann und
- er die Nierenfunktion anregt.

Aufgrund der Entgiftung sorgt Sellerie langfristig für ein reines Hautbild. Es hilft beim Abnehmen und spendet gleichzeitig viel Energie. Regelmäßige Verzehr kann sogar die Qualität der Muttermilch verbessern.

Karotten-Sellerie-Salat

Einfacher Karotten-Sellerie-Salat ist sehr köstlich und mega gesund, insbesondere in der kalten Jahreszeit.

- 300-400 g Knollensellerie
- 300-400 g Karotten
- 1-2 Äpfel, süß-sauer
- 1-2 Esslöffel getrocknete Petersilie

Fürs Dressing:

- 3 Esslöffel Olivenöl
- 3 Esslöffel Sonnenblumenöl
- 4 Esslöffel Zitronensaft
- 2-3 Esslöffel Balsamico bianco
- 2 Teelöffel Salatkräuter
- 1 Esslöffel Ahornsirup oder Agavendicksaft
- 2 Teelöffel mittelscharfer Senf (z. B. von Maille)

Schälen Sie Karotten und Knollensellerie und raspeln Sie sie auf einer feinen (1,5 mm) oder mittleren Reibe. Mit der Küchenmaschine geht das ganz fix. Halbieren Sie die Äpfel und entfernen Sie das Gehäuse. Grob reiben. Jetzt hacken Sie die Petersilie fein und vermengen Knollensellerie, Karotten, Äpfel und Petersilie in einer Schüssel. Rühren Sie die Zutaten fürs Dressing ein, geben Sie es übers Gemüse und vermischen Sie alles gut, bevor Sie es noch etwas durchziehen lassen. Guten Appetit!

Tipp: Für meine Salate benutze ich ausschließlich kaltgepresste Öle.

Spitzkohlsalat mit gesunder Wirkung

Spitzkohl ist zwar nah verwandt mit Weißkohl, ist aber viel zarter und verträglicher als andere Kohlsorten. Das buttrig-zarte Gemüse ist nicht nur köstlich, es liefert zudem wertvolle Vitamine, gesunde Senföle und besonders viel Vitamin C.

Es gibt viele Krautsalatrezepte. Dies hier ist meine Lieblingsvariante mit besonders gesunden und zueinander passenden Zutaten.

- 1 Kopf Spitzkohl
- 1-2 Äpfel, süß-sauer
- 1 Esslöffel getrocknete Petersilie
- 1 Esslöffel Dill (frisch oder getrocknet)
- Preiselbeeren (frisch oder tiefgekühlt)
- etwas Salz

Fürs Dressing:

- 2 Esslöffel Sonnenblumenöl
- 2 Esslöffel Rapsöl
- 3 Esslöffel Zitronensaft
- 2 Esslöffel Balsamico bianco
- 1 Teelöffel mittelscharfer Senf (z. B. von Maille)
- 1 Esslöffel Ahornsirup oder 1 Teelöffel Vollrohrzucker oder Agavendicksaft
- 1 Teelöffel Kümmelsamen
- etwas bunter Pfeffer aus der Mühle

Entfernen Sie vom Spitzkohl, falls nötig, die äußeren Blätter, vierteln Sie ihn, entfernen Sie den Strunk, hobeln Sie ihn in dünne Streifen und geben Sie ihn in eine große Schüssel, bestreuen Sie ihn mit etwas Salz und kneten Sie ihn mit den Händen leicht durch. Halbieren Sie die Äpfel, entfernen Sie das Gehäuse, raspeln Sie sie mit Schale und geben Sie sie zum Kohl, Petersilie und Dill ebenfalls. Mischen Sie die Zutaten fürs Dressing und dann Sie das Dressing mit dem Salat. Jetzt lassen Sie alles zugedeckt etwas ziehen und servieren ihn mit Preiselbeeren.

Der kalte Krautsalat schmeckt erfrischend, ist köstlich und sehr gesund. Er hält sich im Kühlschrank einige Tage problemlos und wird mit der Zeit sogar noch besser.

Blitz-Kimchi-Salat

Für den beliebten koreanischen Kimchi sind keine exotischen Lebensmittel erforderlich. Er wird auch mit heimischen Zutaten zu einer Köstlichkeit. Der leckere Blitz-Kimchi-Salat ist einfach und schnell zuzubereiten und bringt den Geschmack der würzigen, leicht scharfen koreanischen Spezialität auf den heimischen Tisch. Er ist eine tolle asiatische Vorspeise, die perfekt zu zahlreichen Gerichten passt. Es gibt viele Kimchi-Varianten; hier ist meine Lieblingsrezept.

- 1 Kopf Spitzkohl (1-1,3 kg)
- 2 Karotten
- 1-2 Knoblauchzehen
- Fürs Dressing:
- je nach Größe des Spitzkohls 20-30 g koreanisches Gochugaru-Chilipulver für Kimchi, mild oder mittelscharf, oder andere Würzmischung nach koreanischer Art
- 2 Teelöffel Salatkräuter
- 1 Teelöffel Paprikapulver edelsüß
- 1/3 Teelöffel Kurkumapulver
- 1 Teelöffel Kreuzkümmel
- ½ Teelöffel Kräuter der Provence
- 6 Esslöffel Zitronensaft
- 2 Esslöffel Sojasoße
- 2-3 Esslöffel Balsamico bianco
- 2 Esslöffel Ahornsirup oder Agavendicksaft
- 4 Esslöffel Olivenöl
- 2-3 Esslöffel Sesamöl
- 2 Esslöffel Sonnenblumenöl
- nach Bedarf etwas Salz (ich mache das allerdings nicht)

Die Zubereitung ist sehr einfach: Entfernen Sie vom Spitzkohl, falls nötig, die äußeren Blätter, vierteln Sie ihn, entfernen Sie den Strunk, schneiden Sie ihn in grobe, zwei bis drei Zentimeter große Stücke und geben Sie ihn in eine große Schüssel. Schneiden Sie die Karotten in feine, lange Streifen, gegebenen-

falls mit einer Reibe. Geben Sie sie zusammen mit Knoblauch in feinen Scheiben zum Spitzkohl. Schlagen Sie die Zutaten fürs Dressing miteinander auf, verteilen Sie es über dem Gemüse, mischen Sie alles und lassen Sie es zugedeckt zwei bis drei Stunden ziehen, bevor Sie es noch einmal gut miteinander vermischen. Servieren Sie ihn mit Sesam.
Knoblauch können Sie natürlich auch weglassen. Er schmeckt auch ohne Knoblauch wunderbar.
Kimchi-Salat hält sich im Kühlschrank, am besten in einer Glasdose, eine Woche problemlos und wird mit der Zeit sogar noch besser.
Ich persönlich habe Salz aus meiner Ernährung mehr oder weniger verbannt. Wenn ich koche, salze ich sehr wenig oder gar nicht. Dieser Salat ist auch nicht ganz ohne Salz. Denn Sojasoße enthält viel Salz, koreanische Gewürzmischungen auch. Ach ja, übrigens: Meine Gäste merken nicht, dass meine Salate (praktisch) ohne Salz sind. Und wenn ich es erzähle, reagieren sie überrascht.

Tipp: Haben Sie einen kleinen Spitzkohl erwischt? Das macht nichts; ersetzen Sie die fehlende Menge einfach mit etwas mehr Karotten.

Tomatenscheiben mit Knoblauch

Laut Statistischem Bundesamt sind Tomaten in der gesamten westlichen Hemisphäre das beliebteste Fruchtgemüse. Dieses Rezept hier ist so einfach, dass es mir sogar ein bisschen peinlich ist, es Rezept zu nennen. Das Geheimnis: Tomaten und Knoblauch sind nicht nur geschmackliche Partner, sondern bringen auch jede Menge wertvolle Inhaltsstoffe mit. Reife Tomaten sind reich an Mineralien und Vitaminen. Knoblauch ist so gesund wie kaum ein anderer Gewürzmittel.

- Fleischtomaten, gelb und rot
- 1-3 Knoblauchzehen
- frische Petersilie, Dill
- selbst gemachtes Öldressing
- etwas Sesam
- eventuell Kresse

Schneiden Sie die Tomaten in ein Zentimeter dicke Scheiben. Knoblauch schälen und fein würfeln, Kräuter hacken – schon fertig! Verteilen Sie die Tomatenscheiben abwechselnd rot und gelb dekorativ auf Teller, streuen Sie Knoblauch darauf und beträufeln Sie es mit dem Öldressing, das ich später noch vorstellen werde. Anschließend dekorieren Sie den Salat mit Kräutern, Sesam und eventuell Kresse. Dazu passt gutes Vollkornbrot. Und schon ist das Abendessen gerettet. Denn mehr braucht man nicht, um glücklich zu sein!

Mediterranes Gemüseragout im Römertopf

Mediterranes Gemüseragout im Römertopf ist nicht nur unglaublich köstlich, sondern überzeugt auch unter gesundheitlichen Aspekten. Aufgrund des vitaminschonenden Garens bleiben viele gesunde Inhaltsstoffe erhalten. Die Zutaten werden sanft im eigenen Dunst gegart, deswegen sind Römertopfgerichte voller köstlicher Aromen und so geschmackvoll.

- 2 Zwiebeln
- 1-3 Knoblauchzehen
- 500 g Karotten (4-5 Stück)
- 500 g Spitzpaprika, rot
- 2 mittelgroße Zucchini
- 1 Aubergine
- 400 bis 500 g Äpfel, süß-sauer (ca. 2 Stück)
- 350 ml Tomatensoße (z. B. von Alnatura Klassik)
- 1-3 Esslöffel Tomatenmark
- Für die Marinade:
- 5-6 Esslöffel Olivenöl oder andere Öle Ihrer Wahl (Rapsöl, Sonnenblumenöl)
- 1 Esslöffel Agavendicksaft oder Ahornsirup
- 3-4 Esslöffel Zitronensaft
- 3 Esslöffel Balsamico bianco
- 2-3 Teelöffel Paprikapulver edelsüß
- 2 Teelöffel Salatkräuter
- ½ Teelöffel Kräuter der Provence
- ½ Teelöffel Kümmelsamen
- 1-2 Prisen Chilipulver/nach Bedarf etwas Salz

Sie brauchen natürlich einen Römertopf. Ich selbst koche ohne zusätzliches Wasser darin. Denn das Gemüse enthält bereits viel Flüssigkeit.

Schälen und hacken Sie Zwiebel und Knoblauch. Schälen und raspeln Sie die Karotten. Halbieren Sie die Paprikaschoten, entfernen Sie das Gehäuse und würfeln Sie es. Würfeln Sie ebenfalls Zucchini und Auberginen, vierteln Sie die Äpfel, entfernen

Sie das Gehäuse und raspeln Sie sie mit Schale. Geben Sie nun alles in den Römertopf. Mischen Sie Tomatensoße mit Tomatenmark und geben Sie es übers Gemüse. Verschließen Sie den Römertopf mit dem Deckel und geben ihn in den noch kalten Ofen. Den Ofen stellen Sie nun auf 180 Grad Ober-/Unterhitze und garen alles 90 Minuten lang. Dann schlagen Sie alle Zutaten für die Marinade auf, geben Sie über das fertige Gemüse, rühren und lassen es eine Stunde ziehen. Fertig.

Kaltgepresste Öle sind wie gesagt hitzeempfindlich. Bei höheren Temperaturen entstehen giftige Verbindungen. Deswegen übergießen wir aus Liebe zur Gesundheit das schon fertige Gemüse mit Marinade.

Gemüseragout passt ausgezeichnet zu Buchweizen, Reis, Kartoffeln und Nudeln. Einfach mit einer Scheibe frischem Vollkornbrot schmeckt es ebenfalls köstlich. Es hält sich in Einmachgläsern im Kühlschrank mindestens eine Woche lang – falls überhaupt noch was übrig bleibt ...

Wurzelgemüse aus dem Römertopf

- 300-500 g Pastinaken
- 300-500 g Karotten
- 300-500 g Rote Bete
- 2 rote Zwiebeln
- 2 Lorbeerblätter

Fürs Dressing:

- 1-2 Knoblauchzehen
- 3-4 Esslöffel Olivenöl
- 2 Esslöffel Zitronensaft
- 2 Esslöffel Balsamico bianco
- 1 Teelöffel Senf
- 1 Esslöffel Agavendicksaft
- 1-2 Teelöffel Salatkräuter

Schälen Sie das Gemüse und schneiden Sie es in grobe Stücke. Schälen und vierteln Sie die Zwiebeln. Geben Sie das vorbereitete Gemüse mit den Lorbeerblättern in den Römertopf, schließen Sie ihn mit dem Deckel und stellen Sie ihn in den noch kalten Backofen. Den Ofen stellen Sie nun auf 180 Grad Ober-/Unterhitze und garen 60 bis 90 Minuten lang. Am machen Sie nach 60 Minuten eine Stichprobe. Vor dem Servieren schmecken Sie noch das Dressing ab. Es müssen natürlich nicht nur die angegebenen Gemüsesorten verwendet werden, sondern gern einfach das, was vorhanden ist. Die perfekte Beilage ist gesund, einfach und lecker. Guten Appetit!

Dampfgaren – eine gesunde Alternative

Garen mit heißem Dampf ist eine jahrhundertealte Tradition, bei der Lebensmittel besonders nährstoff- und aromaschonend zubereitet werden. Wissenschaftliche Untersuchungen zeigen, dass während des Dampfgarens viele wertvolle Inhaltsstoffe besonders gut erhalten bleiben. Durch diesen schonenden Prozess behält das Gemüse seinen Eigengeschmack, seine appetitliche Farbe und Form. Ich nutze Dampfgarer mit großer Begeisterung seit vielen Jahren. Er eignet sich perfekt für Karotten, Brokkoli, Blumenkohl, Rosenkohl, Kohlrabi, Rote Bete, Spargel, Paprika, Kartoffeln und natürlich Äpfel. Nahezu alle Gemüsesorten, die gegart werden können, lassen sich dämpfen. Dampfgaren ist zudem die richtige Wahl für Menschen, die aus gesundheitlichen Gründen fettarme, schonend zubereitete Speisen benötigen. Und: Beim Dampfgaren stimmt der Geschmack noch, sodass Sie das Essen gar nicht salzen müssen. Frisches Gemüse sollten Sie nach dem Waschen und Putzen in gleich große Stücke zerkleinern. Tiefgekühltes Gemüse können ohne vorheriges Auftauen direkt ins Gargefäß wandern.

Beispielrezept

- Brokkoli
- Karotten
- Kartoffeln
- Paprika

Schneiden Sie die Brokkoli in gleich große Röschen. Schälen Sie die Karotten und schneiden Sie sie in gleich große Stifte. Nun schälen Sie die Kartoffeln und schneiden sie ebenfalls in gleich große Würfel. Waschen Sie die Paprika, halbieren Sie sie und entfernen Sie das Gehäuse. Für Brokkoli und Paprika beträgt die richtige Dampfgarzeit 15 bis 18, für Karotten und Kartoffeln je nach Größe 30 Minuten. Sie können das fertige Gemüse gut auf eine Servierplatte legen und mit Joghurtsoße beziehungsweise Öldressing übergießen oder mit Zaziki servieren.

Joghurtsoße (Dressing)

Cremig, leicht und lecker – Joghurtsoße lässt sich vielseitig verwenden. Frisch eignet sie sich auch perfekt zu Rohkostplatten mit Gemüse wie Radieschen, Gurken, Paprika, Karotten, Kohlrabi, Tomaten und Blattsalat.

- 1 Becher Naturjoghurt
- 2-3 Esslöffel Olivenöl oder anderes Öl Ihrer Wahl
- 1-2 Teelöffel Salatkräuter
- 2 Esslöffel Balsamico bianco oder Zitronensaft
- 1-2 Teelöffel Agavendicksaft oder Ahornsirup
- 1 Teelöffel Senf mittelscharf (z. B. von Maille)
- 1 Prise bunter Pfeffer
- nach Bedarf etwas Salz

Verrühren Sie alle Zutaten am besten mithilfe eines kleinen Schneebesens in einer Schüssel. Fertig. Möchten Sie die Joghurtsoße mit Knoblauch verfeinern? Nichts spricht dagegen: einfach Knoblauch schälen, pressen oder fein hacken. Vermengen Sie ihn dann mit den Zutaten.

Tipp: Geben sie etwas frischen Dill hinzu, passt diese Joghurtsoße sehr gut zu Gurkensalat.

Öldressing

- 4 Esslöffel kaltgepresstes Öl Ihrer Wahl
- 3-4 Esslöffel Zitronensaft
- 1 Esslöffel Balsamico bianco
- 1 Esslöffel Ahornsirup oder Agavendicksaft
- 1-2 Teelöffel Senf, mittelscharf (z. B. von Maille)
- 2 Teelöffel Salatkräuter

Verrühren Sie alle Zutaten mithilfe eines kleinen Schneebesens in einer Schüssel. Oder Sie geben die Zutaten in einen „Glasslock Salat Dressing Mixer" und schütteln kräftig. Eine weitere Möglichkeit ist, alle Zutaten in ein Glas mit Schraubdeckel zu geben und kräftig zu schütteln. Fertig.
Dieses Dressing passt wunderbar zu Blattsalaten.

Tipp: Sie können kaltgepresste Öle nach Belieben mischen, zum Beispiel Olivenöl mit Rapsöl oder Sonnenblumenöl mit Rapsöl.

Zaziki

Mein Zaziki-Rezept ist ganz klassisch, sehr einfach und einfach lecker. Mit wenigen, frischen Zutaten zaubern Sie in kürzester Zeit einen köstlichen Dip, der nach Sommer schmeckt und fast Jede Mahlzeit verfeinert.

- 100-150 g Gurken
- 200-250 g griechischer Joghurt (10 % Fett)
- 200-250 g Speisequark
- 2-3 Esslöffel Olivenöl
- 1 Esslöffel Balsamico bianco
- 1 Esslöffel Zitronensaft
- 1-2 Knoblauchzehen
- 1 Handvoll Dill, frisch
- 1-2 Teelöffel Ahornsirup oder Agavendicksaft
- etwas frisch gemahlener Pfeffer
- etwas Salz

Waschen und halbieren Sie die Gurken, entfernen Sie die Kerne, raspeln Sie sie und geben Sie sie in eine Schüssel. Salzen Sie und stellen Sie dann die Raspeln für 15 Minuten beiseite. Das Salz entzieht den Gurken einen Teil der Flüssigkeit, sodass das Zaziki nicht zu flüssig wird. Schälen Sie den Knoblauch, hacken oder pressen Sie ihn und schneiden Sie den Dill fein. Geben Sie jetzt Joghurt, Quark, Olivenöl, Balsamico, Zitronensaft, Knoblauch, Dill, Agavendicksaft, Pfeffer aus der Mühle und etwas Salz in eine größere Schüssel. Anschließend pressen Sie mit den Händen das Wasser aus den Gurken ganz heraus. Das funktioniert auch in einem Geschirrtuch. Die ausgepressten Gurkenraspeln geben Sie sodann zum Zaziki und vermengen alles gut miteinander.

Antipasti: Gegrillte Paprika mit Oliven und Artischocken

Mein Rezept für Antipasti ist nicht nur einfach, sondern auch unglaublich köstlich. Perfekt für gesellige Abende oder als leichter Genuss zwischendurch, jedes Stück bringt mediterranes Flair auf Ihre Teller.

- 6 Paprikaschoten, rot, gelb, orange
  (die unterschiedliche Farbgebung sorgt für schöne Optik)
- 1 Glas Artischockenherzen oder -scheiben
- 1 Glas grüne und schwarze Oliven ohne Stein oder 1 Becher Olivenmix, mariniert
- 2 Knoblauchzehen

Für die Marinade:

- 4 Esslöffel Olivenöl
- 2-3 Esslöffel Balsamico-Essig
- 1 Teelöffel Antipastigewürz oder Kräuter der Provence
- 1 Teelöffel Senf
- 1-2 Teelöffel Salatkräuter
- 1 Esslöffel Ahornsirup oder Agavendicksaft

Heizen Sie den Ofen auf 200 Grad vor. Halbieren Sie die Paprikaschoten, entfernen Sie das Gehäuse und geben Sie sie auf ein mit Backpapier ausgelegtes Backblech. Braten Sie sie 20 Minuten mit Umluft oder Grillfunktion. Die dünne Haut darf durchaus etwas ankohlen. Dann nehmen Sie die Paprika aus dem Ofen, lassen sie kurz abkühlen, ziehen schwarze Stellen von der Haut ab, schneiden sie in grobe Stücke und geben sie in eine Schüssel. Nun lassen Sie die Artischockenherzen abtropfen, halbieren sie und geben sie zur Paprika dazu. Schälen Sie die Knoblauchzehen, schneiden sie in dünne Scheiben und geben sie ebenso wie die Oliven in die Schüssel. Schlagen Sie die Zutaten für die Marinade auf, geben Sie sie übers Gemüse, rühren Sie um und lassen es eine Stunde durchziehen. Am

besten servieren Sie die Antipasti mit Petersilie oder Dill. Dazu passt selbst marinierter Fetakäse. Guten Appetit!
Im Kühlschrank halten sie sich mehrere Tage. Das ist natürlich perfekt, um sie einmal vorzubereiten und die ganze Woche davon zu essen.

Eingelegter Feta mit Kräutern

Marinierter Fetakäse, den es im griechischen oder türkischen Supermarkt gibt, schmeckt köstlich und bereichert viele Salate und Gemüse. Fertig marinierter Schafskäse ist dementsprechend teuer, lässt sich aber auch ganz schnell in wenigen Minuten selbst machen. Wer marinierten Feta mag, sollte mein Rezept unbedingt ausprobieren.

- 200-250 g Feta (Schaf oder Ziege)
- 2 Knoblauchzehen
- 1 Teelöffel Kräuter der Provence
- 1 Lorbeerblatt
- 1 kleine Chilischote, rot, oder 1-2 Messerspitzen Chiliflocken
- 1 Teelöffel bunte Pfefferkörner
- 1 Esslöffel Balsamico-Essig hell
- 150-200 ml Oliven- oder Rapsöl

Nehmen Sie Feta aus der Lake, lassen Sie ihn abtropfen und schneiden Sie ihn in mundgerechte Würfel, ein bis anderthalb Zentimeter groß. Schälen Sie die Knoblauchzehen, schneiden Sie sie in dünne Scheiben und hacken Sie die Chilischote klein. Vermengen Sie Feta, Knoblauch, Chilischote, Lorbeerblatt (grob zerkleinert), Pfefferkörner und Kräuter der Provence in einem Schraubglas. Mischen Sie den Balsamico-Essig mit Öl und übergießen damit alle Zutaten, bis alles vollständig bedeckt ist. Jetzt noch ein, zwei Tage im Kühlschrank ziehen lassen – fertig. Guten Appetit!

Veganer Leberbohnen-Aufstrich

Diese vegane Leberwurst-Alternative mit wenigen Zutaten schmeckt so gut, dass er garantiert auch Nicht-Veganer begeistert. Mit seinem würzigen Aroma und der cremigen Konsistenz ist er ein echtes Highlight auf jedem Brot und eine perfekte Alternative zu herkömmlichen Aufstrichen.

- 1 Dose Kidneybohnen (Abtropfgewicht: 250 g)
- 10 getrocknete, in Öl eingelegte Tomaten aus dem Glas
- 1 Knoblauchzehe
- 1 Esslöffel Balsamico di Modena
- 1 Esslöffel Olivenöl

Lassen Sie die Kidneybohnen abtropfen, schälen Sie die Knoblauchzehe und schneiden Sie sie in dünne Scheiben. Geben Sie Tomaten, Kidneybohnen und Knoblauchzehe in ein hohes Gefäß oder in eine Schüssel, um sie darin mit einem Stabmixer zu pürieren. Geben Sie nun Balsamico und Olivenöl hinzu und pürieren Sie weiter, bis eine cremige Masse entsteht. Füllen Sie alles in ein Glas mit Schraubverschluss und lagern Sie es bis zu einer Woche im Kühlschrank. Individuell garnieren können Sie das Ganze mit Kresse und Kürbiskernen oder belegt mit in Scheiben geschnittenen sauren Gurken. Wer braucht bei einem solch köstlichen Brotaufstrich noch Käse und Wurst aufs Brot?

Rote-Bete-Brotaufstrich

Dieser Rote-Bete-Aufstrich ist sehr köstlich, natürlich sehr gesund und lässt sich in Rekordzeit zubereiten.

- 2 mittelgroße Rote Bete, roh (ca. 200 g)
- 60 g Sonnenblumenkerne
- 2 Esslöffel Zitronensaft
- 1-2 Esslöffel Olivenöl
- 1 Teelöffel Agavendicksaft
- 3 Esslöffel Meerrettich, mild, aus dem Glas, mit oder ohne Sahne

Schälen Sie die Rote-Bete-Knollen und reiben Sie sie fein. Die Sonnenblumenkerne mahlen Sie in einer Kaffeemühle. Mischen Sie Rote Bete, Sonnenblumenkerne, Zitronensaft, Olivenöl, Agavendicksaft, geben Sie dann Meerrettich dazu und vermischen Sie alles noch einmal. Wenn es cremiger werden soll, können Sie zusätzlich mit einem Stabmixer pürieren. Füllen Sie den Aufstrich in ein verschließbares Glasgefäß und bewahren Sie ihn im Kühlschrank auf. Innerhalb einer Woche sollten Sie ihn gegessen haben. Guten Appetit!

Avocado-Dip

Avocado ist nicht nur eine besonders gute Quelle für gesunde ungesättigte Fettsäuren, sondern auch für eine Menge Vitamine und Mineralien.

- 1 reife Avocado
- 1 Knoblauchzehe
- 1-2 Teelöffel (je nach Größe der Avocado) Limetten- oder Zitronensaft
- 1 Prise Pfeffer, frisch gemahlen

Waschen Sie die Avocado, entfernen Sie die Schale vom Fruchtfleisch und nehmen Sie den Kern heraus. Das Fruchtfleisch zerdrücken Sie dann mit einer Gabel in einer Schüssel. Schälen Sie den Knoblauch, hacken Sie ihn klein oder pressen Sie ihn und geben Sie ihn zusammen mit dem Limetten- oder Zitronensaft und Pfeffer zum Avocadobrei. Gut verrühren – fertig! Wenn es cremiger werden soll, können Sie alles mit einem Stabmixer pürieren. Dekorieren Sie mit Kräutern und Sesamsamen. Als ein schnelles Abendessen mit einer Scheibe frischem Brot schmeckt das einfach klasse. Guten Appetit!

Tipp: Der Zitronen- beziehungsweise Limettensaft sorgt dafür, dass die grüne Farbe länger erhalten bleibt. Damit sich die Avocado noch langsamer braun verfärbt, können Sie sie mit Frischhaltefolie abdecken.

Knäckebrot

Knäckebrot gibt es in einer Vielzahl an Varianten. Mit Vollkornmehl und -samen liefert es dem Körper wertvolle Nährstoffe und ist eine der ballaststoffreichsten Brotsorten. Es ist mittlerweile zwar in fast jedem Supermarkt erhältlich, aber selbst gemachtes schmeckt viel, viel besser. Dabei können Sie zudem die Zutatenliste am besten kontrollieren. Denn viele fertige Knäckebrote enthalten leider viel zu viel Salz. Dass zu viel Salz alles anderes als gesund und für zahlreiche Erkrankungen verantwortlich ist, wissen wir ja längst. Fertigbrot und -brötchen enthalten zwischen 0,78 bis 1,68 Gramm Salz pro 100 Gramm. Mit den von mir empfohlenen Rezepten können Sie jede Menge Salz einsparen – ohne Geschmackverlust. Ich verspreche Ihnen: Knäckebrot selbst zu machen, ist so unkompliziert und schmeckt einfach toll.

Diese zwei Rezepte sind schon lange meine treuen Begleiter:

Kerniges Vital-Knäckebrot

Mit diesen gesunden Zutaten ist selbst gemachtes Knäckebrot eine leckere, gesunde Alternative zu herkömmlichem Weichbrot.

- 120 g Roggen-Vollkornmehl
- 100 g Sonnenblumenkerne
- 3 Esslöffel geschrotete Leinsamen
- 3 Esslöffel Sesam
- 1 Teelöffel Kreuzkümmel
- ½ Teelöffel Salz
- 1 Esslöffel Balsamico-Essig dunkel
- 1-2 Esslöffel Öl
- 250 ml lauwarmes Wasser

Schroten Sie Leinsamen und Kümmel in einer Kaffeemühle. Geben Sie alle Zutaten in eine Schüssel, vermischen sie und lassen es 30 Minuten bis eine Stunde ziehen. Es bildet sich eine streichfähige Teigmasse. Diesen Teig verteilen Sie auf ein mit Backpapier belegtes Bachblech, am besten mit einem Teigschaber dünn verteilt ausgestrichen. Im Backofen backen Sie den Teig bei 160 bis 170 Grad eine Stunde lang. Nach 20 Minuten Backzeit schneiden Sie den Teig bereits in Scheiben. Denn ist das Knäckebrot erst einmal durchgebacken, lässt es sich nicht mehr in gleich große Stücke schneiden. Backen Sie das Knäckebrot so lange, bis es durch und durch trocken ist und nicht mehr biegsam, etwas goldbraun, aber nicht zu braun, und knusprig. Dann lassen Sie es abkühlen und bewahren es in einem verschließbaren Gefäß auf.

Tipp: Statt Roggen-Vollkornmehl können Sie Dinkel-Vollkornmehl verwenden, aber den Kümmel lassen Sie dann lieber weg.

Buchweizen-Knäckebrot, glutenfrei

Die für dieses Buchweizen-Knäckebrot verwendeten Pseudogetreide, Kerne, Samen und feinen Gewürze enthalten eine ganze Reihe komplexer Nährstoffe, sind sehr gesund und regional erhältlich. Ob pur oder herzhaft belegt – es schmeckt wirklich super lecker und ist dazu noch einfach in der Zubereitung.

- 120 g Buchweizenmehl
- 100 g Sonnenblumenkerne
- 3 Esslöffel geschrotete Leinsamen
- 3 Esslöffel Sesam
- 1 Esslöffel Öl
- ½ Teelöffel Salz
- 1 Esslöffel Balsamico-Essig dunkel
- ½ Teelöffel italienische Gewürze oder Kräuter der Provence
- 250 ml lauwarmes Wasser

Die Zubereitung ist im Prinzip genauso wie beim oben beschriebenen Rezept.

Schroten Sie Leinsamen und Kümmel in einer Kaffeemühle. Geben Sie alle Zutaten in eine Schüssel, vermischen Sie sie und lassen Sie es 30 Minuten bis eine Stunde ziehen. Es bildet sich eine streichfähige Teigmasse. Diesen Teig verteilen Sie auf ein mit Backpapier belegtes Bachblech, am besten mit einem Teigschaber dünn verteilt ausgestrichen. Im Backofen backen Sie den Teig bei 160 bis 170 Grad eine Stunde lang. Nach 20 Minuten Backzeit schneiden Sie den Teig bereits in Scheiben. Denn ist das Knäckebrot erst einmal durchgebacken, lässt es sich nicht mehr in gleich große Stücke schneiden. Backen Sie das Knäckebrot so lange, bis es durch und durch trocken ist und nicht mehr biegsam, etwas goldbraun, aber nicht zu braun, und knusprig. Dann lassen Sie es abkühlen und bewahren es in einem verschließbaren Gefäß auf.

Genusstipp: Veganer-Gewürzkakao

So einfach geht das:

eine Tasse Haselnuss- oder pflanzliche Milch Ihrer Wahl erhitzen und 2 Teelöffel (oder mehr) hochwertigen Rohkakaopulver und nach Geschmack etwas Honig, Ahornsirup oder Agavendicksaft einrühren. Würzen Sie nach Belieben mit Zimt, Ingwer, Kurkuma und Chili, jeweils in geringer Dosierung.

Tipp: Birkenpollenallergiker sollten sojahaltige (Sojamilch-) Lebensmittel meiden.

Teerezepte

„Tee hat nicht die Arroganz des Weines, nicht das Selbstbewusstsein des Kaffees, nicht die kindliche Unschuld von Kakao. Im Geschmack des Tees liegt ein zarter Charme, der ihn unwiderstehlich macht und dazu verführt, ihn zu idealisieren."
Laotse

Unzählige Philosophen und Schriftsteller kleideten den Charme des Tees in Worte. Märchen und Fabeln werden immer bei einer feinen Tasse Tee erzählt – und nicht beim Kaffeetrinken. Denn Kaffee ernüchtert und regt das logische Denken an. Tee hingegen erleichtert, regt die Fantasie an und inspiriert.

„Der Tee weckt den guten Geist und die weisen Gedanken. Er erfrischt deinen Körper und beruhigt deinen Geist. Bist du niedergeschlagen, so wird Tee dich ermutigen."
Kaiser Shen Nung (2737-2697 v.Chr.) zugeschrieben

Wenn es draußen kalt und unfreundlich ist, gibt es nichts Besseres als eine heiße Tasse Tee zum Aufwärmen und Entspannen. Mit seinen zahlreichen Vitaminen und Mineralien hat Tee eine unglaublich positive Wirkung auf Geist und Gesundheit. „Heute geht es mir nicht so gut. Ich mache mir mal einen Tee." So denken und handeln viele. Schon in der Zubereitung eines Tees liegt eine meditative Kraft. Die Kombinationsmöglichkeiten, die uns Mutter Erde bietet, kann man in einem Leben kaum ausschöpfen. Kräuter, Blätter, Blüten, Rinden, Früchte, Samen, Gewürze, Schalen – das Angebot ist groß. Mit einer Tasse Tee können Sie neue Kräfte und Energien schöpfen und Ihr Wohlbefinden erhöhen.

Ein wichtiger Tipp: Decken Sie Ihre Teetasse immer ab. Dadurch bleiben die wichtigen Inhaltsstoffe und Aromen erhalten, die im Wasserdampf nach oben steigen. Den abgekühlten Tee können Sie nach Lust und Laune mit Honig, Ahornsirup, Muttersäften, Holunder- oder Rosensirup oder mit frischen Beeren verfeinern.

Arabischer Salbeitee

Für die Teemischung aus feinherbem Schwarztee mit dem würzigen Geschmack von Salbei und dem frischen Aroma gereifter Orangen oder Zitronen, komplettiert zu einem einzigartigen leckeren Getränk, geben Sie zwei bis drei Salbeiblätter in den Schwarztee hinein und lassen ihn vier Minuten ziehen. Verfeinern Sie ihn mit einer Orangen- oder Zitronenscheibe. Nach Belieben können Sie einen Teelöffel Ahorn- oder Rosensirup dazugeben.

Tipp: Statt Salbei können Sie auch Thymian verwenden.

Himbeer-Melissen-Tee

Besonders bekannt ist die Heilkraft von Himbeerblättern in der Geburtsheilkunde, aber die Pflanze bietet noch viel mehr. Auch Frauen mit Regelschmerzen können von Himbeerblättern profitieren. Himbeertee stärkt das Immunsystem und ist sehr gut als vorbeugendes Mittel gegen Erkältungskrankheiten. Tee aus Himbeerblättern kann man auch als Magen und Darm beruhigendes Mittel verwenden. Himbeerblätter enthalten Gerbstoffe, Vitamin C, Eisen und Kalzium. Der Geschmack des Tees ist leicht herb, ähnlich wie bei schwarzem Tee. Melisse wirkt entkrampfend, beruhigend, antibakteriell und virustatisch. Sie ist ein zartes, angenehm schmeckendes Heilkraut.

- 2-3 Esslöffel Himbeere (frisch oder tiefgekühlt)
- 1 Teelöffel Himbeerblätter
- 1 Teelöffel Melisse
- 500-700 ml kochendes Wasser

Geben Sie alle Zutaten in eine Kanne und übergießen Sie sie mit heißem Wasser. Nach Bedarf können Sie mit Honig oder Ahornsirup süßen.

Schwarze-Johannisbeere-Blätter-Tee

Früher war ich oft mit meinen lieben Großeltern in ihrem Garten. Ich habe diese Zeit geliebt, es sind meine schönsten Erinnerungen aus meiner Kindheit. Meine Oma hat mir viel Gartenwissen beigebracht. Wenn ich heute in meinem Garten all diese Arbeiten erledige, denke ich an meine Oma und ihre Tipps, an das, was sie mir erzählt und spielerisch beigebracht hat. Jeden Morgen hat sie für uns einen Tee aus frisch gepflückten Blättern des Strauches einer schwarzen Johannisbeere vorbereitet. Ihr Tipp: „Zwei, drei frische Johannisbeerblätter und etwas heißes Wasser, mehr brauchst du nicht, um dir einen wohltuenden Tee zuzubereiten. Mmmmh ... das duftet unwiderstehlich und schmeckt so gut." Süßen Sie ihn nach Belieben mit Honig, Ahorn- oder Holundersirup.

Die Schwarze Johannisbeere (Frucht und ganze Pflanze) findet schon seit Jahrhunderten Anwendung in der traditionellen Heilkunde. Sie ist bekannt für ihre wertvollen Inhaltsstoffe, die einen sehr positiven Einfluss auf die Gesundheit haben. Hildegard von Bingen bezeichnete die Schwarze Johannisbeere deshalb als Gichtbaum. Spätere zeigten Studien, dass das Blatt der Schwarzen Johannisbeere Stoffe enthält, die bei Arthrose eine entzündungshemmende und schützende Wirkung haben.

Übergießen Sie einfach einen Teelöffel getrocknete Blätter der Schwarzen Johannisbeere mit 300 Milliliter gekochtem Wasser, lassen Sie den Tee 15 Minuten ziehen und seihen Sie ihn dann ab.

Getrocknete Schwarze-Johannisbeere-Blätter duften natürlich nicht mehr so intensiv, sind aber trotzdem sehr gesund und werden traditionell verwendet bei Gicht, Rheuma und Migräne. Bei Erkältungen sollen sie ihre Wirkung nicht verfehlen. Der Tee gilt dabei als äußerst wohlschmeckend.

Schwarze-Johannisbeere-Sorten haben fünfmal mehr wertvolle Vitamine und Nährstoffe als die Rote Johannisbeere. Zu den besten gehören:

- Titania (gilt als Liebhabersorte, sehr robust),
- Hedda (hat einen sehr süßen, aromatischen Geschmack) und
- Ometa (mit aromatischen, hervorragend schmeckenden großen Früchten).

Schwarze Johannisbeeren lassen sich leicht vermehren. Dazu werden im September gut ausgereifte, rund 20 Zentimeter lange Triebe abgeschnitten, alle Blätter entfernt und die Steckholzer leicht schräg so tief in die Erde gesetzt, dass nur noch die oberste Knospe sichtbar bleibt. Im darauffolgenden Frühjahr sind sie schon gut bewurzelt.

Hagebuttentee

Als Hagebutte werden die Sammelnussfrüchte zahlreicher Wildrosenarten bezeichnet. Sie sind kleine Vitaminbündel. An kalten Wintertagen können wir mit Hagebuttentee daher gut unsere Abwehrkräfte stärken. Selbst gemachter Hagebuttentee ist mit keinem gekauften Hagebuttentee zu vergleichen. Pur oder mit anderen (Wild-)Kräutern gemischt, schmeckt am besten.

Brühen Sie einen Esslöffel getrocknete Hagebuttenschalen mit frisch gekochtem Wasser auf und lassen Sie den Tee zugedeckt ziehen. Oder nehmen Sie eine Thermoskanne mit Glaskolben. Je länger Sie die Hagebuttenfrüchte ziehen lassen, desto besser wird er im Geschmack.

Hagebutten haben einen sehr hohen Vitamin-C-Wert: bis zu 1250 Milligramm pro 100 Gramm. Zitronen haben mit 53 Milligramm vergleichsweise wenig. Nur Sanddornfrüchte können mit Hagebutten mithalten. Sie enthalten bis zu 1300 Milligramm.

Nadelbaumtee

Etwas in Vergessenheit geraten ist Tee aus den Trieben der Fichte, Tanne oder Kiefer, die man ebenfalls zur Unterstützung der Gesundheit nutzen kann. Nadelbäume sind wunderbare Pflanzen, ihren Nadeln wird große Heilkraft nachgesagt. Sie sollen schleimlösend, antibakteriell und beruhigend wirken. Aber Achtung: Niemals die Nadeln der Eibe nutzen! Die Eibe ist giftig!

Brühen Sie einen Teelöffel Fichte-, Tannen- oder Kiefernnadeln mit frisch gekochtem Wasser auf und lassen Sie den Tee für fünf bis 15 Minuten abgedeckt ziehen, damit er seine Wirkung entfalten kann. Nach Belieben können Sie ihn mit einem Honig Ihrer Wahl (z. B. Waldhonig) süßen.

Gesunder Hagebutten-Fichten-Tee

Hagebuttenschalen lassen sich schmackhaft mit Fichten- oder Tannennadeln kombinieren.

Nutzen Sie am besten eine Thermoskanne mit Glaskolben. Für einen Liter gekochtes Wasser brauchen Sie einen Esslöffel Fichten- oder Tannennadeln, zwei Esslöffel Hagebuttenschalen, zwei Esslöffel Rosinen oder getrocknete Apfelstücke. Lassen Sie es etwas länger ziehen. Nach Bedarf süßen!

Hibiskusblüten und Hagebuttenschalen sind ein altbewährtes Duo, das geschmacklich sehr gut harmoniert. Das Orange der Hagebutte wird dabei durch den roten Farbstoff der Hibiskusblüte überlagert, wodurch der Tee ein schönes kräftiges Rot erhält. Für eine große Tasse Tee reichen ein Esslöffel Hagebuttenschalen und ein Teelöffel Hibiskusblüten.

Holunder-Linden-Mädesüß-Tee

Und hier noch ein altbewährtes Trio:

jeweils ein Drittel Holunderblüten, Lindenblüten und Mädesüß. Sie gehören zu den besten Heilkräutern bei Erkältungen und grippalen Infekten. Pro Tasse, also für 300 Milliliter, brauchen Sie einen Teelöffel der Mischung und lassen den Tee zehn bis 15 Minuten ziehen. Er ist aromatisch und sehr wohltuend im Geschmack.

Holunder- und Lindenblüten kennen fast alle, Mädesüß indes ist eine Heilpflanze, von der viele Menschen noch nichts gehört haben. Es gilt wie die etwas bekanntere Weidenrinde als natürliches Aspirin und wirkt schmerzlindernd, leicht antientzündlich und fiebersenkend. Mädesüß kann zudem im Rahmen der Behandlung von Migräne und Arthrose eingesetzt werden. Die Blätter haben ein leichtes Mandelaroma, die Blüten schmecken süß und verströmen ein zartes Honig-Mandel-Aroma. Wer Mädesüß nicht mag oder auf Salicylate allergisch reagiert, sollte Mädesüß und auch Extrakte aus Weidenrinde nicht anwenden. Mischen Sie dann besser getrocknete Holunder- und Lindenblüten eins zu eins. Ein solcher Tee schmeckt ebenfalls sehr angenehm. Natürlich können Sie alle genannten Heilpflanzen auch einzeln anwenden, aber die Kombinationen schmecken eben, wie ich finde, am besten.

Genießen Sie Ihren Tee in vollen Zügen! Lassen Sie sich von den aromatischen Düften und der warmen Wärme verzaubern. Jeder Schluck ist eine Einladung, zur Ruhe zu kommen und den Moment bewusst zu erleben.

Meine Rezepte sind sehr lecker und unkompliziert. Perfekt für alle, die Wert auf Ihre Gesundheit legen, aber nicht viel Zeit oder Lust auf aufwendige Zubereitungen haben. Entdecken Sie die Freude an der einfachen Küche, die sowohl lecker als auch nahrhaft ist! Und es ist nie zu spät anzufangen!

Danksagung

Ich möchte allen danken, die mich auf meinem beschwerlichen Weg zur Entstehung dieses Buches begleitet haben.

Ein großer Dank geht an meinen Mann, der mich stets unterstützt hat.

Ich möchte mich vom ganzen Herzen bei meiner Lektorin, Frau Dr. Maria Zaffaranan, bedanken für ihre einfühlsame Expertise und konstruktive Kritik meines Manuskriptes.

Ich danke Frau Heike Thormann, eine wunderbare Lektorin, für ihre wertvollen Tipps und ermutigenden Worte, die mir Mut gegeben und mein Selbstvertrauen gestärkt haben.

Ich möchte mich vom ganzen Herzen bei Frau Dr. Böhmer und Herrn Dr. Vara für unermüdliche Unterstützung während meiner Krise bedanken. Ihre fachliche Kompetenz, einfühlsame Art und Verständnis haben mich dazu ermutigt, optimistisch in die Zukunft zu blicken.

Ich möchte meiner persönlichen Ansprechpartnerin im Vindobona Verlag, Frau Nina Pfeiler-Galos, meinen Dank aussprechen. Ihre stetige Unterstützung, in jeder Phase dieses Projekts, hat mir stets das Gefühl gegeben, in den besten Händen zu sein, und dafür bin ich ihr sehr dankbar.

Ich möchte meinem Lektor im Vindobona Verlag sowie Herrn Rechberger meinen tiefen Dank aussprechen für seine empathische Fachkenntnis und unerschütterliche Geduld.

Ich möchte allen meinen Yogalehrerinnen danken. Ihr tiefes Verständnis, Weisheit und Hingabe haben mir nicht nur körperliche Stärke verliehen, sondern auch tiefe Einblicke in die

Yoga-Welt ermöglicht und mein Leben in vielerlei Hinsicht positiv beeinflusst.

Und vor allem bedanke ich mich bei Gott, für all die wunderbaren Menschen, die ich auf meinem Weg kennenlernen durfte. Es ist ein großes Geschenk, dass ich von so vielen liebevollen und inspirierenden Seelen begleitet wurde, dafür bin ich unendlich dankbar.

Die Autorin

Jelena Senger wurde am 6. Februar 1974 in Novosibirsk geboren. Die verheiratete Mutter von zwei Kindern lebt in Deutschland.

Schon früh entwickelte sie ein tiefes Interesse an Naturheilkunde und Yoga. Mit unermüdlicher Leidenschaft setzt sie sich die Naturheilkunde als wichtige Ergänzung zur Schulmedizin zu fördern und den Menschen die Heilkraft der Natur näher zu bringen.

Der Verlag

VINDOBONA
VERLAG SEIT 1946

ein Verlag mit Geschichte

Bereits seit 1946 steht der Vindobona Verlag im Dienst seiner Bücher und Autoren. Ursprünglich im Bereich periodisch erscheinender Journale tätig, präsentiert sich der Verlag heute als kompetenter Partner für Neuautoren am deutschen, österreichischen und schweizerischen Buchmarkt. Engagement, Verlässlichkeit und Sachverstand – das sind die Grundpfeiler, auf denen der Verlag seit jeher sicher steht.

Sie möchten mit Ihrem Werk das vielseitige Verlagsprogramm bereichern? Der Vindobona Verlag garantiert Ihnen eine professionelle Prüfung Ihres Manuskriptes durch das Lektorat sowie eine zeitnahe Rückmeldung.

Genauere Informationen zum Verlag
finden Sie im Internet unter:

www.vindobonaverlag.com